Wolfgang Fritsc

Masterrudern

Das Training ab 40

Meyer & Meyer Verlag

Papier aus nachweislich umweltverträglicher Forstwirtschaft.
Garantiert nicht aus abgeholzten Urwäldern!

Masterrudern – Das Training ab 40

Bibliografische Information der Deutschen Nationalbibliothek
Die Deutsche Nationalbibliothek verzeichnet diese Publikation in der Deutschen Nationalbibliografie; detaillierte bibliografische Daten sind im Internet über http://dnb.d-nb.de abrufbar.

Adelaide, Auckland, Budapest, Cape Town, Graz, Indianapolis,
Maidenhead, Olten (CH), Singapore, Toronto
Member of the World
Sport Publishers' Association (WSPA)
Druck: B.O.S.S Druck und Medien GmbH
Satz: Büro für Mediengestaltung · zahra.aissaoui@t-online.de
ISBN 978-3-89899-341-8
E-Mail: verlag@m-m-sports.com
www.dersportverlag.de

Inhalt

Vorwort

Rudern ist eine Passion, die beide Autoren seit vielen Jahrzehnten verbindet. Nun, etwas „in die Jahre" gekommen, bewegen wir uns natürlich vermehrt in den Kreisen der Masterruderer.

Für uns war es sehr auffällig und verwunderlich zugleich, dass dem Masterrudern – zumindest in der Fachliteratur – nicht so viel Beachtung geschenkt wird, zumal das Masterrudern sich zunehmend großer Beliebtheit erfreut. Meist werden im Training die Pläne der Eliteruderer kopiert oder man erinnert sich an seine eigene Trainingsplanung, die z. T. Jahrzehnte zurückliegt. Auch Bootseinstellungen funktionieren eher nach dem „Prinzip Hoffnung" und orientieren sich noch an glanzvollen Zeiten großer Beweglichkeit und Kondition.

In diesem Buch wollen wir gleichermaßen einen Überblick über die Kenntnisse zum Masterrudern, über den Sport und das Training mit Älteren sowie unsere praktischen Erfahrungen anbieten. Wir sind bemüht, dabei dicht an der Praxis zu bleiben und somit den Masterruderern, nicht nur den Rennruderern der Master, viele Tipps zum Lernen und zum Training zu geben.

Die Herausgabe des Buches hat sich aus vielerlei Gründen, die nicht im Verlag zu suchen sind, verzögert. Umso mehr danken wir den direkt und mittelbar Beteiligten an diesem Buch, ohne deren Hilfe die Herausgabe sicher noch nicht geschehen wäre. Da sind zunächst die vielen Masterruderer und Ruderpartner, die über Jahre hinweg mit uns gerudert und trainiert haben oder sich bereitwillig für Fotoaufnahmen zur Verfügung gestellt haben. Ihre Ideen und Anregungen haben in diesem Buch ihren Widerhall gefunden.

Darüber hinaus möchten wir einige Helfer und Helferinnen in besonderer Weise hervorheben, die als Diskussionspartner und bei der Erstellung des Manuskripts, der Tabellen und Abbildungen eine große Unterstützung waren: Donald Peterson vom Canadian Centre for Activity and Aging und Charles Rice von der Abteilung Kinesiology der University of Western Ontario, Maria Martensen als Quereinsteigerin im Rudern, Julia Sonntag vom Fachbereich Sportwissenschaft der Universität Konstanz. Ganz besonderer Dank gebührt jedoch Sarah Nilius, die viele Stunden mit ihrer Arbeit dieses Buchprojekt unterstützt hat.

Radolfzell (Bodensee) und London (Ontario)
Wolfgang Fritsch und Volker Nolte

Einführung: Rudern – Leidenschaft ein Leben lang!

Rudern ist eine Lebenskunst und die Ausübung der Sportart eine Kultur- und Lebenseinstellung. So beurteilt es Lambert (1999) in seinem Buch *,Über den Wassern'* und viele Ruderer und Ruderinnen, insbesondere in zunehmendem Ruderalter, stimmen dem Autor uneingeschränkt zu. Sie sind davon überzeugt, dass diese Sportart alle wesentlichen Eigenschaften und Fähigkeiten für die Bewältigung eines modernen Lebens vermittelt: Kraft, Ruhe, Gleichgewicht, Koordination, Ausdauer, Teamgeist, Freude am Wettkampf, Zielgerichtetheit und Konzentration!

Unabhängig davon, welcher Aspekt den erwachsenen Ruderer in erster Linie bewegt, seine Sportart auszuüben, die Kombination des sozialen Aspekts - (Team-, Mannschaftsleistung) mit hohen Anforderungen im koordinativen und physischen Bereich und alles in Verbindung mit einem Sportgerät (Boot, Ruder), machen die Erfahrungen im Rudersport vergleichsweise einmalig im Spektrum der Sportarten.

Im Rudern werden Erwachsene als „Senioren" oder „Masterruderer" bezeichnet. Früher wurden sie – auch im Rennsport – noch als „alte Herren" oder „Veteranen" tituliert. Wir verwenden in diesem Buch den Begriff „Master" oder „Masterruderer", da er mittlerweile international in diesem Sport gebräuchlich ist und den Altersbereich ab 27 aufwärts umfasst. Masterrudern umfasst nach unserem Verständnis somit Erwachsene ab ca. 30 Jahren und schließt Rudern als Leistungssport unter Wettkampfbedingungen gleichermaßen wie den anspruchsvollen Fitnesssport und die Ausübung der Sportart zur Erholung und zur Gesunderhaltung mit ein. Somit erstreckt sich das Masterrudern über eine Altersspanne von ca. 50-60 Jahren.

Rudern war eine der ersten Sportarten, die ein organisiertes Sport- und Wettkampfprogramm von der Jugend bis zum fortgeschrittenen Alter anbot. Dies kommt nicht von ungefähr: Eine gezielte, kontinuierliche Ausübung der Sportart Rudern kann den meisten negativen Veränderungen des Alterns entgegenwirken, sie aufhalten und sie sogar aufheben. Viele Studien bestätigen die gesundheitswirksamen Effekte des Rudersports.

Rudern besitzt jedoch nicht nur physische Vorteile. Es verbessert die Lebensqualität eines Menschen ganz allgemein und hat positive Auswirkungen auf die Psyche. Ruderer erfreuen sich an den sozialen Kontakten, Herausforderungen und Erlebnissen in der Gemeinschaft und auf Reisen, sowie an den positiven psychologischen Stimulierungen (u. a. Herausforderungen zur Problemlösung; Gewinn an Selbstvertrauen und Selbstbewusstsein), die ihnen ihr Sport bietet.

Sport für Erwachsene im mittleren und fortgeschrittenen Alter erfährt generell einen enormen Zuspruch und geht einher mit gesellschaftlichen Veränderungen. Dieser Wandel wird erzeugt durch die demografische Entwicklung der Bevölkerung, aber auch in den veränderten Arbeits- und Freizeitbedingungen. Sport ist allgegenwärtig und bietet gerade für ältere Menschen ein vielfältiges Angebot, vor allem in dem Wissen über die Möglichkeiten, bezogen auf Gesundheit und Prävention. Im Zuge dieser Entwicklung hat sich die Anzahl sportlich aktiver Erwachsener und sportlich orientierter älterer Menschen erhöht, aber auch das sportliche Angebot für diese Zielgruppen differenziert sich in zunehmendem Maße aus.

Die Autoren sind – in diesem, erweiterten Sinne – selbst begeisterte Masterruderer, die selbst nach über 45-jähriger Ausübung des Sports immer wieder Freude an dieser Sportart haben, die verschiedenste Ziele anstreben und (meist) Genugtuung erleben. Dazu kommen unzählige positive Erlebnisse – von der Erfahrung „perfekter" Ruderschläge mit dem damit einhergehenden „absoluten" Lauf des Boots, über die wundervollen zwischenmenschlichen Begebenheiten, bis hin zu dem Bewusstsein und der Erfahrung einer höheren Leistungsfähigkeit. Dies ermuntert uns Autoren, die stets wachsenden Anforderungen unseres Sports (ob als Trainer, Ausbilder oder Aktive) anzunehmen. Wir möchten dazu beitragen, dass möglichst viele Erwachsene diesen Sport sinnvoll, mit größter Freude und persönlichem Gewinn ausüben. Dabei sind wir der Überzeugung, dass eine lebenslange Sportausübung – und dabei speziell des Rudersports – positive Auswirkungen auf die Gesundheit sowie Leistungsfähigkeit und Lebenserwartung hat und damit die Lebensqualität des Menschen auch in zunehmendem Alter deutlich verbessert.

Diese Überzeugung findet sich im Einklang mit Entwicklungen, die generell auch im Sport der Erwachsenen und älteren Menschen in unserer Gesellschaft erkennbar sind: Die „Wiederentdeckung des Körpers", einhergehend mit einem sich wandelnden Gesundheits- und Fitnessbewusstsein, das Bedürfnis nach authentischen sportlichen Aktivitäten in der freien Natur und der Wunsch nach sozialer An- und Einbindung charakterisiert die Einstellungen zu körperlichen Aktivitäten und den Wandel von Sportausübung von Erwachsenen.

In bewusster Gestaltung der Freizeit und als Abgrenzung zur Arbeitswelt hat sich der Sport als ein bedeutsamer Faktor für erwachsene Menschen herausgestellt und damit auch zu einem Wandel des Altersbildes beigetragen. Die zunehmenden Differenzierungen im Bereich der Sportarten und -aktivitäten ermöglichen dazu passgenaue Angebote für alle Motivlagen, nicht nur im Hinblick auf die unterschiedlichen Sportarten und Bewegungsformen, sondern auch bezüglich der Motive, z. B. vom Elite- und Leistungssport bis hin zu dem nach Geselligkeit oder Naturerlebnissen suchenden Freizeitsportler.

Initiiert durch vielfältige Programme der Klubs, aber auch anderer Institutionen, finden immer mehr Erwachsene zum Rudersport. Sie erlernen die Ruderbewegung, die Rudertechnik und nutzen das Angebot dieser Sportart in voller Breite. Es ist gerade die Ausübung des Rudersports, die sehr unterschiedliche körperliche, psychische und soziale Erfahrungsmöglichkeiten in allen Alters- und Könnensstufen eröffnet, wobei der besondere Reiz dieser Sportart darin besteht, dass die einzelnen Erfahrungsdimensionen miteinander verknüpft und kombiniert werden können. Ob nun das Rudern im Erwachsenenalter neu erlernt wird, ob es zur Gesundheit, Erholung und zum Wohlbefinden beiträgt, oder ob die Leistung gesteigert werden soll und damit Wettkampfteilnahmen ermöglichen sollen: Rudern ist mit seinen vielfältigen Perspektiven ein idealer Sport bis in das hohe Alter hinein.

Neben den gesundheits- und breitensportlichen Aktivitäten älterer Menschen hat sich das Phänomen des Wettkampf- und Leistungssports etabliert. Dies wird offensichtlich, wenn man speziell die Rennen der Masterruderer und deren steigende Teilnehmerzahlen betrachtet.

Die Bedeutung des Themas gebietet eine systematische Auseinandersetzung mit den Aspekten des Lernens, Übens und Trainierens im Rudern der Master.

Dieses Buch ist jenen Ruderern gewidmet, die als Erwachsene und im Alter dieser Sportart nachgehen oder dabei als Trainer und Ausbilder beraten und unterstützen möchten. Dabei wird auf die unterschiedlichen Perspektiven und Motive, die Erwachsene und ältere Menschen mit der Ausübung des Rudersports verfolgen, Rücksicht genommen. Die Autoren sind sich darüber im Klaren, dass gerade die Vielfalt der Möglichkeiten den erwachsenen Ruderer nur selten ein Motiv oder eine Perspektive verfolgen lässt. Auch ein Masterruderer, der systematisch trainiert und Rennen fährt, wird Gedanken auf eine gesunde Ausübung seiner Sportart verwenden, gleichwohl er auch Wanderfahrten und Ausflüge mit dem Boot unternehmen wird. Andererseits ist auch dem eingefleischten Wanderruderer an einer Verbesserung und gesunden Ausführung der Rudertechnik gelegen, ebenso wie allen die soziale Anbindung in der Mannschaft oder im Verein wichtig sein sollte.

Zum Aufbau dieses Buches

In diesem Buch wird die Perspektive eines Masterruderers eingenommen, unabhängig davon, ob er noch (oder wieder) als Rennruderer aktiv ist, die Sportart zur Erhaltung oder Verbesserung seiner körperlichen Fitness ausübt, gesundheitliche Motive verfolgt oder ab und zu zur Entspannung und Kompensation Bewegung im Boot und in freier Natur sucht. Grundlage ist die Überlegung, inwieweit Rudern (auch unter verschiedenen Perspektiven) einen Beitrag zum „erfolgreichen" Altern leisten kann. Dazu werden vor allem jene Themen behandelt, die mit dem Erlernen des Ruderns, der Rudertechnik, dem anzupassenden Bootsmaterial und dem sinnvollen Rudertraining zusammenhängen.

Im ersten Teil (Kap. 1+2) wird auf die Besonderheiten der körperlichen Entwicklung im Alter und Entwicklungsbedingungen im Lebensverlauf im Sinne eines erfolgreichen Alterns eingegangen, um dann verschiedene Adressatengruppen näher zu betrachten. Diese Erkenntnisse und Befunde dienen als Grundlage für die weiteren Kapitel.

Der zweite Teil (Kap. 3-5) beschäftigt sich mit der Frage des Erlernens der Ruderbewegung für Masterruderer. Hier schließen sich dann Überlegungen an, ob und wie sich noch etwas an der Rudertechnik – auch diejenige der Rennruderer – „machen lässt". Eng damit verbunden ist die individuelle Anpassung des Rudergeräts an altersbedingte Einschränkungen und Körperabmessungen. Wie im darauf folgenden Teil werden natürlich Erkenntnisse aus den Erfahrungen im Hochleistungssport in die spezifische Altersentwicklung und in die Ziele der Masterruderer einfließen.

Der dritte Teil (Kap. 6) umfasst das Rudertraining im Alter. Wie soll das Rudertraining für Master aussehen? Auf welche Aspekte ist besonderer Wert zu legen? Was ist bezüglich der Belastung und Erholung zu beachten? Wie kann ich meine Rennleistung oder körperliche Fitness mittel- und langfristig erhalten oder steigern? Ausführungen zur Planung, Durchführung und Gestaltung der Wettkämpfe, Regatten und Trainingslager beschließen das Buch im Teil IV.

Den Abschluss bilden Literaturhinweise, nützliche (Internet-)Adressen und ein Sachwortregister.

TEIL I

1 Masterrudern

Wer ist Masterruderer? In seinem 26. Lebensjahr bekam einer der Autoren vom damaligen Bundestrainer die Information, dass es besser für ihn wäre, mit dem Leistungssport aufzuhören, da sein Leistungshoch schon überschritten sei und sich deshalb der Trainer und das Verbandssystem um die nachrückende Generation kümmern müsse. Dieser wohlgemeinte Rat basierte auf der Erkenntnis, dass das Durchschnittsalter der leistungsstärksten Ruderer auf internationalen Wettkämpfen in jener Zeit kontinuierlich abnahm. Etwa zur gleichen Zeit wurde das offizielle Einstiegsalter für Masterrennen mit 27 Jahren festgesetzt. Heute weiß man, dass auch weit ältere Ruderer und Ruderinnen absolute Spitzenleistungen vollbringen können. Sir Steven Redgrave ist das wohl bekannteste Beispiel, seit er mit 39 Jahren seine fünfte Goldmedaille bei den Olympischen Spielen in Sydney 2000 in ununterbrochener Reihenfolge gewann.

Insgesamt ist heute zu beobachten, dass hochtalentierte Athleten das Rennrudern länger auf höchstem Niveau betreiben. So starteten unlängst bei den Weltmeisterschaften und Olympischen Spielen zahlreiche Finalisten und Medaillengewinner mit z. T. weit über 36 Jahren (Ekaterina Karsten, Rumyana Neykova, Duncan Free, Iztok Cop). Jueri Jaanson (Estland) gewann mit über 42 Jahren die Silbermedaille im Doppelzweier in Peking!

1.1 Zielgruppen im Masterrudern

1.1.1 Der Masterrennruderer

Viele finden nach Jahren leistungssportlicher Unterbrechung den Weg zurück zu „ihrer" Sportart, den sie als Jugendliche mehr oder weniger intensiv ausgeübt haben. Andere „trainieren durch"; für sie gibt es kaum eine Unterbrechung zwischen ihrer Zeit als aktiver Rennruderer und Masterruderer. Nicht selten trifft man auch Sportler an, die erst als Erwachsene das Rennrudern entdeckt haben. Die ständig steigenden

Teilnehmerzahlen in den Rennen der Master und den speziell ausgerichteten Masterregatten zeugen von der großen internationalen Beliebtheit des Ruderns als Wettkampfsport bis ins hohe Alter.

Nicht nur in den Klassen bis zum Erwachsenenalter haben sich verschiedene Altersklasseneinteilungen herausgebildet (vgl. Tab. 1), auch Masterrudern wird in 10 Altersklassen unterteilt, wobei hier durch die Regelung mit dem Mindestdurchschnittsalter eine hohe Durchlässigkeit und Kombinationsmöglichkeit gegeben ist (vgl. Tab. 3).

Tab. 1: Alterseinteilungen und Bezeichnungen im Rudern

Alter	Bezeichnungen national und international	Allgemeiner Sprachgebrauch
Bis 14	Jungen und Mädchen	Kinder
15-16	Juniorinnen und Junioren B oder U 17	Jugendliche
17-18	Juniorinnen und Junioren A oder U 19	Jugendliche
19-22	Seniorinnen und Senioren B oder U 23	Männer/Frauen
23+	Seniorinnen und Senioren A – Elite	Männer/Frauen
27+	**Master (div. Altersklassen)**	**Männer/Frauen**

Neben dem Rennrudern der Master lassen sich weitere Perspektiven und Zielsetzungen für das Rudern mit Erwachsenen und Älteren erkennen.

1.1.2 Fitness und Gesundheit

Vor allem im höheren Alter bietet das Rudern eine hervorragende Möglichkeit, Fitness und körperliche Gesundheit zu erhalten und zu verbessern. Als gelenkschonender Ausdauersport kommt der Rudersport dem Wunsch vieler Menschen nach, Zivilisationskrankheiten und Bewegungsmangelerscheinungen vorzubeugen. Auch für ältere Menschen birgt das Rudern keine großen Verletzungsgefahren, ist in nahezu allen Regionen ganzjährig durchführbar und fördert die Kraft zahlreicher Muskelgruppen, die aerobe Ausdauerfähigkeit im besonderen Maße.

Der **fitnessorientierte Masterruderer** versucht, durch ein mehr oder weniger kontrolliertes Training, die Möglichkeiten des Ruderns auszunutzen, um seine Leistungs- und Erholungsfähigkeit zu steigern. Hierbei geht es weniger um die messbare Steigerung der Wettkampfleistung und ein zielgerichtetes Training im Hinblick auf eine Regattateilnahme; dennoch spielt auch hier der Leistungsgedanke eine Rolle: Das Training dient allerdings vornehmlich dazu, individuelle physiologische Anpassungen zu erzielen (z. B. Gewichtsabnahme, Kräftigung der Muskulatur oder Verbesserung der Ausdauerfähigkeiten). Dabei werden durchaus auch positive psychische Erfahrungen erzielt, z. B. die Steigerung des Selbstwertgefühls, durch Erlernen und Beherrschung der Rudertechnik, die Genugtuung über die Bewältigung einer bestimmten Ruderstrecke oder die Freude über ein gut laufendes Boot und eine harmonierende Mannschaft.

Der in erster Linie **gesundheitsorientierte Masterruderer** hat ähnliche Ziele. Er möchte in den entsprechenden Lebensabschnitten den Anforderungen des Alltags hinreichend gut begegnen können, wobei auch das (Natur-)Erleben, das körperliche und psychische Wohlbefinden und der soziale Kontakt eine bedeutsame Rolle spielt. Rudern bietet über die Bewegung in freier Natur, über Tages- und Wanderfahrten, aber auch über die persönliche und individuelle Dosierung der Belastungen und Anforderungen ein breites Feld für den gesundheitsorientierten Erwachsenen.

1.1.3 Rudern als Sozial- und Kommunikationsraum

Rudern als Freizeitsportart zeichnet sich durch die Möglichkeit aus, in alters-, geschlechts- und leistungsheterogenen Gruppierungen Sport zu treiben. Somit wird es möglich, dass allein durch die Ausübung der Sportart selbst Spaß, Erholung, Geselligkeit in Freundeskreisen nachgegangen werden kann.

Rudern wird vornehmlich in Vereinen ausgeübt, welche weiteren sozialen Bedürfnissen der erwachsenen Mitglieder, wie z. B. Feste und Veranstaltungen organisieren, nachkommen und jungen wie älteren Ruderern ein zweites Zuhause bieten können.

1.1.4 Rudern als Ausgleich und Erholung

Rudern wird in freier Natur ausgeübt. Viele erwachsene Ruderer fühlen sich dem Wasser und der Natur in besonderer Weise verbunden. Ob es mehrtägige Wanderfahrten, kleinere Ausflüge oder Erlebnisfahrten mit dem Boot sind: Das Befahren einheimischer und fremder Gewässer bietet gleichermaßen Erholung und Abenteuer. Rudern dient somit auch als Ausgleich vom (Berufs-)Alltag, als Erlebnissport und Erholung in der Bewegung, fördert das Wohlbefinden.

Tab. 2: Zielgruppen im Masterrudern

	Leistungs- und Wettkampfrudern	Fitness- und Gesundheitsrudern	Freizeitrudern Wanderrudern Rudern als Ausgleich und als Erholungssport
Hauptmotiv	• Optimierung körperlicher Leistungsfähigkeit in Bezug auf das Alter • Wettkampf, Regatten, Leistungsvergleich • Wettkampf, Regatten, Leistungsvergleich	• Körperliche Fitness, Rudern als Mittel zur Verbesserung der Gesundheit und des körperlichen Leistungsvergleichs • Gewichtsreduktion	• Geselligkeit, Spaß • Soziale Anbindung und Kontakte im Verein • Gruppenanbindung • Naturerlebnis
Wettkämpfe, Training, Organisationsformen	• Regattabesuche, Ruderwettkämpfe über verschiedene Strecken • Ergometerwettkämpfe • Training und Wettkampfteilnahme in anderen Sportarten • Meist systematisches Training als Vorbereitung für Wettkämpfe	• Gelegentliche Teilnahme an Wettkämpfen und Wanderfahrten • Eventuell Training und Wettkampfteilnahme in anderen (Ausdauer-) Sportarten • Training nach Zeitbudget und Motivation	• Vereinsausfahrten, • Wanderfahrten, Ausflüge • Keine Wettkampfteilnahme • Meist keine weiteren • Sportarten
Trainings-/ Ruderhäufigkeit	• Regelmäßiges und systematisches Training 3-6 x/Woche • Trainingscamps, Urlaubssport	• Regelmäßiges/ unregelmäßiges Training ca. 1-4 x/Woche • Z. T. Urlaubssport	• Kein systematisches Training • Ausfahrten im Boot ca. 1-3 x/Woche
Wertigkeit des Sports	• Rudern spielt eine sehr bedeutende Rolle und hat meist Priorität im Leben. • Sehr großes Interesse an der Sportart und an Kenntnissen in Bezug auf das Training, Rudertechnik, Bootstechnik und Material.	• Rudern spielt eine untergeordnete Rolle, ist ist jedoch fester Lebensbestandteil. • Großes Interesse an Themen und Kenntnissen über die Sportart und im Zusammenhang mit Fitness, Gesundheit, Rudertechnik.	• Rudern spielt keine zentrale Rolle als Sportart, großes Interesse an sozialen Events, Ausfahrten und an der Verbindung Rudern mit kulturellen Aspekten.
Mannschaften/ Gruppen	• Relativ homogene Leistungsgruppen und Mannschaften • Gelegentlich wechselnde Trainingspartner, auch außerhalb des Vereins	• Heterogene und homogene Mannschaften und Gruppen möglich • Wechselnde Trainingspartner	• Sehr heterogene Gruppen möglich, meist aber gleiche Gruppen

1.2 Wettkampfrudern der Master

Der leistungsorientierte Masterruderer versucht, durch gezieltes und systematisches Training, seine Wettkampfleistung zu erhalten oder zu steigern. Hierbei steht der Wettkampfgedanke im Vordergrund und Rudern wird nach den entsprechenden Regeln und Wettkampfbestimmungen durchgeführt. Internationalen Regelungen gemäß umfasst das Masterrudern Sportler von 27 bis ins achte Lebensjahrzehnt. Das wettkampforientierte Masterrudern erfreut sich international zunehmender Beliebtheit; sog. „Masters" gelten zwar nicht als offizielle Weltmeisterschaften, werden aber von den Beteiligten nicht selten so deklariert.

Eine besondere Form stellen Ergometerwettkämpfe dar, für die in unterschiedlichen Alters-, Gewichts- und Geschlechtergruppen (internationale) Rekorde geführt werden. Der Erfolg kann nur durch ein umfangreiches und gezieltes Training, das dem der Spitzenruderer kaum nachsteht, erreicht werden. Nicht selten versuchen sich hier auch ambitionierte und gut trainierte Nichtruderer, da die (ruder-)technischen Anforderungen zugunsten der konditionellen Fähigkeiten in den Hintergrund treten. Dennoch bieten diese Wettbewerbe und Vergleichswerte eine gute Rückmeldung für den leistungsorientierten Masterruderer.

Das Wettkampfrudern im mittleren und späten Erwachsenenalter erfreut sich national wie international zunehmender Beliebtheit. Jedes Jahr stellen die Masterregatten weltweit eine große Attraktivität dar. Organisatorisch mit großem Aufwand veranstaltet, wird in kurzen Zeitabständen eine Fülle von Rennen angeboten. Die FISA ist sich der Entwicklung bewusst und hat seit Längerem eine eigene Kommission (FISA Master Rowing Commission) eingerichtet, die sich folgende Aufgaben gestellt hat:

- Masterrudern in all seinen Formen national und international zu verbreiten und zu fördern.
- Masterregatten zu organisieren.
- Kontakte zu den nationalen Verbänden aufrechtzuerhalten bzw. herzustellen.
- Einen internationalen Masterregattakalender zu erstellen.
- Medien- und Marketingarbeit zu leisten (in Verbindung mit den entsprechenden FISA-Kommissionen).

Das Regelsystem für das Masterrudern ist mittlerweile sehr ausdifferenziert und orientiert sich an einer Altersklasseneinteilung, die mit dem 27. Lebensjahr als Mindestalter beginnt, um dann in unterschiedlichen Altersschritten für verschiedene Alterskategorien ein Durchschnittsalter festzulegen:

Tab. 3: Altersklasseneinteilung

Klasse			Entwicklungsphasen (entspricht ...)
A	Mindestalter	27 Jahre	„Frühes Erwachsenenalter" (ca. 18-35 Jahre)
B	Durchschnittsalter	36 Jahre	
C	Durchschnittsalter	43 Jahre	„Mittleres Erwachsenenalter" (ca. 30/35-45/50 Jahre)
D	Durchschnittsalter	50 Jahre	
E	Durchschnittsalter	55 Jahre	„Späteres Erwachsenenalter" (ca. 45/50-60/65 Jahre)
F	Durchschnittsalter	60 Jahre	
G	Durchschnittsalter	65 Jahre	
H	Durchschnittsalter	70 Jahre	„Spätes Erwachsenenalter", „älterer Mensch" (ca. 60/65-70/75 Jahre)
I	Durchschnittsalter (erstmals 1994)	75 Jahre	
J	Durchschnittsalter (neu)	80 Jahre	

Der Steuermann fällt nicht unter die Alterseinteilung und wird auch für das Durchschnittsalter nicht mitgerechnet. Es gibt auch Mixedwettbewerbe (Frauen und Männer in einer Mannschaft zu gleichen Anteilen) und die Ruderer aller Altersklassen dürfen nicht mehr als zwei Rennen am Tag melden und rudern. Eine Einteilung in unterschiedliche Gewichtsklassen – wie z. B. im Junioren- oder Eliterudern – erfolgt nicht.

Die Rennen werden über 1.000 m durchgeführt; es gibt zudem Langstreckenrennen über unterschiedliche Strecken und Kurzstreckenrennen (bis 500 m).

Die **World Rowing Master Regatta** wird von der FISA ausgetragen, zählt aber nicht zu den World Rowing Championships. Nur die Sieger folgender FISA World Rowing Championships dürfen sich offiziell „Weltmeister" nennen:

- FISA World Rowing Championships (Männer schwer, Frauen schwer, Männer leicht, Frauen leicht).
- FISA World Junior Rowing Championships (Junioren, Juniorinnen).
- Olympische Regatten sollten den gleichen Status haben, mit gleichen Regeln wie die World Rowing Championships.

Folglich kann sich nach dieser Regelung kein Sieger auf der World Masters Regatta als „Weltmeister" bezeichnen.

Zur Vermeidung von Rennausfällen können Masterrennen unterschiedlicher Altersklassen zusammengelegt werden. Um die Leistungen der einzelnen Boote benachbarter **Altersklassen** vergleichen zu können, wurde eine Zeittabelle für die unterschiedlichen Bootsgattungen und Altersklassen aufgestellt. Dabei sollte darauf geachtet werden, dass die Anwendung auf maximal zwei (in Ausnahmefällen drei) benachbarte Altersklassen begrenzt wird. Diese Tabelle gilt über die 1.000-m-Strecke und bedeutet den jeweiligen Zeitvorsprung für das Rennen.

Tab. 4: Zeittabelle (Zeitvorsprung in Sekunden für die 1.000-m-Strecke)

Altersklasse	A	B	C	D	E	F	G	H	I	J
Bootsgattung										
4x/8+	0,0	2,0	3,0	5,5	5,0	6,0	7,0	8,0	9,0	10,0
2x/4+/4-	0,0	2,0	4,0	6,0	5,5	6,5	8,0	9,0	10,0	12,0
1x/2-	0,0	2,0	4,5	7,0	6,5	7,5	9,0	10,0	11,0	13,0

Meldet z. B. ein Master-C-4x, ein Master-D-4x und ein Master-E-4x, dann wird der Master-E-4x gestartet 5 s vor dem Master-D-4x, der wiederum 5,5 s vor dem Master-C-4x losrudert. Der Master-C-4x startet also 10,5 s nach dem Master-E-4x. Sieger ist derjenige, der als Erster die Ziellinie überquert.

1.3 Das Profil der Masterrennruderer

Die World Masters Regatten zählen seit Jahren zu den größten Ruderevents der Welt. Bedingt durch die neun unterschiedlichen Altersklassen, nehmen jährlich zwischen 4.000 und 8.000 Ruderer an diesen internationalen Regatten teil.

Seiler (2003) befragte über 1.000 Masterruderer (70 % Männer mit einem Durchschnittsalter von 47 und einer Altersspanne von 27-83 Jahren sowie 30 % Frauen mit einem Durchschnittsalter von 43 und einer Altersspanne von 27-68 Jahren) über die Webseite der FISA. Der größte Teil der Probanden war aus Europa, gefolgt von Nordamerika und Ozeanien.

Hinsichtlich ihrer ruderischen Vergangenheit/Biografie ergab die Studie, dass 41 % der weiblichen Befragten erst im Mastersbereich Wettkampferfahrungen machte, hingegen waren 55 % der männlichen und 35 % der weiblichen Probanden ehemalige Eliteruderer.

Bei den europäischen Masterruderern waren mehr als 60 % der männlichen Ruderer (und ca. 50 % der Europäerinnen) ehemalige Eliteruderer, nur 7 % „Späteinsteiger". Im Gegensatz dazu sind 30 % der männlichen nordamerikanischen Ruderer „neue Ruderer", gar 60 % der Nordamerikanerinnen haben erste Regattaerfahrungen als Masters gemacht. Vergleicht man die europäischen, nordamerikanischen und ozeanischen Masterruderer, so sind enorme Unterschiede der Rekrutierung unterschiedlicher Rudervergangenheiten erkennbar. In Nordamerika wächst die Zahl der Ruderneulinge rasch an, während in Europa ehemalige Eliteruderer dominieren.

Interessant bei der Betrachtung älterer Wettkampfsportler auf der FISA-Ebene ist der Weg zu ihrer Sportart. 13 % aller männlichen und 41 % aller weiblichen Masterruderer haben erst nach dem 30. Lebensjahr Rudern gelernt. Gemäß den unterschiedlichen Zugängen zum Sport und gemäß den nationalen Sporttraditionen gelangen Masterruderer entweder über den Schul- und Universitätssport oder die Klubs zu ihrem Sport. Auffallend ist, dass über 70 % der nordamerikanischen Masterruderinnen den Rudersport erst als Erwachsene über einen Klub kennen gelernt hat. In Europa dagegen ist der Großteil der Master bereits als Jugendlicher in einem Ruderverein, während der Universitätssport eine eher untergeordnete Rolle spielt. Insgesamt haben über 50 % der Master Familienmitglieder, die auch mit dem Rudersport in Kontakt stehen.

Ein weiterer Aspekt der Befragung von Seiler war das Training. Wie viel wird trainiert? Werden sie gecoacht? Welche Bootsgattungen werden hauptsächlich im Training gerudert?

Masterrennruderer absolvieren, unabhängig von der Altersklasse, zwischen vier und fünf Trainingseinheiten pro Woche, was einem wöchentlichen Trainingsaufwand zwischen 4-11 Stunden entspricht (Winter 4-7 h, Sommer 7-11 h). Ungefähr 60 % der Frauen und 30 % der Männer werden regelmäßig gecoacht und legen auch Wert auf die Unterstützung eines Trainers. Im Training wird größtenteils im Einer (1 x), gefolgt vom Achter (8+) und in Vierern (4+/-) trainiert.

Im Rahmen einer Trainingsumfangsanalyse vergleicht Grabow (1995) Masterruderer mit Eliteruderern bezüglich ihres Trainingsaufwandes (Gesamttraining, Wassertraining, Kraft- und ergänzendes Ausdauertraining sowie Gymnastik). Auch er bestätigt in seiner Befragung die ca. 3-5 Trainingseinheiten pro Woche mit durchschnittlich 4 h Trainingsaufwand im Winter und etwa 5-6 h Training pro Woche im Sommer. Über das gesamte Jahr betrachtet, trainieren Masterruderer somit etwa 30 % des Gesamtumfangs von Eliteruderern, wobei der Anteil im Sommer ca. 34 %, im Winter 28 % beträgt. Die Aufteilung der einzelnen Trainingsformen differiert jedoch sehr stark von diesen Mittelwerten am Gesamttraining (vgl. Abb. 1).

Gemessen am Durchschnitt des Gesamttrainings von ca. 30 %, ist es erstaunlich, dass im Sommerhalbjahr nahezu kein Krafttraining bei den untersuchten Masterruderern stattfindet; es wird teilweise kompensiert durch das Wassertraining (39 % Anteil am Elitetraining) und vor allem durch ein ergänzendes Ausdauertraining (65 % des Anteils am Gesamttraining der Eliteruderer). Im Winter liegt lediglich der Anteil des ergänzenden Ausdauertrainings über dem Durchschnitt des Gesamttrainingsanteils.

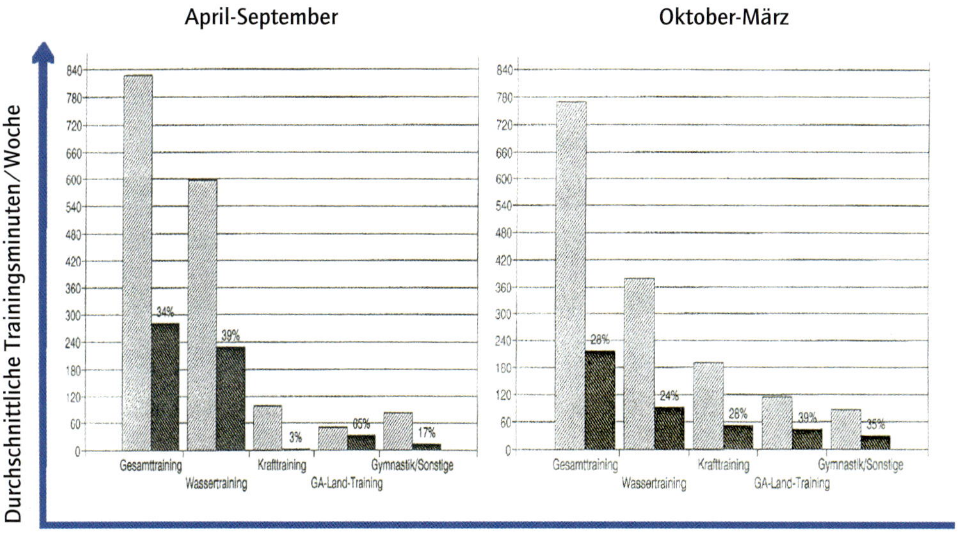

Abb. 1: Vergleich der Trainingsumfänge von Kader- und Masterruderern für das Sommer- (April-September) und Winterhalbjahr (Oktober-März) mod. nach Grabow (1995, S. 222-223)

Der Trainingsaufwand ist lt. Grabow unter leistungs- und gesundheitsorientierten Gesichtspunkten völlig hinreichend. Dennoch kritisiert er die Verteilung der einzelnen Trainingsformen und die Intensitäten für das ergänzende und spezielle Ausdauertraining. Den Befragungen zufolge wird zu intensiv trainiert.

Hauptbeweggrund für rennsportliches Masterrudern bei den Männern (41 %) ist der nahtlose Übergang von der Eliteklasse zu den Masterruderern, also die Kontinuität ihrer wettkampfsportlichen Aktivitäten. 35 % der Frauen beginnen mit dem Rudern, um sich sportlich zu betätigen und begeistern sich erst später für das Wettkampfrudern. Alle sind davon überzeugt, dass ein regelmäßiges Training positive Auswirkungen auf Gesundheit und körperliche Leistungsfähigkeit hat.

Der Wettkampf als Fokus und Höhepunkt des täglichen Trainingsaufwands gibt immerhin 53 % der männlichen und 59 % der weiblichen Master genügend Motivation.

Masterruderern wird oftmals vorgeworfen, sich zu sehr auf ihr Training zu konzentrieren und dadurch im Klub kein Engagement zu zeigen. Die Ergebnisse lassen diese Vorwürfe jedoch nicht zu: Immerhin 85 % geben an, in verschiedene Vereinsaktivitäten eingebunden zu sein, wie z. B. durch Trainertätigkeiten und die Mithilfe im organisatorischen Bereich.

Die Zunahme engagierter Masterruderer bei nationalen und internationalen Wettkämpfen verdient auch eine sorgfältige und aufmerksame Beobachtung durch die Verbände. Phänomene wie Telefonrenngemeinschaften, Wettkampftourismus, Stressbelastungen durch zu häufige Wettkampfteilnahmen bis hin zu Medikamentenmissbrauch und Doping im Alterssport gilt es, durch Regeln, Information und Überzeugung entgegenzuwirken (vgl. Kreiß, 1995, S. 148).

2

2 Erfolgreich Altern als Masterruderer

2.1 Altersvorgänge, Lebensphasen und Altersperspektiven

Der demografische Wandel, bedingt durch die kontinuierliche Zunahme der Lebenserwartung, rückt das Thema „Alter" und „erfolgreiches Altern" immer mehr in den Mittelpunkt wissenschaftlicher Diskussionen. Kann Sport, kann der Rudersport, dazu beitragen, die Lebensqualität, das Wohlbefinden im Alter zu erhalten oder wiederzufinden?

Die demografische Entwicklung in vielen Gesellschaften zieht auch einen Wandel des Altersbildes nach sich. Altersvorgänge sind zwar

- universal und unumkehrbar,
- nach Abschluss einer Entwicklungs- und Wachstumsphase negativ im Sinne einer verminderten Funktions- und Anpassungsfähigkeit,
- genetisch-biologisch determiniert und finden
- auf biologischer, psychischer und sozialer Ebene statt (Dickhuth et al., 2007, S. 601).

Altern generell wird also nicht mehr nur als biologischer Abbauprozess gesehen. Es ist ein Entwicklungsprozess, der gleichermaßen von inneren und äußeren Faktoren beeinflusst wird und in vielerlei Richtungen verlaufen kann. Sichtweisen, die das Altern lediglich als Abbauprozess sehen, bei dem Krankheit und Hilfsbedürftigkeit zunehmen, treten vermehrt in den Hintergrund.

Entwicklung umfasst in jeder Lebensphase Gewinne und Verluste. Eine erfolgreiche Entwicklung bedeutet eine relative Maximierung von Entwicklungsgewinnen und Minimierung von Entwicklungsverlusten: Natürlich lassen einige biologische Fähigkeiten nach. Einem erfolgreichen Altern steht bei diesem biologischen Verlustgeschäft einmal die Kunst gegenüber, mit den eigenen (biologischen) Grenzen zu leben, andererseits zu zeigen, wie Kultur und Geist den Körper überlisten können. **Erfolgreiches Altern** bedeutet also die Fähigkeit, auch mit zunehmendem Alter und im späten Leben eine möglichst positive Gewinn-Verlust-Bilanz zu erzielen. Diese Fähigkeit ist durch die Persönlichkeit des Menschen bestimmt und muss daher individuell betrachtet werden.

Die Betrachtung des Alterns aus physiologischer, psychologischer und sozialer Perspektive ermöglicht dabei eine differenzierte Sicht hinsichtlich der Fähigkeiten und Defizite. So lassen sich in allen drei Bereichen des Alterns z. T. Verbesserungen, Konstanten und auch Verringerungen, zunehmende Defizite herausarbeiten (vgl. Tab. 5 und 6).

Unter **physiologischem Altern** versteht man Veränderungen

(a) der Vitalkapazität des Organismus,
(b) seiner Adaptions- und Kompensationsreserven,
(c) in den einzelnen Organ- und Funktionssystemen.

Beim Altern aus physiologischer Sicht handelt es sich um einen natürlichen biologischen Prozess, bei dem es zu Organveränderungen und zur Abnahme der Leistungsfähigkeit kommt.

Der Lebensstil, der über die Lebensjahrzehnte hinweg geführt bzw. gepflegt wird, hat eine nicht zu unterschätzende Bedeutung in Bezug auf das physiologische Altern. Als Risikofaktoren und Beschleuniger für physiologisches Altern sind Alkohol, Nikotin, fehlerhafte oder falsche Ernährung, vor allem aber mangelnde Bewegung, damit verbundenes Übergewicht, eine nicht funktionale Belastung des Organismus und eine Schadstoffbelastung am Arbeitsplatz zu nennen.

Auch das Körpergewicht unterliegt altersspezifischen Besonderheiten: So ist z. B. die Mortalitätsrate bei 20-29-Jährigen mit einem BMI (Body-Mass-Index) von 21,4 am geringsten, während sie bei 60-69-Jährigen bei einem BMI von 26,6 am kleinsten ist (vgl. Abb. 2). Ein BMI von 26 hat für einen 30-Jährigen eine andere Bedeutung und andere gesundheitliche Folgen als für einen 60-Jährigen. Die Erhöhung des BMI ist in gewissen Grenzen kein Alarmsignal in der Altersentwicklung.

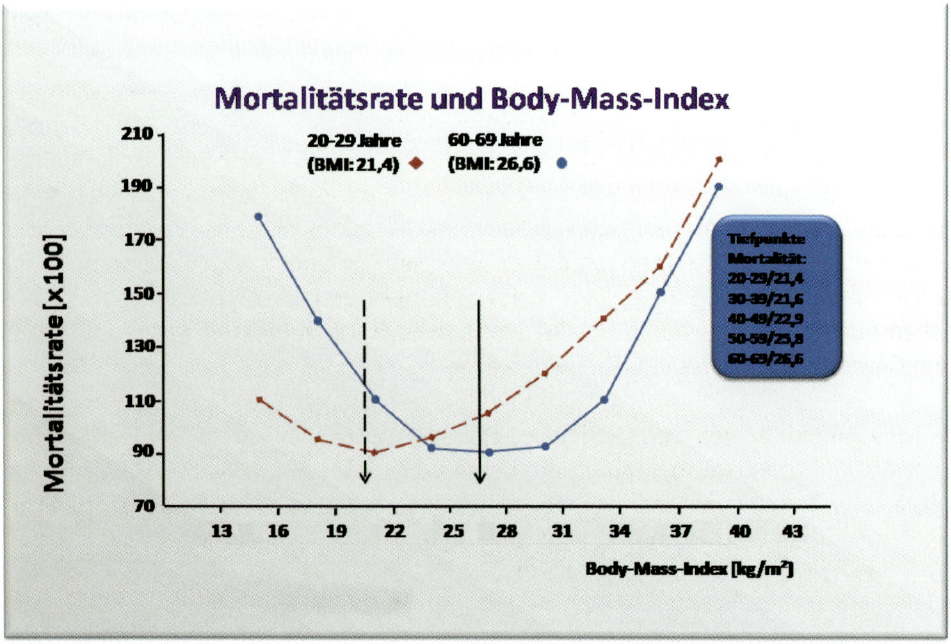

Abb. 2: Zusammenhang: Mortalitätsrate und BMI (mod. nach Friedrich 2008)

Tab. 5: Physische Eigenschaften

Erhöhung trotz Alterung	Konstanten auch bei Alterung	Verringerung mit Alterung
• Geübtheit und Erfahrung (abhängig von Art und Dauer der Tätigkeit)	• Widerstandsfähigkeit gegen Dauerbelastung unterhalb der Dauerbelastungsgrenze	• Muskelkraft • Beweglichkeit • Schnelligkeit • Reaktionsfähigkeit • Widerstandsfähigkeit gegen Kurzzeitbelastung oberhalb der Dauerbelastungsgrenze • Sehvermögen • Hörvermögen • Tastsinn • Klimatische Anpassungsfähigkeit • Koordinationsfähigkeit

Ein gesundheitsbewusster und aktiver Lebensstil, welcher Sport und Bewegung beinhaltet, kann neben geeigneten präventiven Maßnahmen den physiologischen Alternsprozess deutlich positiv beeinflussen (vgl. Kruse et al., 1999, S. 301). Hierbei gilt der Grundsatz, dass körperliche Aktivität nicht als zusätzlicher Stressfaktor wirken darf, sondern aus dosierter An- und Entspannung bestehen sollte.

Altern aus der psychologischen Perspektive weist ebenso eine Gewinn- und Verlustbilanz auf. Es werden Veränderungen in sensomotorischen, kognitiven und sensorischen Funktionen festgestellt, welche auf die Altersprozesse des Zentralnervensystems zurückzuführen sind. Auf der anderen Seite sind Veränderungen der psychischen und kognitiven Funktionen erkennbar, die als Ergebnis der gewonnenen Erfahrungen im Leben eines Menschen betrachtet werden können und positive Einflüsse auf die Lebensqualität ermöglichen. Auch hier kann man durch Training Verluste minimieren und Gewinne in Form neuer Erfahrungen erzielen.

Es ist darauf zu achten, dass kognitives Training während des gesamten Lebens Einfluss darauf hat, wie ausgeprägt die späteren Verluste im kognitiven Bereich sind. Das körperliche Training hingegen nimmt Einfluss auf den sensomotorischen Bereich. Außerdem beeinflusst Sport und Bewegung im Alter die sensomotorischen und kognitiven Funktionen (vgl. Kruse et al., 1999, S. 301f.).

Tab. 6: Psychische Eigenschaften und Fähigkeiten

Erhöhung trotz Alterung	Konstanten auch bei Alterung	Verringerung mit Alterung
• Erfahrung • Geübtheit • Urteilsvermögen • Fähigkeit zum dipositiven Denken • Selbstständigkeit • Fähigkeit zur Teamarbeit • Verantwortungsbewusstsein • Ausgeglichenheit • Beständigkeit • Reife • Positive Einstellung zur Arbeit • Sicherheitsbewusstsein	• Allgemeinwissen • Fähigkeit zur Informationsaufnahme und -verarbeitung • Konzentrationsfähigkeit • Langzeitgedächtnis • Widerstandsfähigkeit gegen kurze psychische Belastung • Lernfähigkeit	• Geistige Beweglichkeit und Umstellungsfähigkeit • Geschwindigkeit der Informationsaufnahme und -verarbeitung • Widerstandsfähigkeit gegen hohe psychische Dauerbelastung • Abstraktionsvermögen • Kurzzeitgedächtnis • Risikobereitschaft

Vom **sozialen Altern** spricht man, wenn damit Veränderungen der sozialen Rollen und Funktionen einer Person innerhalb der Gesellschaft gemeint sind. Im Laufe des Lebens werden an die unterschiedlichen Altersgruppen definierte Erwartungen bezüglich der sozialen Rollen und der Lebensform gestellt. Der Großteil der älteren Menschen führt ein selbstständiges Leben und ihre Fähigkeiten, Fertigkeiten und Erfahrungen können der Gesellschaft Nutzen bringen.

Auch wenn es im Verlauf des Lebens zu Einschränkungen kommt, sind die Potenziale, welche sich im Alter für den Einzelnen und für die Gesellschaft ergeben, nicht von der Hand zu weisen. Häufig verfügen ältere Menschen über hohe Kompetenzen und Expertenwissen und sie lernen, im Alter mit Grenzen besser umzugehen. Aufgaben werden zunehmend pragmatisch gelöst und ihre Lebenserfahrungen ermöglichen es ihnen, differenzierter zu urteilen.

Die Lebensphasen von Erwachsenen kann man in drei große Abschnitte unterteilen:

- frühes Erwachsenenalter (EA),
- mittleres und späteres Erwachsenenalter und
- spätes Erwachsenenalter.

Die Abschnitte sind charakterisiert nach Strass und Wilke (2006, S.16):

Frühes EA ca. 20-35 Jahre

- Abschluss der berufsbezogenen Ausbildung und Aufnahme der Berufstätigkeit.
- Ablösung von der Herkunftsfamilie.
- Partnerbindungen, Familiengründung, Übernahme elterlicher Pflichten.
- Die zunehmend „autonome" Teilhabe am Freizeitsektor.

Mittleres und späteres EA ca. 30/35-60/65 Jahre

- Fortschreitende Konsolidierung einer beruflichen Karriere.
- Weitere Formung eines persönlich profilierten Lebensstils im Freizeit- und Konsumsektor.
- Mögliche gesundheitliche Beeinträchtigungen; Veränderungen am Arbeitsplatz.
- Wieder zunehmende Beteiligung am Sport/Rudersport im Konflikt mit der verbreiteten Vorstellung, wonach Sport eine „Sache der Jugend, aber nichts für ältere Menschen" sei.

Spätes EA ca. 60/65-70 Jahre

Vor dem Hintergrund wechselnder Lebensphasen ergibt sich im späten EA eine Reihe von Lebens- und Entwicklungsaufgaben, deren mehr oder weniger „erfolgreiche" Bewältigung sich wesentlich auf die Lebenszufriedenheit im höheren Alter auswirken dürfte:

- Vorbereitung und Bewältigung des Ausscheidens aus dem Erwerbsleben und die damit erforderliche Umorientierung der gesamten Lebensorganisation.
- Neubalancierung des Partnerverhältnisses.
- Bewältigung von sozialen Verlusten durch den eventuellen Tod des Ehepartners und anderer Lebensgefährten.
- Umgestaltung des Freizeitengagements.
- Auseinandersetzung mit dem unaufhaltsamen „Älterwerden", mit fortschreitenden Einschränkungen der körperlichen Leistungsfähigkeit und gesundheitlichen Beeinträchtigungen sowie Auseinandersetzung mit der Lebensendlichkeit.

Erfolgreiches und zufriedenes Altern bedeutet, seine Kapazitätsreserven zu stärken, damit Lebensdauer, körperliche und geistige Gesundheit, soziale Kompetenz und persönliche Handlungskontrolle, Lebenszufriedenheit möglichst lange erhalten bleiben. In Bezug auf die funktionale Kapazität und Alltagsbewältigung im Alter ist bereits im frühen Erwachsenenalter (besser noch in der Kindheit und Jugend) darauf zu achten, dass Grundlagen in allen Bereichen gelegt werden, um einer physischen, psychischen und sozialen Beeinträchtigung des Alltags z. B. im späten Erwachsenenalter entgegenwirken zu können.

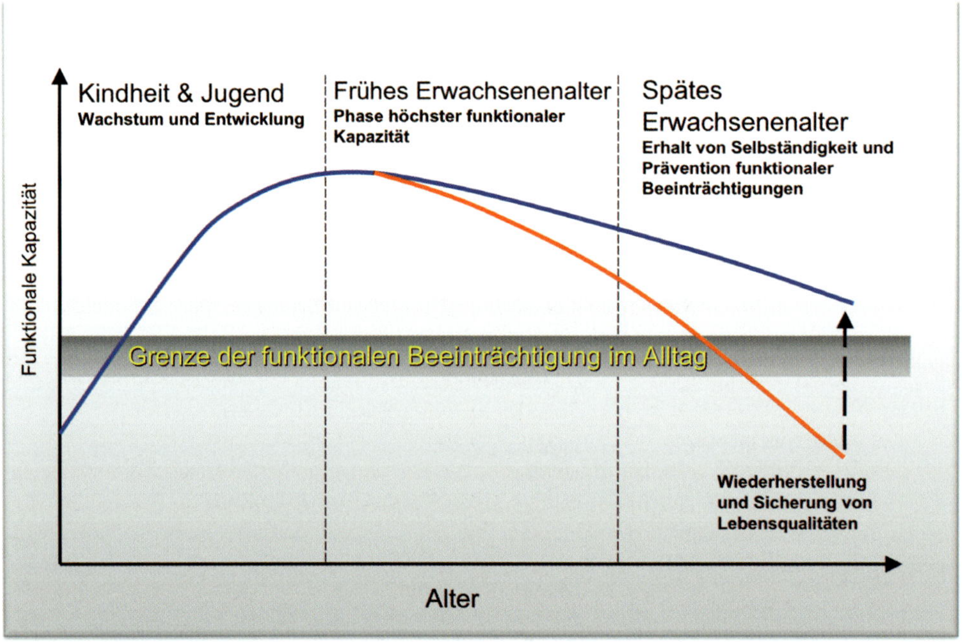

Abb. 3: Funktionale Kapazität und Alltagsbewältigung (mod. nach Conzelmann 2004)

2.2 Das SOK-Modell: Optimierung durch Selektion und Kompensation

Erfolgreiches Altern ist für Baltes und Baltes (1990) eine soziale Konstruktion, in der Alter nicht statisch, sondern beeinflussbar und veränderbar gesehen wird. Mithilfe ihres SOK-Modells wird versucht, konstruktiv in den Alterungsprozess einzugreifen, um aufkommende Defizite und Mängel zu **kompensieren** und bestimmte Verhaltensweisen zu **selektieren**, um das Älterwerden zu **optimieren**.

Zugrunde gelegt werden Erkenntnisse, die, als Prinzipien formuliert, weder das chronologische noch das biologische Alter als entscheidendes Kriterium ansehen:

1. Das Alter der Menschen ist veränderbar (Prinzip der Variabilität).
2. Es gibt keine geradlinige Entwicklung; sie wird von Unbeständigkeiten begleitet (Prinzip der Diskontinuität).
3. Altern unterliegt individuellen, altersnormativen, sozialen und historischen Einflüssen (Prinzip der Kontextrelativität).
4. Der Mensch kann sich gleichzeitig in viele verschiedene Richtungen entwickeln (Prinzip der Multidirektionalität).
5. Der Mensch ist formbar und kann sich auch im Alter noch verändern (Prinzip der Plastizität).

Erfolg im fortgeschrittenen Alter wird dabei nach anderen Kriterien bemessen als in jungen Lebensabschnitten. Strategien eines erfolgreichen Alterns können z. B. sein:

- Eine „gesunde" Lebensführung: regelmäßige Bewegung, gesunde Ernährung, regelmäßiges Training, stetes Üben, mäßiger Alkoholkonsum, Nikotinverzicht etc.
- Weiterbildung,
- Pflege sozialer Netzwerke sowie
- Aufrechterhaltung von Eigenverantwortung und Selbstständigkeit.

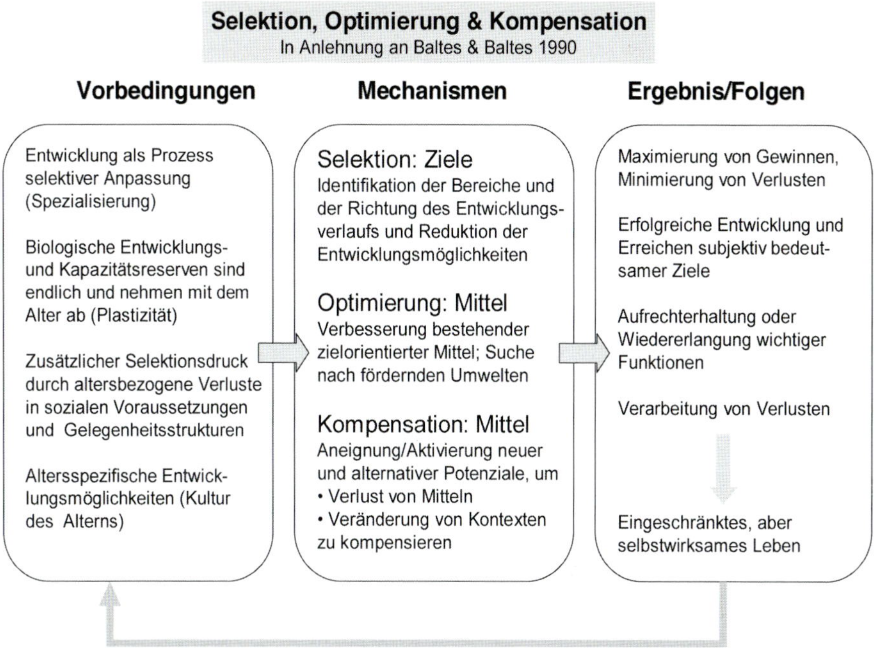

Abb. 4: Selektion, Optimierung und Kompensation (psychologisches Modell erfolgreicher Entwicklung), in Anlehnung an Baltes und Baltes (1990)

Selektion

Wir wählen Möglichkeiten aus, die für uns ideal sind: Konzentration auf bestimmte Lebensbereiche, die von hoher Priorität sind und in denen Umweltanforderungen, persönliche Motivation, Fertigkeiten und biologische Leistungsfähigkeit zusammenfallen

→ z. B. Sport treiben, Rudern, Vereinsengagement!

Optimierung

Wir wählen Mittel, um Dinge möglichst gut zu tun: Wir streben nach Verbesserung des eingeschlagenen Lebenswegs und versuchen, die vorhandenen Ressourcen und Kompetenzen auf einem möglichst hohen Niveau zu halten bzw. zu maximieren:

→ Einsatz beruflicher Kenntnisse und Wissen für ein Engagement im Verein, Teilnahme am Vereinsleben, Ausbildungs-/Trainerkompetenzen entwickeln oder erhöhen, regelmäßiges Gesundheits- und Fitnesstraining, Wissen über Sportart vergrößern ...

Kompensation

Wir suchen neue Wege, um unseren Zielen näher zu kommen: Wir passen uns beim Erleben von Einschränkungen und Ausfällen bestimmter Funktionen als Master an.

→ Weniger Rennen, Rudern in lagestabileren Booten, mehr Mannschaftsrudern, Verbindung des Rudersports mit anderen Bereichen (z. B. Kultur, kulinarischen Events, usw.), Reduktion der Trainingsintensität ...

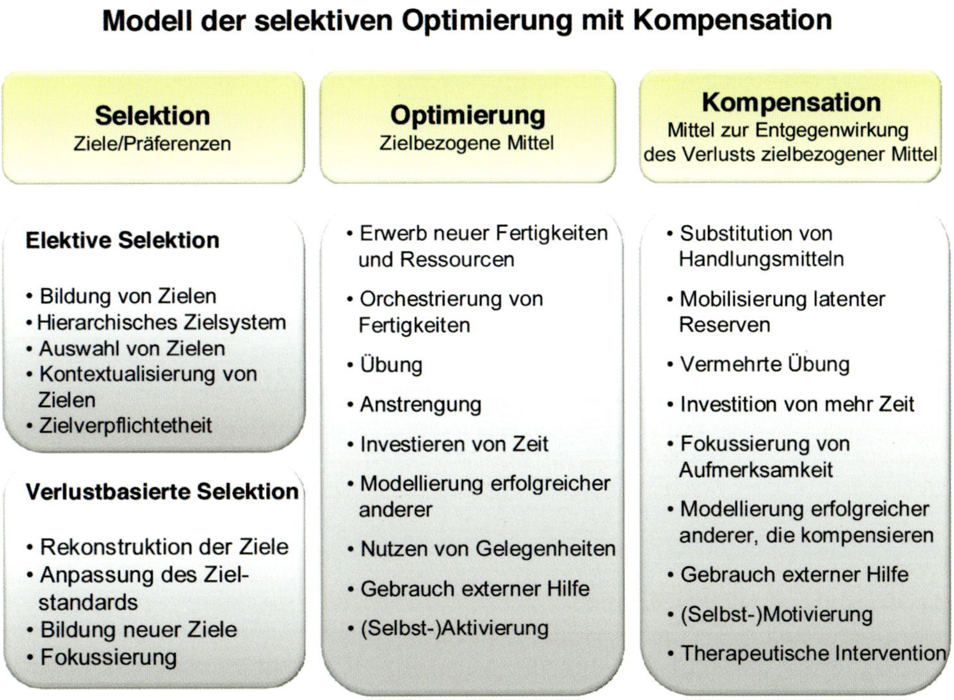

Abb. 5: Modell der selektiven Optimierung und Kompensation (nach Baltes & Baltes, 1990)

Wenngleich das Modell von Baltes und Baltes sich nicht explizit auf die Betrachtung bewegungs- und sportspezifischer Kapazitäts- und Entwicklungsreserven konzentriert, wird deutlich, inwieweit die körperlichen Anforderungen und Erlebnismöglichkeiten des Rudersports Chancen zur Optimierung individueller Lebenswege von Erwachsenen sowie eine besondere kompensatorische Unterstützung in zunehmendem Alter darstellen. Erfahrungen bestätigen, dass es Menschen deutlich besser geht, wenn sie:

- auswählen, optimieren und kompensieren,
- sich auf Bereiche konzentrieren, in denen Entfaltung möglich ist,
- Verluste akzeptieren,
- aus Verlusten Vorteile ziehen,
- sich auf wenige Ziele beschränken, diese aber energisch verfolgen und
- nach geeigneten Kompensationsmöglichkeiten suchen.

Selektion, Optimierung und Kompensation stellen dabei wesentliche Einflussgrößen bei der Aufnahme und Aufrechterhaltung körperlicher Aktivität dar. Dabei kann insbesondere der Rudersport in seiner Vielfalt und seinen verschiedenen Zielsetzungen eine große Hilfe darstellen. Trotz des Verlusts (z. B. der körperlichen Leistungsfähigkeit) im Laufe des Lebens können dennoch wichtige Ziele erreicht werden (vgl. Tab. 7).

Tab. 7: Strategien für körperliche Aktivitäten

	Bei vorhandenen zielrelevanten Ressourcen	Bei Verlust von zielrelevanten Ressourcen
Zielsetzung	**Elektive Selektion:** Entwicklung, Formulierung und Auswahl persönlicher Ziele	**Verlustbasierte Selektion:** Neugewichtung der eigenen Ziele oder Bildung neuer Ziele
	„Im Hinblick auf meine körperlichen Aktivitäten habe ich meine Ziele genau abgesteckt und mich daran gehalten."	„Wenn ich mal nicht mehr so körperlich aktiv sein könnte wie bisher, dann habe ich mir gerade überlegt, welche anderen körperlichen Aktivitäten ich stattdessen ausführen kann!"
Zielverfolgung	**Optimierung:** Erwerb und Einsatz von Ressourcen zur Erreichung des angestrebten Zustandes	**Kompensation:** Erwerb und Einsatz von Ressourcen, um einen einmal erreichten Zustand angesichts von Ressourcenverlusten aufrechtzuerhalten.

„Ich habe alles daran gesetzt, meine Pläne, körperlich aktiv zu sein, zu verwirklichen."

„Wenn ich mal nicht mehr so körperlich aktiv sein konnte wie bisher, dann habe ich meine Anstrengungen erhöht, um weiterhin aktiv zu sein."

Entwicklungsaufgaben des mittleren Erwachsenenalters im sozialen Bereich können sein:

a. Übernahme gesellschaftlicher Verantwortung.
b. Aufbau und Erhalt eines ökonomischen Lebensstandards.
c. Unterstützung der jugendlichen Kinder, verantwortungsbewusste und glückliche Erwachsene zu werden.
d. Entwicklung altersangemessener Freizeitaktivitäten.
e. Gestaltung der Beziehung zum Partner als Individuum.
f. Akzeptieren von und Anpassung an die physiologischen Veränderungen der Lebensmitte.
g. Umgang mit alternden Eltern lernen.

Erfolgreiches Altern orientiert sich auch weiterhin an bestimmten Lebensaufgaben, obwohl physische Kraft und mentale Reserven zurückgehen. Die Beibehaltung oder die Aneignung von Aktivitäten, wie z. B. Wettkampfrudern, ist trotz „zunehmender biologischer Verwundbarkeit" im Alter auf relativ hohem Niveau möglich, jedoch nur durch den Prozess der Selektion und Kompensation (Einschränkung des Umfangs, geringere Trainingsintensitäten ...). Entwicklung bedeutet niemals nur Gewinn (im Sinne von positiven Veränderungen bestimmter Fähigkeiten), sondern immer auch Spezialisierung und damit Verlust anderer Möglichkeiten. Die Grenzen der Kapazitäts- und Entwicklungsreserven werden zunehmend enger. Erfolgreiches Altern gelingt nur, wenn die drei Anpassungsleis-tungen Selektion, Optimierung, Kompensation erbracht werden (vgl. Baltes und Baltes, 1990).

2.3 Sport im Alter

2.3.1 Altersbedingte Veränderungen sportlicher Aktivitäten

Das Thema „Sport im Alter" stößt mittlerweile auf großes wissenschaftliches Interesse, das Conzelmann (2004) folgenden Gründen zuschreibt:

1. der demografischen Entwicklung,
2. dem Problem der körperlichen Inaktivität,
3. gesellschaftlichen Veränderungen, wie z. B.:
    - dem Verhältnis zwischen Arbeit und Freizeit,
    - der Ausdifferenzierung des Sports,
    - dem Sport als Freizeitaktivität und
    - dem Wandel des Altersbildes.

Die Schere bezüglich des Fitnesszustands älterer Menschen öffnet sich in zunehmendem Maße. Auf der einen Seite begegnet uns eine steigende Zahl aktiver, vitaler älterer Menschen, welche regelmäßig sportlichen Aktivitäten nachgehen; auf der anderen Seite gibt es noch immer viele Menschen fortgeschrittenen Alters, welche mangels Bewegung leistungsschwach und übergewichtig sind. Im Vordergrund des Interesses stehen die folgenden Fragen:

Inwiefern beeinflussen sportliche Aktivitäten ...
1. die **Lebenserwartung**?
2. die **körperliche Fitness** im Alter?
3. das **psychische Wohlbefinden** im Alter?

Gesundheit, Leistungsfähigkeit und Wohlbefinden sind für jeden Erwachsenen bis ins hohe Alter erstrebenswert und werden als Kriterien für ein „erfolgreiches Altern" verstanden. Angemessene geistige und körperliche Beanspruchung beschreiben Boeckh-Behrens und Buskies als den besten „Jungbrunnen" (2002, S. 282) und sollte im Interesse der erwachsenen und älteren Menschen liegen. Vergleiche zwischen Trainierten und Untrainierten zeigen auf, dass bei Trainierten

a. eine deutlich höhere maximale Sauerstoffaufnahme festzustellen ist,
b. mit zunehmendem Alter die Leistungsunterschiede immer größer werden und
c. der Abfall der Leistungsfähigkeit wesentlich geringer ausfällt.

Ähnlich sieht es bei der Verteilung des Syndroms „lumbaler Rückenschmerz" aus: Untrainierte leiden viel häufiger unter Rückenbeschwerden und mit zunehmendem Alter nimmt die Zahl der Untrainierten mit Rückenschmerzen gegenüber den Trainierten stark zu.

Grob wird etwa ab dem 30. Lebensjahr von einem altersbedingten **Rückgang der Leistungsfähigkeit** gesprochen, wenngleich einzelne Organsysteme unterschiedlich betroffen sind. Der Rückgang der Leistungsfähigkeit beträgt dabei ca. 5 % pro Lebensjahrzehnt, ab dem 65.-70. Lebensjahr ist der Abfall stärker.

Neben der Abnahme der **Muskelmasse** (ab dem 50. Lebensjahr ca. 1-2 % pro Jahr) und ihrer kontraktilen Eigenschaften erfolgt auch eine langsame Atrophie. Es kommt zu Querschnittsverminderungen der einzelnen Muskelfasern und zu einem verstärkten Abbau insbesondere der schnellen Muskelfasern (Typ II). Die Konsequenz: Reduktion der Kraftleistungsfähigkeit, aber auch der Koordination (Dickhuth et al., 2007, S. 606).

Altersbedingt vermindert sich auch die **Nervenleitungsgeschwindigkeit**, mit der Folge, dass einerseits die kognitiven Funktionen eingeschränkt werden, wie z. B. die räumliche und zeitliche Orientierung, das Gedächtnis und die rasche Entscheidungsfähigkeit, andererseits wird die Motorik weniger zielgenau, langsamer und „unrund". Koordination und Schnelligkeit sind davon betroffen.

Davon beeinflusst ist auch die Verminderung der aeroben Kapazität, die Verminderung der Muskelkraft, die starke Einschränkung der Beweglichkeit und Geschicklichkeit sowie der Koordination. Es kommt zu altersbedingten Funktionseinbußen, die mit einer geringeren Anpassungsfähigkeit an sportliche Belastungsreize und einer zunehmenden Regenerationszeit nach trainingswirksamen Belastungen einhergehen. In der Forschung allerdings bestehen sehr unterschiedliche Meinungen darüber, welcher Anteil bei der Abnahme motorischer Fähigkeiten altersbedingt (und damit nicht beeinflussbar) und wie hoch der Anteil durch Inaktivität und Lebensgestaltung ist. Mehr als die (nicht beeinflussbare) altersbedingte Abnahme der Leistungsfähigkeit könnte z. B. das nicht mehr vorhandene Zeitbudget, bedingt durch Beruf und Familie, der Wandel des Lebensstils, der psychischen Belastbarkeit oder die nachlassende Leistungsbereitschaft die Ursache für eine geringere Leistungsfähigkeit darstellen.

Im Zuge der Pluralisierung von Lebensstilen und der Wiederentdeckung des Körpers erfährt der Altersleistungssport qualitativ und quantitativ enormen Zuspruch. Die Motivation geht jedoch über den Wettkampfgedanken hinaus. Zumindest im Rudersport spielen außerdem persönlich ausgerichtete Gesundheitsmotive, das Naturerleben, die Entwicklung der körperlichen Ausdauer und Fitness, kommunikative und soziale Gesichtspunkte eine große Rolle. Nur auf Grund dieser, die Ressourcen verstärkenden Aspekte lassen sich die großen Zahlen und die zunehmende Attraktivität für viele erwachsene Quereinsteiger im Sport, speziell jedoch im Rudern, erklären.

Verbesserte Gesundheit und gestiegene Lebenserwartungen ermöglichen die stärkere Nutzung von Freizeitangeboten sowie eine gesteigerte Mobilität. Gleichzeitig dienen Sportaktivitäten dazu, die Gesundheit und Handlungskompetenz zu erhalten.

Lamprecht und Stamm (2001) haben in einer schweizerischen Studie zum Sport im Alter festgestellt, dass sich die Sportaktivitäten nach dem 60. Lebensjahr deutlich verringern, während die Wettkampfteilnahme bereits ab 40 Jahren zurückgeht. Legt man ein breites Sportverständnis zugrunde, das die unterschiedlichsten Bewegungsformen, wie z. B. Gymnastik und/oder Aerobic miteinschließt, so sind die Frauen deutlich aktiver als die Männer. Bei einem engeren Verständnis, das mehr an Anstrengung und Leistung orientiert ist, sind dagegen die Männer in der Mehrzahl.

Mit zunehmendem Alter stellen die beiden Autoren einen Rückzug in die eigenen vier Wände fest. Dieser Rückzug zeigt sich jedoch nicht in der Ausübung eines Sports in der freien Natur, und auch das gemeinsame Sporttreiben in der Gruppe wirkt dem Rückzug ins Private eher entgegen.

Gesundheit ist das wichtigste Sportmotiv älterer Menschen, gefolgt von Körpererfahrung, Lebensgefühl, sozialen Kontakten, dem Ausleben von Gefühlen und den Erlebnissen, wozu auch der Altersleistungssport zählen kann. Leistungsziele und vor allem Leistungsvergleiche nehmen mit zunehmendem Alter als Sportmotiv ab.

Analysen des täglichen Umfangs an freier Zeit und der subjektiven Einschätzung des Gesundheitszustandes zeigen, dass in den meisten Fällen eine sportliche Aktivität problemlos möglich wäre. Als Ursache für die Inaktivität nennen Lamprecht und Stamm (2001) andere Prioritäten und überzogene Sportvorstellungen: Inaktive nehmen Sport als aufwendige, zeitraubende und anstrengende Aktivität wahr.

Ist der Sport ein Allheilmittel für ein erfolgreiches Altern? Zahlreiche Faktoren für das subjektive Wohlbefinden in zunehmendem Alter sind durch Sport sicher positiv beeinflussbar, aber Sport hat nicht **per se** die beschriebenen Wirkungen (Conzelmann, 2004):

- Es gibt nicht **den** „Sport": Effekte sind nur durch **gezielte** Interventionen möglich.
- Es gibt nicht **den** „älteren Menschen". Sie unterscheiden sich auf Grund

a. unterschiedlicher Anlage- und Umweltbedingungen, Lebenserfahrungen, Lebensverläufe und Biografien,
b. einer Vielfalt pathologischer Einflüsse, die „normales" Altern überlagern.

In älteren Publikationen wurde argumentiert, dass Menschen jenseits des 70. Lebensjahres keine wesentlichen Trainingseffekte durch körperliche Aktivität erzielen können. Mittlerweile hat sich die Überzeugung durchgesetzt, dass körperliche Aktivitäten und Sport den Gesundheitszustand unabhängig vom Lebensalter positiv beeinflussen können womit die Annahme der **Plastizität** bestätigt wird.

Dem zuvor dargestellten negativen Kreislauf kann nun ein positiver Kreislauf gegenübergestellt werden. So kann auf Grund körperlicher Aktivität die Leistung gut erhalten werden und man kann somit erfolgreich altern.

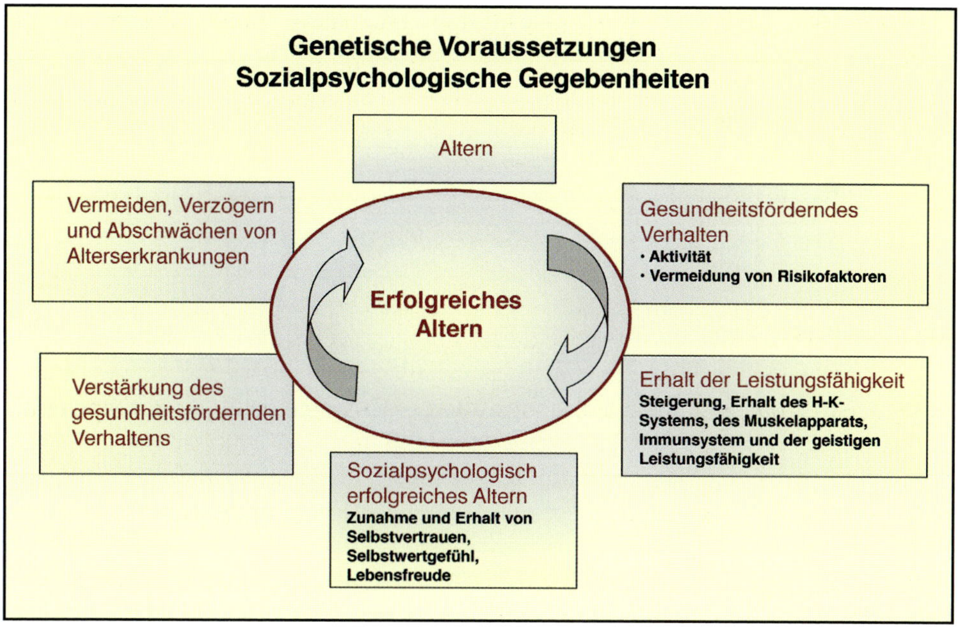

Abb. 6: Der positive Kreislauf der Alterschance (mod. nach Boeckh-Behrens und Buskies 2002, S. 310)

Zusammenfassend gilt:

- Sportliche Aktivitäten können in jedem Alter die körperliche Fitness verbessern und damit die Gewinn-Verlust-Bilanz positiv beeinflussen.
- Lebenszeitsportlern gelingt es auf Grund ihrer vielfältigen sportlichen Vorerfahrungen am ehesten, das SOK-Modell erfolgreich anzuwenden.
- Bewegung, Leistung und Gesundheit repräsentieren nur ausschnittbezogene Motive. Andere Motive, wie Selbsterfahrung, Geselligkeit etc., sollten gerade auch im Alterssport Beachtung finden (Conzelmann, 2004).

2.3.2 Der Beitrag des Rudersports zum erfolgreichen Altern

Rudern als Sportart und Lebensform bietet gleichermaßen in physiologisch-funktioneller, psychischer und sozialer Hinsicht alle Voraussetzungen zur Unterstützung eines erfolgreichen Alterns. Unter allen Zielperspektiven und in allen Lebensphasen stellen die Sportart Rudern und der Ruderverein Möglichkeiten zur Verfügung, in denen individuelle Kapazitätsreserven aktiviert und optimal genutzt werden können (vgl. Tab. 8). Der Rudersport stellt gleichermaßen eine Methode zum erfolgreichen Altern dar, wie auch ein Ziel. Masterrudern ist somit kein Problem, sondern eine Antwort für ein erfolgreiches Altern.

Tab. 8: Rudern im Erwachsenenalter – Kapazitätsreserven im Masterrudern

	Frühes Erwachsenenalter	Mittleres/späteres Erwachsenenalter	Spätes Erwachsenenalter
Kompensation/ Wohlbefinden	• 1-3 x Rudern/Woche • Erlebnisfahrten • Ergänzungstraining	• 1-3 x Rudern/Woche • Erlebnisfahrten • Rudern und Kultur • Ergänzungstraining • Aktivurlaub • Vereinsengagement	• 1-2 x Rudern/Woche • Erlebnisfahrten • Rudern und Kultur • Begleittraining • Aktivurlaub • Vereinsengagement
Fitness/ Gesundheit	• 2-4 x Rudern/Woche • Andere Sportarten • Begleittraining • Rudertechnik verbessern (Skiff, Rennboot) • Sport-/Skilager	• 2-4 x Rudern/Woche • Kräftigung, Begleittraining • Andere Sportarten verbessern (Skiff, Rennboot) • Sport-/Skilager • Vereinsengagement, Trainer • Anfängerausbildung	• 2-3 x Rudern/Woche • Kräftigung, Begleittraining • Andere Sportarten • Rudertechnik • Sport-/Skilager • Vereinsengagement • Anfängerausbildung

Leistung/ Wettkampf	• 3-6 x Training/Woche • Ruderrennen • Ergometerwettbewerb • Ergänzungs-/ Begleittraining • Trainingscamps, Aktivurlaub • Sport-/Skilager • Trainerfunktionen	• 3-5 x Training/Woche • Ruderrennen • Mannschaftsrudern, Technik • Ergometerwettbewerbe • Ergänzungs-/ Begleittraining • Trainingscamps, Aktivurlaub • Trainerfunktionen, Verein • Anfängerausbildung	• 2-5 x Training/Woche • Weniger Rennen • Mannschaftsrudern, Technik • Ergänzungs-/ Begleittraining • Aktivurlaub, Sport-/ Skilager • Vereinsengagement • Anfängerausbildung, Verein

2.3.3 Sportliche Leistungsfähigkeit im Alter

Durch entsprechendes Training können hohe körperliche Leistungen länger aufrechterhalten werden, als bisher angenommen. Die menschliche Leistungskurve überschreitet am Ende des dritten Lebensjahrzehnts ihr Hoch und nimmt dann mit ansteigendem Lebensalter kontinuierlich ab. Die FISA Master Klasseneinteilung fände somit ihre Berechtigung mit dem Beginn ab 27 Jahren.

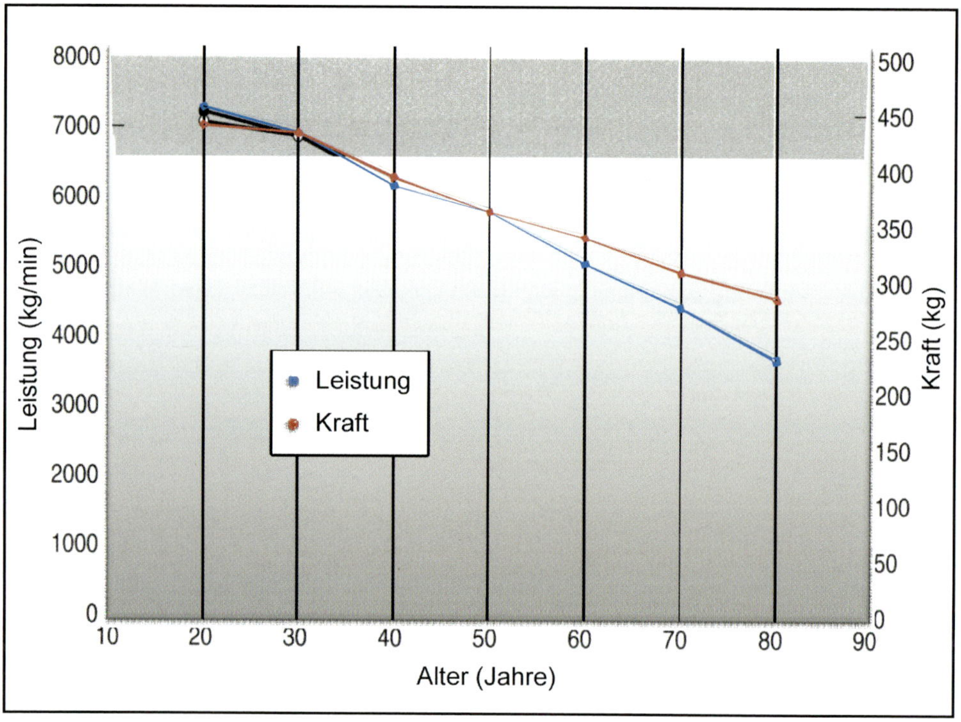

Abb. 7: Längsschnittanalyse von Kraft (Strength) und Leistung (Power) von Männern (aus: Journals of Gerontology. Series A, Biological Sciences and Medical Sciences by E. J. Metter; zit. nach Spiriduso et al., 2005)

Längsschnittanalysen zur Leistungsfähigkeit, Kraft oder Ausdauer bilden die Entwicklung der mittleren Leistungsfähigkeit einer großen Bevölkerungsgruppe ab, können jedoch weder die zeitabhängige Entwicklung eines einzelnen Athleten noch die theoretisch mögliche Leistungsfähigkeit eines Menschen erfassen. Das Leben der meisten Menschen ist normalerweise in ihrem dritten Lebensjahrzehnt Veränderungen unterworfen, weil sich wesentliche private und berufliche Bedingungen ändern. Leistungsverluste sind dadurch oftmals durch diese Umstände, die zudem einen bis dahin hohen Trainingsumfang ermöglichten, beeinflusst. Es müssen andere Prioritäten gesetzt werden.

Die Leistungsfähigkeit z. B. im Marathonlauf reduziert sich im Vergleich zu den Weltbesten relativ langsam nach dem 40. Lebensjahr und verstärkt sich um das 60. Lebensjahr (vgl. Abb. 8).

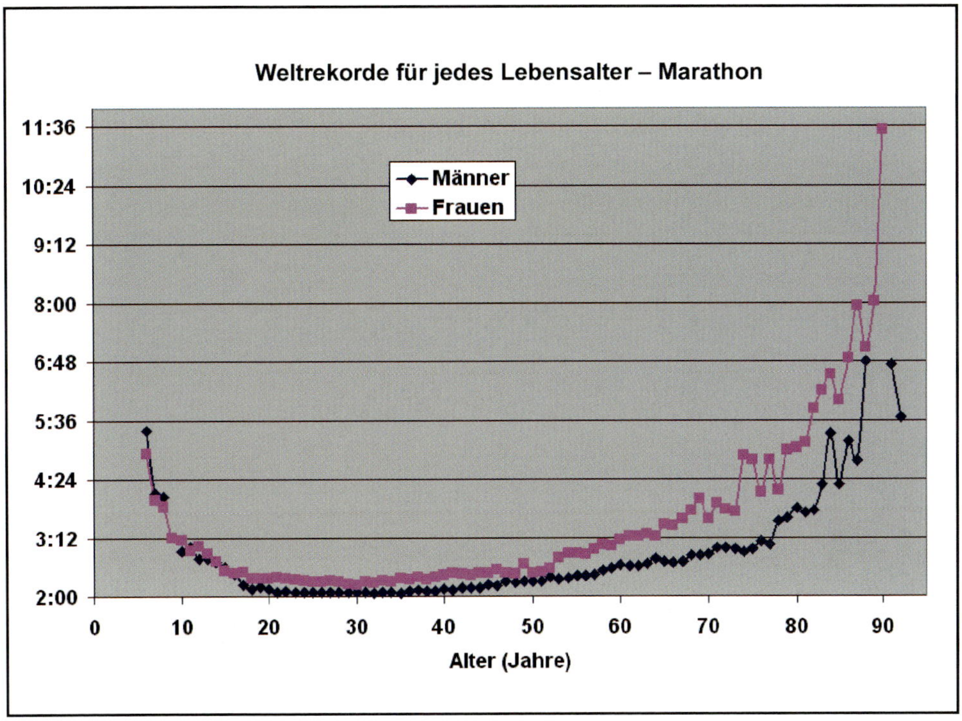

Abb. 8: Darstellung der Marathonweltrekorde für jedes Lebensalter (Zugriff am 23. Mai 2007 von: http://www.arrs.net/SA_Mara.html)

Die nachlassende Leistungsfähigkeit im Alter wird häufig dem Nichtgebrauch oder zu geringem Gebrauch von Funktionen zugeschrieben und nicht zwangsläufig als Folge von Alterungsprozessen gesehen.

Lassen sich im Alter und bei Untrainierten noch Trainings- und Lerneffekte erzielen?

Trainiert ein Sportler lebenslang, ist zwar der altersbedingte Rückgang von ca. 5 % in jedem Lebensjahrzehnt prozentual vergleichbar mit sportlich nichtaktiven Menschen, die Leistungsfähigkeit bleibt aber auf deutlich höherem Niveau. Bei einem Trainingsbeginn erst in höherem Alter kann die individuelle Höchstleistung deutlich jenseits des 40. oder 50. Lebensjahres erreicht werden (vgl. Dickhuth et al., 2007, S. 607).

Die Verminderung der sportlichen Leistungsfähigkeit kann auch durch das Nachlassen von Sinnesleistungen, wie „Hören" und „Sehen", aber auch Temperatur- und Durstempfindung sowie Propriozeption in ihrer Sensibilität und Feineinstellung beeinflusst werden (Dickhuth et al., 2007, S. 607).

Vermehrte sportliche und körperliche Aktivitäten stehen mit Langlebigkeit und der bis ins hohe Alter erhaltenen Funktionstüchtigkeit im Zusammenhang. Sie führen nachweislich zu Funktionsverbesserungen auch im Alter (vgl. Conzelmann, 1997). Die Notwendigkeit sportlicher Aktivitäten im Alter wird allgemein bestätigt, wenngleich die Auswirkung eines sportlichen Trainings individuell variiert und abhängig ist „vom Genotyp, vom Lebensalter, von der betrachteten Fähigkeit, vom Leistungsniveau und vom Geschlecht" (Tittlbach, 2002, S. 82).

Ausdauerleistungsfähigkeit im Alter

In der zweiten Lebenshälfte nimmt die Ausdauerleistungsfähigkeit ab. Als Ursache körperlicher und sportlicher Leistungseinbußen werden hinsichtlich des **Herz-Kreislauf-Lungen-Systems** folgende Faktoren und Folgen gesehen:

Tab. 9: Ursachen der Abnahme der Ausdauerleistungsfähigkeiten

Veränderungen	Auswirkungen, Folgen
Verminderung der Gefäßelastizität	• Erhöhung der Blutdruckwerte • Verlangsamung der Kreislaufreflexe • Zunahme der Herzarbeit • Absinken der maximalen Herzfrequenz
Verminderung der Elastizität der Lunge	Lungenfunktionen zeigen zunehmende Einschränkung.
Verminderung der Durchblutung in der peripheren Muskulatur	• Verlust metabolischer Kapazität • Abnahme der maximalen Sauerstofftransportkapazität
	Generell: **Abnahme der Ausdauerleistungsfähigkeit**

Während die aerobe Ausdauerfähigkeit bei Untrainierten im mittleren Erwachsenenalter nur geringfügig abnimmt, verstärkt sich dies jedoch etwa ab dem 45. Lebensjahr. Auch hinsichtlich der Unterschiede zwischen Frauen und Männern vermerkt Tittlbach (2002), dass Männer bis zum sechsten Lebensjahrzehnt immer eine höhere Ausdauerleistungsfähigkeit aufweisen, danach ist die Abnahme bei den Frauen geringer und die Fähigkeitsniveaus nähern sich an. Sie konstatiert zudem eine etwa 10 %ige Abnahme zwischen dem 30./35. und dem 60./65. Lebensjahr pro Lebensdekade (2002, S. 53).

Bereits geringe Belastungen genügen relativ Untrainierten, um ihre aerobe Kapazität auch im Alter zu steigern. Hier genügt ein 30-90-minütiges Ausdauertraining 1-3 x pro

Woche. Bei ausdauertrainierten Männern im mittleren und späten Erwachsenenalter verringert sich der Rückgang der maximalen Sauerstoffaufnahme auf 5 % pro Dekade, im Vergleich zu einer Abnahme von 9-10 % bei Untrainierten (Tittlbach, 2002, S. 54).

Aerobe Ausdauer ist während des gesamten Lebens trainierbar und zeigt „während der gesamten Lebensspanne (annähernd) vergleichbare Anpassungserscheinungen auf entsprechende Ausdauerbelastungen ..." (Conzelmann, 1994, zit. nach Tittlbach, 2002, S. 54): In einer Studie zu vergleichenden Trainingsanpassungen bei 24-jährigen und 65-jährigen Männern und Frauen gab es keine Unterschiede in der Entwicklung der absoluten maximalen Sauerstoffaufnahme nach einem anspruchsvollen Ausdauertraining. Ausdauertraining ist entwicklungsneutral.

Ein Ausdauertraining wirkt den Alterungsprozessen des Herz-Kreislauf-Systems wirksam entgegen, wobei aerobe Belastungen anaeroben vorzuziehen sind. Zudem sollte der Anteil lokaler und statischer Ausdauerbelastungen reduziert werden, alles zugunsten eines allgemeinen, aeroben dynamischen Ausdauertrainings, wie z. B. Rudern. Für ältere Sporttreibende ist dies nicht nur leistungs- und gesundheitsfördernd, sondern auch risikoarm.

Folgende positive Auswirkungen sind durch ein regelmäßiges und systematisches Ausdauertraining auch im Alter zu erwarten:

- Vegetative Umstellung und Ökonomisierung der Herzarbeit.
- Herabsetzung der Herzfrequenz in Ruhe und Belastung bei gleichzeitig höherem Schlagvolumen unter vorgegebener Belastung.
- Vergrößerung des Herzminutenvolumens.
- Erhaltung der Elastizität des Brustkorbs.
- Zunahme des Atemminutenvolumens, der Reservekapazität und der Vitalkapazität.
- Effektivere Sauerstoffversorgung der Skelettmuskulatur.
- Geringere Stresshormonausschüttung mit Reduktion des sympathischen Antriebs.
- Verbesserung der Fließeigenschaften des Blutes.
- Verringerung des Thromboserisikos.
- Positive Auswirkung auf den Fettstoffwechsel.

Um die positiven Wirkungen auch nutzen zu können, muss stets auf die angemessene Dosierung geachtet werden („lange und langsam", „milde Anspannung und Entspannung"). Ein ausdauerorientiertes Gesundheitstraining trägt zum Erhalt und zur Verbesserung der körperlichen Leistungsfähigkeit bei. Durch die vielfältigen Anpassungsleistungen des Organismus führt ein angemessenes Ausdauertraining, gerade auch bei Menschen im fortgeschrittenen Alter, zur Erhaltung und Steigerung der Lebensqualität. Ebenso kann Ausdauertraining den biologischen Altersprozessen entgegenwirken und die Lebenserwartung steigern.

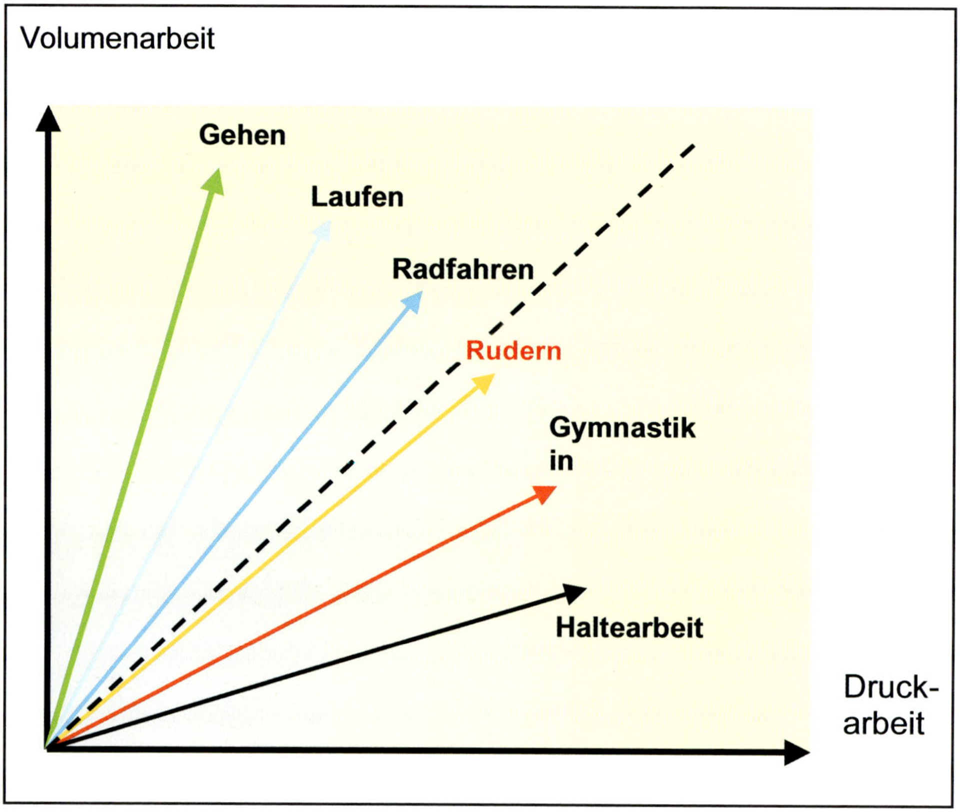

Abb. 9: Vergleich Volumen und Druckarbeit des Herz-Kreislauf-Systems bei unterschiedlichen Belastungsformen. Mod. nach Rost (1984)

Insgesamt verbessert ein Ausdauertraining die körperliche Leistungsfähigkeit und trägt zu einer besseren Bewältigung der alltäglichen Anforderungen des Lebens im Alter bei, womit eine Verbesserung der Lebensqualität einhergeht und Alterserscheinungen deutlich verlangsamt werden.

Auch hier bietet sich das Rudern als Gesundheits- und Fitnessbereich an, zumal der Krafteinsatz gut zu dosieren ist (nicht zu hoch) und – eine weitere Forderung für den Gesundheitssport – die Muskulatur zyklisch belastet wird.

Rudern ist ein hervorragendes Mittel zur Verbesserung und der Erhaltung der allgemeinen aeroben Ausdauer in allen Altersstufen. Die maximale Herzfrequenz nimmt mit zunehmendem Alter nahezu linear ab. Anhand durchgeführter Ruderergometertests (sechsminütig beziehungsweise vierminütiger Maximaltest bei Master) beschreibt Grabow (1995) maximale und submaximale (bei 2 mmol/l Laktat) Herzfrequenzen beim Ergometerrudern in Abhängigkeit vom Alter (vgl. Abb. 10).

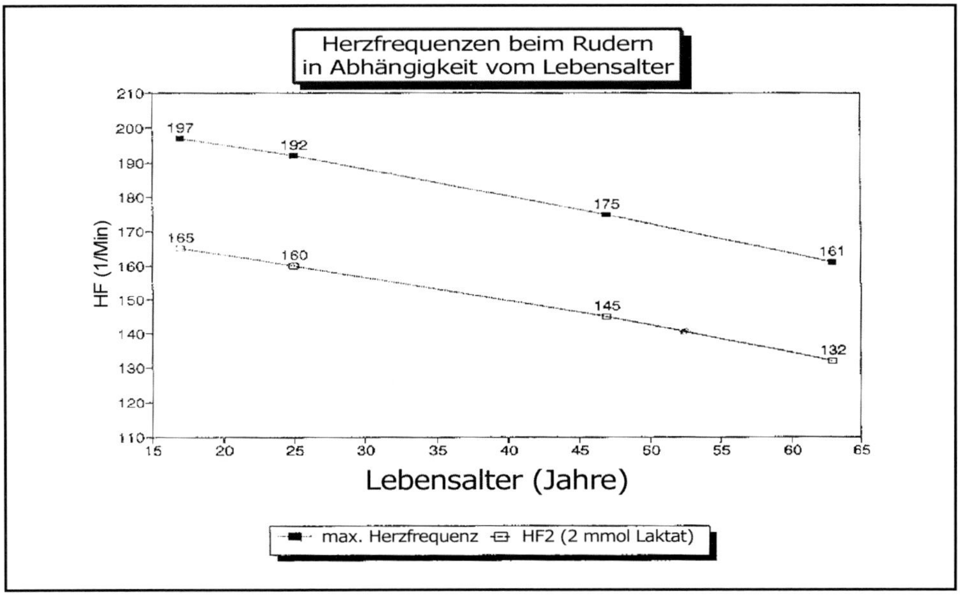

Abb. 10: Herzfrequenz beim Rudern in Abhängigkeit vom Lebensalter (Grabow in Fritsch, 1995, S. 221)

Im Alterssport wird für ein Ausdauertraining unter gesundheitlichen Aspekten eine Intensität von maximal 2 mmol/l Laktat empfohlen. Der extensive Bereich im Rudern dürfte noch darunter liegen.

Der Einfachheit halber wird die maximale Herzfrequenz zur Steuerung und Gestaltung des aeroben Ausdauertrainings herangezogen und eine Trainingsherzfrequenz abgeleitet, die etwa im Bereich von 65-80 % der maximalen Herzfrequenz liegt (Oschütz & Belinová, 2003, S. 164, Tab. 15). Für die Belastungseinschätzung für ältere Ruderer empfehlen Hartmann et al. (1997, S. 130) die Faustformel

HF ext = 170 – (0,8* Lebensalter)

Liegen Kenntnisse über die maximale Herzfrequenz beim Rudern vor (z. B. während wettkampfspezifischer Belastungen), nennen die Autoren

HF ext = HF max * 0,75.

Als Mittelwerte (nicht unbedingt individuell ausgerichtete Werte) bei extensiven (aeroben) Ruderbelastungen geben Hartmann et al. (1997) folgende Richtwerte in den verschiedenenen Altersbereichen an:

Mittelwert HF ext	für 30-Jährige ca. 145 Schläge/min
	für 40-Jährige ca. 140 Schläge/min
	für 50-Jährige ca. 130 Schläge/min
	für 60-Jährige ca. 120 Schläge/min
	für 70-Jährige ca. 115 Schläge/min

Kraftfähigkeit im Alter

Eine ähnlich große Bedeutung kommt der Erhaltung und Förderung der Kraftfähigkeiten im Alter zu. Studien belegen, dass die Abnahme der Maximalkraft bis zum 45. Lebensjahr nur geringfügig (ca. 4-5 %) ist, ab dem 45.-50. bis zum 80. Lebensjahr allerdings auf ca. 12-15 % pro Dekade ansteigt (vgl. Tittlbach, 2002, S. 62). Der Rückgang der Kraftfähigkeiten setzt bei Frauen früher ein, verläuft dann aber im Vergleich zu den Männern langsamer, wodurch sich im späten Erwachsenenalter eine Annäherung vollzieht. Insgesamt ergibt sich für die Zeit vom Eintritt ins Erwachsenenalter bis ins hohe Alter ein Rückgang der Kraftfähigkeit von ca. 30-40 % (vgl. Tittlbach, 2002, S. 57-62).

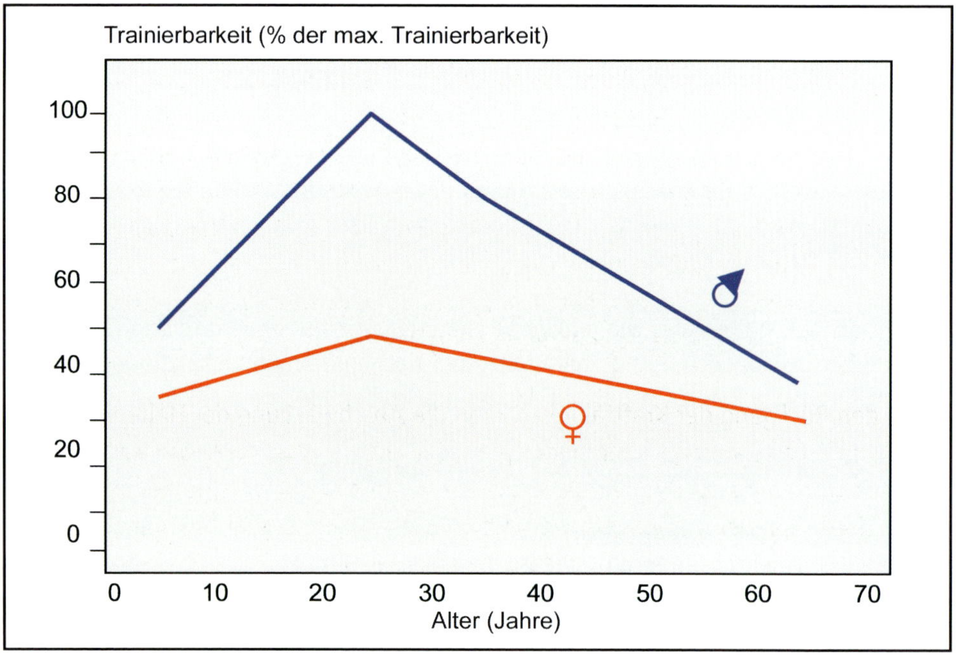

Abb. 11: Trainierbarkeit der Kraft in Prozent der maximalen Trainierbarkeit, mod. nach Hettinger in Weineck (2000)

Die Trainierbarkeit der Kraftfähigkeiten ist in den unterschiedlichen Altersbereichen auch sehr unterschiedlich: Frauen wie Männer können ihre Kraftfähigkeiten am besten im Alter zwischen 20 und 30 Jahren verbessern, während die Trainierbarkeit der Kraft bei den Männern über die gesamte Lebenszeit deutlich höher ist (vgl. Abb. 11).

Der Rückgang der Kraftausdauer vollzieht sich ab dem 25. Lebensjahr bis ins hohe Alter wesentlich schneller (ca. 50-75 %) als der Rückgang der Maximal- und Schnellkraft (ca. 20-30 %).

Mit Abnahme der Muskelmasse ist ein deutlicher Kraftverlust verbunden. Die Massenabnahme zeigt sich im Verlust an Muskelfasern sowie in der Abnahme des Muskelquerschnitts, sodass die Muskelfaser im Alter dünner wird. Dies wird im Wesentlichen auf die Reizverarmung und die möglicherweise schlechtere Rekrutierung der motorischen Einheiten zurückgeführt (vgl. Oschütz & Belinová, 2003). Ferner kommt es im Alter zur Verminderung von ATP, Kreatinphosphat und Glykogen, die als Energiespeicher für die Kraftentwicklung von wesentlicher Bedeutung sind. Der im Alter sinkende Testosteronspiegel wird zudem für den Kraftverlust verantwortlich gemacht, da dieses Sexualhormon eine eiweißaufbauende Wirkung hat.

Durch den Rückgang der Kraftfähigkeit kann die Abschwächung der Haltemuskulatur des Rumpfs Fehlhaltungen bedingen, was häufig zu Rückenbeschwerden und Haltungsschwächen führt. Zum großen Teil ist die Involution der Muskelkraft jedoch durch einen Mangel an Training bedingt. Die mit dem Kraftverlust einhergehende Wirkung verringert nicht nur die Leistungsfähigkeit im Alltag, wie z. B. Treppensteigen, beim Transportieren von Gegenständen oder Freizeitaktivitäten, sie verringert auch die Lebensqualität und Handlungsfähigkeit. Ein Krafttraining, insbesondere ein Kraftausdauertraining, beugt altersbedingter Muskelatrophie und orthopädischen Beschwerden maßgeblich vor.

Das Kraftausdauertraining hat eine große Affinität zum Ausdauertraining und erfordert deshalb in allgemeiner und spezifischer Hinsicht den größten Zeitaufwand im Spitzenrudern. Hier stellt sich die Frage nach Effektivität und Effizienz für den Masterruderer, zumal große Muskelgruppen, insbesondere die Rumpf-, Bein- und Hüftmuskulatur, hinreichend entwickelt werden sollten.

Im Rudern ergibt sich der Zusammenhang zwischen der wiederholt einsetzbaren Kraft im Durchzug und dem Bootsvortrieb. Dafür ist ein ausdauernder, der Ermüdung widerstehender Krafteinsatz im zyklischen Bewegungsablauf des Ruderns erforderlich. Diese ruderspezifische Kraftausdauerfähigkeit wird durch qualitative und quantitative Anforderungen hinsichtlich der Anteile der Muskelgruppen und der Koordination bestimmt. Nicht nur im Rennrudern der Master, sondern auch im gesundheits- und fitnessorientierten Training kommt der Kraftausdauer eine entscheidende Rolle zu, geht es auch darum, die funktionale Haltung und Stabilität von Gelenken auch bei längeren oder wiederholten mechanischen Belastungen muskulär zu ermöglichen.

Koordinative Fähigkeiten im Alter

Die Ruderbewegung hat einen hohen koordinativen Anspruch. Der Rudersport erfordert auch hohe technische Fertigkeiten im Umgang mit dem Sportgerät. Besondere Anforderungen werden an die Gleichgewichts-, die Rhythmisierungs-, Kopplungs- und Differenzierungsfähigkeit gestellt (Schmidt, 2003).

Gleichgewichtsfähigkeit	Ausschalten von vortriebshemmenden Kräften, z. B. durch Kippen des Boots oder Wasserberührung der Ruderblätter.
Kopplungsfähigkeit	Motorische Voraussetzung für die Organisation von Teilkörperbewegungen, z. B. die räumliche, zeitliche und dynamische Verbindung von Bein-, Rumpf- und Armarbeit.
Differenzierungsfähigkeit	Feinabstimmung von Teilbewegungen und Bewegungsphasen, prägt das „Boots-, Wasser- und Blattgefühl", verantwortlich für die Einhaltung und variable Gestaltung von Kraftverläufen und des Rollvorgangs.
Rhythmisierungsfähigkeit	Harmonie der Ruderbewegungen, bedingt den optimalen Wechsel zwischen Spannung und Entspannung, die Einhaltung und die Variation von Schlagfrequenzen.
Anpassungs- und Umstellungsfähigkeit	Ermöglicht angemessenes Reagieren auf aktuelle Situationen in verschiedenen Bootsklassen, bei Wind- und Strömungsverhältnissen sowie Reagieren auf gegnerisches Handeln im Wettkampf.

Wie bei den konditionellen, lässt sich auch bei den koordinativen Fähigkeiten ein altersbedingter Rückgang feststellen. Im Kindes- und Jugendalter entwickelt sich die Qualität der Koordination umso höher, je größer die gestellten Anforderungen sind. Auch im zunehmenden Alter bleibt die Trainierbarkeit von Koordination erhalten, jedoch nimmt die Fähigkeit der körperlichen Systeme zur Neuerlernung koordinativer Aufgaben und sportlicher Techniken langsam ab (vgl. Tab. 10).

Dieser lässt sich jedoch auf Grund ihrer komplexen Struktur nicht so eindeutig erfassen. Dieser altersbedingte Rückgang beginnt allmählich zwischen dem 35. und 40. Lebensjahr, ab 45 Jahren verstärkt und ab 60/65 Jahren sehr stark (Tittlbach, 2002, S. 70). Die Rückgänge unterscheiden sich in den verschiedenen Teilbereichen der Koordination. So nehmen „Koordinationsleistungen unter Zeitdruck mit hohen energetischen Anteilen stärker ab, als die Koordination unter Präzisionsaspekten mit feinmotorischen Anteilen" (Tittlbach, 2002, S. 70). Als Ursache des koordinativen Leistungsrückgangs sehen Tittlbach (2002) und Oschütz und Belinová (2003):

- altersbedingte neuronale Veränderungen,
- Alterungsprozesse aller Organe und Gewebe,
- Inaktivität,
- geringere Beweglichkeit und eine
- schnellere Ermüdung des Zentralnervensystems.

Tab. 10: Entwicklung der koordinativen Leistungsfähigkeit im Lebenslauf (mod. nach Roth und Winter, 1994)

Entwicklung der koordinativen Leistungsfähigkeit im Lebenslauf	
Entwicklungsabschnitt	**Koordinative Fähigkeiten**
Kindesalter bis etwa zur Pubeszenz	Weitgehend linearer Leistungsanstieg
Pubeszenz bis z. T. Adoleszenz	Beeinträchtigung, Verlangsamung der Entwicklung, Instabilität und Neuanpassung
Ausgang der Adoleszenz bis Beginn des frühen Erwachsenenalters	Weitere Verbesserungen, individuelle Ausprägungen
Dritte bis vierte Altersdekade	Trainingsabhängige Erhaltung bzw. relative Erhaltung
Vierte, fünfte und sechste Altersdekade bis zum Tod	Allmähliche und schließlich irreversible Involution

Ein gezieltes Koordinationstraining, aber auch jede andere Form sportlicher Aktivität kann den altersbedingten Rückgang koordinativer Fähigkeiten signifikant verlangsamen. Selbst ältere, untrainierte Personen im Alter zwischen 60-82 Jahren zeigen nach einem fünfmonatigen Gymnastik-, Schwimm- und Tanztraining signifikante Verbesserungen der neuromuskulären Funktionen im Bereich Gleichgewicht, der Hand-Arm-Koordination und der Reaktionszeit (vgl. Puggaard et al., 1994, S. 47). Ein allgemeines koordinatives oder disziplinübergreifendes Training bedeutet eine effektive, kosteneffiziente und sichere Methode der Prävention bei Älteren. Dabei ist wichtig, dass eine nur auf eine Sportart ausgerichtete Aktivität, wie z. B. das Rudern, eine relativ einseitige koordinative Beanspruchung darstellt, wenngleich die Ruderbewegung, wie auch das Schwimmen, Tanzen und Skilanglaufen, relativ hohe koordinative Anteile aufweist.

Eine gut ausgeprägte Koordinationsfähigkeit begünstigt die Umsetzung und Ökonomisierung der konditionellen Fähigkeiten, was auch Bewegungen und Belastungen über längere Zeiträume begünstigt, schnelle und situationsangepasste Reaktionen ermöglicht und damit das Verletzungsrisiko mindert.

Die Entwicklung und Ausbildung allgemeiner und ruderspezifischer koordinativer Fähigkeiten stellt einen grundlegenden und unverzichtbaren Teil der Ruderausbildung dar. Umgekehrt ist die Eignung der Sportart Rudern für die Förderung der Koordinationsfähigkeit im mittleren und fortgeschrittenen Erwachsenenalter besonders hoch.

Beweglichkeit im Alter

Der Begriff der *Beweglichkeit* umfasst gleichermaßen die Dehnfähigkeit wie auch die Gelenkigkeit, sodass Muskeln, Sehnen, Bänder, Gelenkkapseln und Gelenke in die Betrachtung einbezogen werden müssen. Beweglichkeit ist abhängig von anatomischen, neurophysiologischen, energetischen und psychologischen Faktoren, weshalb sie auch nicht eindeutig dem konditionellen oder koordinativen Bereich zugeordnet werden kann.

Chemische und strukturelle Veränderungen des alternden Körpers führen zu einem Rückgang der Dehnfähigkeit von Muskulatur, Sehnen, Bändern und Faszien. Besonders die Muskulatur verliert an Elastizität. Der Halteapparat wird durch degenerative Veränderungen an Gelenken, Schädigungen der Knorpel (Arthrosen) und Verringerung der Gelenkflüssigkeit beeinträchtigt, was zu durchaus schmerzhaften Prozessen führen kann.

Hollmann und Liesen (1986, S. 344) sprechen von einer nennenswerten Herabsetzung der Flexibilitätsgrenzen bei gesunden Personen ab dem 45.-55. Lebensjahr, wobei weitere Studien etwa ab dem 25.-30. Lebensjahr bereits einen Rückgang der Beweglichkeit konstatieren, mit Abnahmen von 3-5 % pro Dekade (vgl. Tittlbach, 2002, S. 75). Die Beweglichkeit ist demnach die motorische Fähigkeit, deren Rückgang am frühesten einsetzt und von der individuellen Elastizität des Sehnen- und Bänderapparats oder dem Geschlecht abhängig ist. Der höhere Östrogenspiegel, der über einen erhöhten Wassergehalt in der Muskulatur und einen höheren Fettanteil zu einer geringeren Gewebedichte führt, beschert Frauen lebenslang eine höhere Beweglichkeit als Männern.

Auch Beweglichkeit scheint bis ins hohe Alter trainierbar zu sein. Die Bedeutung dieser Fähigkeit darf jedoch nicht nur im Zusammenhang mit sportlicher Betätigung gesehen werden; eine verminderte Beweglichkeit kann zu erheblichen Einschränkungen und zur Minderung der Lebensqualität führen. Im Zusammenhang mit der Kraft kommt ihr eine präventive Bedeutung gegen muskuläre Dysbalancen durch gekürzte und unzureichend gekräftigte Muskeln zu. Der Erhalt und die Verbesserung der Beweglichkeit fördert das allgemeine Wohlbefinden und kann zu einer positiven Entwicklung des Körpergefühls beitragen. Beweglichkeit und das Training der Beweglichkeit wird auch im Rudertraining – nicht nur der Masterruderer – meist unterschätzt.

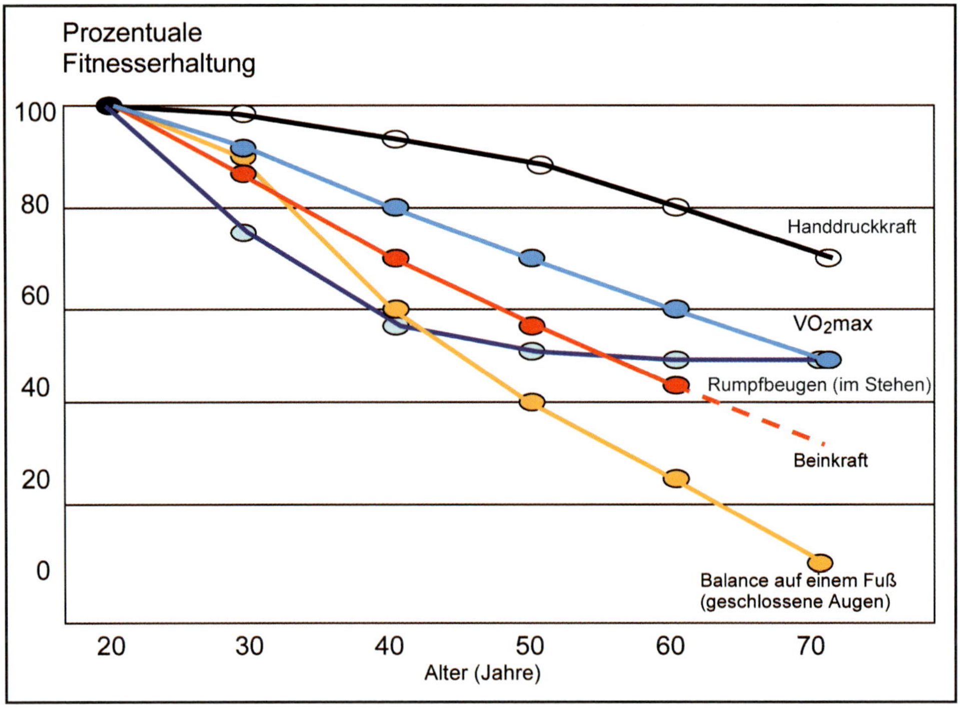

Abb. 12: Altersbedingte Veränderung ausgewählter Parameter der körperlichen Leistungsfähigkeit. Mod. nach Kuroda (1989)

Alterserscheinunungen sind bei allen motorischen Fähigkeiten, jedoch in unterschiedlicher Ausprägung, zu erkennen (vgl. Abb. 12). Während Kraft- und Ausdauerfähigkeiten prozentual und im Vergleich relativ geringe Veränderungen aufweisen, sind die Veränderungen in den koordinativen Leistungen sehr beträchtlich. Die Abnahme, vor allem die Ausprägung der motorischen Fähigkeiten, ist jedoch durch die geringeren Bewegungserfahrungen mit zunehmendem Alter bedingt oder wird dadurch zumindest verstärkt.

Festzuhalten bleibt:
Alle motorischen Fähigkeiten sind ein Leben lang trainierbar und können durch entsprechende Sportaktivitäten stets positiv beeinflusst werden.

2.3.4 Ruderleistungsfähigkeit im Alter

Nicht selten gibt es Ruderer und Ruderinnen mit olympischen Höchstleistungen (Finalteilnahme oder Medaillen), die das 35., sogar das 40. Lebensjahr erreicht und überschritten haben (Beispiele dafür sind Hansen, Chalupa, Redgrave, Cop, Jaanson, Lipa, Neykova, Carstens u. v. m.).

Rudererergometerleistungen der Master

Seiler, Spiriduso und Martin (1998) trugen in den Jahren 1990-1994 von 2.487 Männern im Alter zwischen 24-93 Jahren und 1.615 Frauen zwischen 24 und 85 Jahren aus 29 Ländern Ergebnisse aus nationalen und internationalen Indoor-Rowing- (Rudererergometer-)Wettkämpfen zusammen und erstellten ein Ranking. Indoorrudern bietet unter nahezu laborähnlichen Bedingungen gute Möglichkeiten, das kardiovaskuläre und muskuläre System im Altersgang zu analysieren.

Die Studie sollte zum einen die Unterschiede der 2.500-m-Rennzeit zwischen Frauen und Männern sowie die altersgemäße Abnahme der Ruderleistung erfassen. Die höchsten Leistungen wurden bei den Männern im Alter von 24-29 Jahren und bei den Frauen zwischen 30-34 Jahren erreicht. Die Ergebnisse zeigten zudem, dass Männer ihre Leistung im Alter zwischen 40-60 relativ gut und besser als Frauen erhalten konnten. In dieser Lebensspanne waren die Männer durchschnittlich nur 11 % langsamer als die schnellsten jüngeren Ruderer. Der Verlauf der Zeit- und Leistungskurve ist in dieser Zeitspanne bei den Frauen linear, während sie bei den Männern nicht linear verläuft.

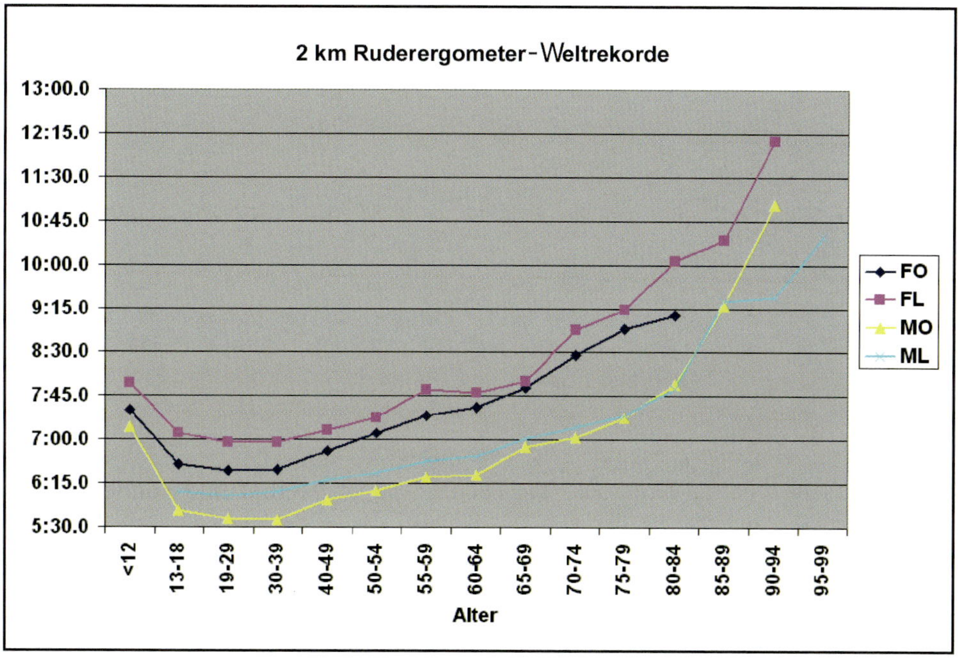

Abb. 13: Darstellung der Weltrekorde für 2 km auf dem Concept2-Rudererergometer (F – Frauen; M – Männer; L- Leichtgewicht; o – offen; Zugriff am 23. Mai 2007 von: http://www.concept2.com/us/training/records/2000m_records.asp)

Korrelationen zwischen dem chronologischen Alter und der Leistungsverminderung ergaben, dass das Alter allein für nur ein Drittel des Leistungsrückgangs bei Männern und sogar nur für 21 % bei Frauen verantwortlich ist. Unterschiedliche Faktoren, wie physische Voraussetzungen, Ausdauerfähigkeit, Trainingsgewohnheit und Wettkampfwille, spielen eine größere Rolle als das Alter. Bei den besten Männern kommt es im Alter von 24-50 Jahren zu einem durchschnittlich 3 %-igen Anstieg der Rennzeit pro Dekade und von 50-74 Jahren steigt diese Rate 7 % pro Dekade an. Studien von anderen Ausdauersportarten, wie Laufen und Radfahren, bestärken diese Befunde.

In der heterogenen Population ist das Alter allein nur ein sehr bescheidener Indikator für die Ruderleistung. Andere Faktoren, wie Statur, Trainingsumfang und Technik, schaffen eine größere Variabilität. Mit zunehmendem Alter scheint durch Trainingsfleiß, regelmäßiges Rudern und die Ausübung weiterer Ergänzungssportarten noch viel möglich zu sein. Unabhängig von den physiologischen Steigerungs- und Erhaltungspotenzialen, sind vor allem im Rudern auch die koordinativen Aspekte im Alter von Bedeutung, insbesondere, für „Spät-" oder „Quereinsteiger", die gleichermaßen im Rennrudern der Master wie auch im Fitness- und Gesundheitsrudern vertreten sind.

Längsschnittstudie von olympischen Ruderern

Hagerman et al. (1996) untersuchten neun Silbermedaillengewinner im Rudern der Olympischen Spiele von 1972 über einen Zeitraum von 20 Jahren. Die Probanden wurden im Jahre 1972, 10 Jahre später (1982) und nochmals 10 Jahre danach (1992) getestet und dabei physische Parameter wie Größe, Gewicht etc. erfasst. Für die einzelnen Teilnehmer wurden Aktivitätslevel festgelegt, gemessen in Trainingseinheiten pro Woche und der Anzahl von Regatten pro Jahr.

Aktivitätslevel	Trainingseinheiten/pro Woche	Wettkämpfe/Regatten pro Jahr
Sehr gut trainiert	7	6
Gut trainiert	5	6
Moderat trainiert	3	1 oder 0
Schwach trainiert	1	1 oder 0

Die Kraft sowie die kardiorespiratorische und metabolische Beanspruchung wurden während eines simulierten 2.000-m-(6 min)Rennens erfasst. 1972 verwendete man dazu ein mechanisches Ruderergometer der Marke Lyon. In den Jahren 1982 und 1992 wurden dann Ergometer der Firma Concept2 (Modell A und B) verwendet. Es wurde die Kraft (in Watt), Lungenfunktion/Ventilation (VE), Sauerstoffaufnahme (VO_2) und Herzfrequenz (HR) erfasst.

Von 1972 bis 1992 stieg das **Körpergewicht** der Ruderer von durchschnittlich 87,4 kg auf 93,8 kg ($p < 0,05$). Die Körperfettmasse stieg signifikant ($p < 0,01$) von 12,3 % auf 15,6 %. Das Training nach 1972 war bei den Probanden relativ unterschiedlich. Vor 1972 war das Training in Dauer und Intensität sehr hoch. Zu einer dramatischen Veränderung des Trainings kam es bei allen Probanden zwischen 1972 und 1982. Das Training wurde 1972 von durchschnittlich sieben Trainingseinheiten pro Woche auf 3,6 Trainingseinheiten pro Woche im Jahre 1982 reduziert und dann im Jahre 1992 auf 3,1 Trainingseinheiten pro Woche.

Ein signifikanter Rückgang konnte in der Laktattoleranz erkannt werden. Während im Jahr 1972 durchschnittlich 14,4 mmol/l toleriert wurden, so konnte im Jahr 1992 nur noch ein Wert von 7 mmol/l erreicht werden. Die gemessene Laktatkonzentation im Blut sank zwischen 1972 und 1982 um 25 % und nochmals um 64 % zwischen 1982 und 1992.

Deutlich wurde, dass die physischen Faktoren, die bedeutend für die aerobe Leistung sind, mit zunehmendem Alter bei den Probanden nachlassen. Dieser Rückgang kann durch ein regelmäßiges Ausdauertraining verlangsamt werden. Obwohl die meisten Probanden in den postolympischen Jahren regelmäßiges Ausdauertraining betrieben, kam es trotzdem zu einem signifikanten Rückgang der Fitness. Bei olympischen Eliteruderern ist festzustellen, dass das Fitnessniveau alle 10 Jahre deutlich abnimmt, während die durchschnittliche Körperfettmasse zunimmt. In der ersten Dekade nach den Olympischen Spielen nahm die Körperfettmasse rapide zu, während die anaerobe Kapazität erst in der zweiten Dekade signifikant zurückging. Aus dieser Studie allein kann jedoch keine Schlussfolgerung auf allgemeine Alterungsprozesse abgeleitet werden. Die Ruderer befanden sich, bezogen auf die körperliche Leistungsfähigkeit, während ihrer Hochleistungsphase auf einem sehr hohen Niveau und es erscheint nachvollziehbar, dass die Trainingsumfänge und -intensitäten abnahmen und damit einhergehend auch die Leistungsfähigkeit.

Masterruderer im Vergleich

Yoshiga (2007) vergleicht ausgewählte Körpermerkmale (Körperfettgehalt, fettfreie Körpermasse) und kardiorespiratorische Variablen (VO_2max, Sauerstoffpuls, Laktat, maximale Herzfrequenz, maximales Atemminutenvolumen) zwischen älteren und jüngeren Ruderern sowie mit – nach Größe und Gewicht – vergleichbaren Personen der Normalbevölkerung.

Tab. 11: Ältere Ruderer im Vergleich (mod. nach Yoshiga, 2007, S. 116)

Merkmal	Ältere Ruderer	Ältere „Normal"-Personen	Junge Ruderer	Jüngere „Normal"-Personen
Alter (Jahre)	64 ± 4	65 ± 3	22 ± 2	23 ± 2
Körperfett (%)	18 ± 4	23 ± 4	12 ± 4	17 ± 4
Fettfreie Körpermasse (kg)	56 ± 5	53 ± 5	61 ± 4	57 ± 5
VO_2max (l/min)	3,0 ± 0,4	2,2 ± 0,3	4,2 ± 0,3	3,1 ± 0,5
VO_2 bei 4 mmol Laktat (l/min)	2,6 ± 0,3	1,8 ± 0,3	3,7 ± 0,4	2,7 ± 0,5
Max. Herzfrequenz (Schläge/min)	176 ± 13	166 ± 9	198 ± 8	201 ± 9
Herzfrequenz bei 4 mmol/l Laktat (Schläge/min)	163 ± 12	157 ± 11	177 ± 12	177 ± 11
Maximaler O_2-Puls (ml/Schlag)	17,2 ± 2,3	13,5 ± 2,0	21,6 ± 1,8	15,4 ± 2,5
O_2-Puls bei 4 mmol/l Laktat (ml/Schlag)	17,0 ± 0,9	11,5 ± 0,9	20,7 ± 1,0	15,0 ± 1,1
VE_{max} (l/min)	117 ± 17	74 ± 13	162 ± 18	84 ± 17
Laktat nach maximaler Ausbelastung (mmol/l)	8,3 ± 1,0	7,9 ± 1,1	10,9 ± 1,1	10,0 ± 1,2
Ruderleistung 2.000 m Concept2 (s)	489 ± 16		451 ± 12	

Hinsichtlich der körperbezogenen Merkmale (Körperfettgehalt und fettfreie Körpermasse) ist erstaunlich, dass ältere Ruderer die Werte jüngerer „Normal"-Personen haben. Mit zunehmendem Alter steigt zwar der Körperfettgehalt allgemein, die fettfreie Körpermasse sinkt ab (durch den höheren Anteil des Körperfettgehalts und die Reduktion der Muskelmasse), es scheint älteren Ruderern jedoch zu gelingen, die Werte jüngerer Normalpersonen zu erhalten bzw. zu erreichen (vgl. Tab. 11).

Ähnlich sieht es bei der aeroben Kapazität aus: Auch hier entsprechen die Werte der VO_2max, der VO_2 bei 4 mmol/l den Werten der jüngeren untersuchten Personen. Der Sauerstoffpuls sowie das Atemminutenvolumen liegt gar über den Durchschnittswerten untrainierter jüngerer Personen. Lediglich die maximalen Herzfrequenzen und Laktatwerte reichen nicht an die jüngeren Ruderer und Nicht-Ruderer heran.

Ein Vergleich zwischen älteren, jüngeren und qualifizierten jüngeren Rennruderern verdeutlicht, dass ältere Rennruderer auch mit Nachwuchsrennruderern in ihren körperbezogenen Merkmalen und kardiorespiratorischen Variablen mithalten können. Gegenüber qualifizierten, sehr gut trainierten Ruderern jedoch entstehen dann doch größere Differenzen (vgl. Tab. 12).

Tab. 12: Ältere Rennruderer im Vergleich mit jüngeren und qualifizierten jüngeren Rennruderern (mod. nach Yoshiga 2007, S. 117)

Merkmal	Ältere Rennruderer N = 32	Jüngere Rennruderer	Jüngere qualifizierte Rennruderer
Alter (Jahre)	62 ± 2	21 ± 1	22 ± 1
Körpergröße (cm)	174 ± 4	172 ± 4	181 ± 4
Körpergewicht (kg)	72 ± 5	71 ± 6	80 ± 8
Körperfett (%)	17 ± 3	17 ± 4	11 ± 2
Fettfreie Körpermasse (kg)	60 ± 5	59 ± 4	71 ± 5
VO_2max (l/min)	3,3 ± 0,4	3,1 ± 0,3	5,1 ± 0,4
VO_2 bei 4 mmol/l Laktat (l/min)	2,5 ± 0,4	2,5 ± 0,4	4,4 ± 0,4
Max. Herzfrequenz (Schläge/min)	176 ± 5	188 ± 7	189 ± 7
Herzfrequenz bei 4 mmol/l Laktat (Schläge/min)	149 ± 11	165 ± 12	175 ± 8
Maximaler O_2-Puls (ml/Schlag)	19,5 ± 2,1	17,6 ± 1,8	26,9 ± 2,2
O_2-Puls bei 4 mmol Laktat (ml/Schlag)	16,8 ± 0,9	15,6 ± 1,1	25,1 ± 1,0
VE_{max} (l/min)	121 ± 15	126 ± 13	178 ± 10
Laktat nach maximaler Ausbelastung (mmol/l)	8,4 ± 1,0	9,8 ± 1,6	10,3 ± 1,8
Ruderleistung 2.000 m Concept2 (s)	495 ± 14	494 ± 13	387 ± 7

Den Untersuchungen von Yoshiga zufolge, korreliert die Leistung der Masterrennruderer über 2.000 m (Ruderergometer) sehr stark mit der fettfreien Körpermasse, der maximalen Sauerstoffaufnahme, einem hohen, maximalen Atemminutenvolumen sowie der Beinstreckkraft (vgl. Abb. 14).

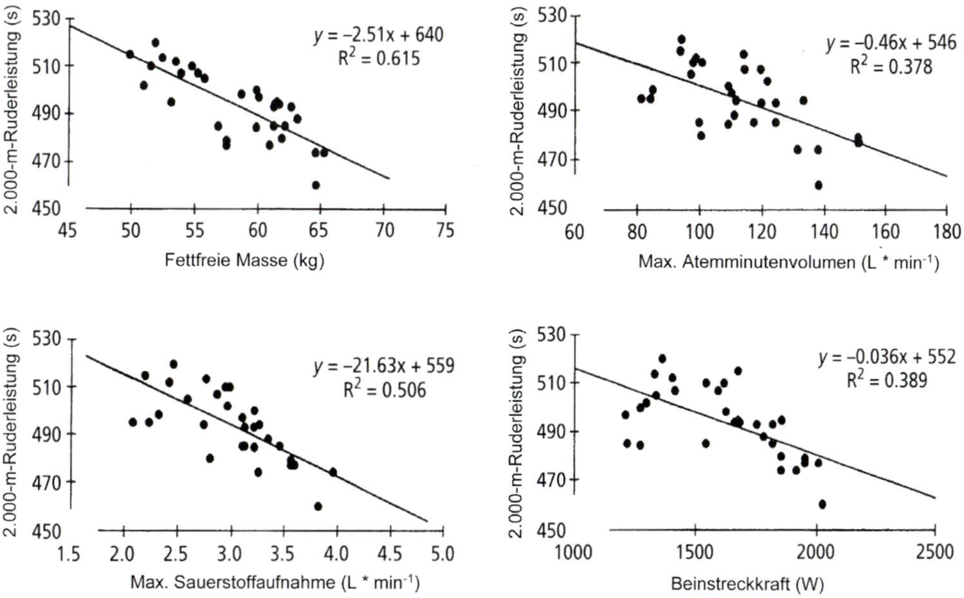

Abb. 14: Verhältnis zwischen 2.000-m-Ruderleistung und fettfreier Masse, VO_2max, maximalem Atemminutenvolumen und Beinstreckkraft (mod. nach Yoshiga 2007, S. 122)

Nicht nur das Rennrudern, auch ein regelmäßiges Rudertraining für Ältere trägt dazu bei, wesentliche, körperbezogene Merkmale, wie den Körperfettgehalt, die fettfreie Körpermasse sowie kardiorespiratorische Parameter, in guter Verfassung zu halten und somit einen hohen präventiven Effekt für die Gesundheit zu erzielen. Der Einsatz großer Muskelgruppen erzielt dabei gleichermaßen kardiorespiratorische wie muskuläre Trainingseffekte. Nebenbei: Rudern hat eine geringe Verletzungsrate.

TEIL II

3 Das Rudern lernen

3.1 Wie lernen Erwachsene und Ältere das Rudern?

Das Rudernlernen bedarf der sachkundigen Anleitung. Vereine sehen sich mit immer mehr neuen Aufgaben durch lernwillige, ambitionierte erwachsene Ruderanfänger konfrontiert. Dies stellt an das Vereinsmanagement höhere Anforderungen im organisatorisch-materiellen sowie im personellen Bereich, erfordert aber auch Kompetenz und Expertise in der sachkundigen Vermittlung des Rudersports.

Zum Erlernen der Ruderbewegung stehen älteren Menschen generell dieselben Komponenten und Prozesse der Bewegungsregulation zur Verfügung wie jüngeren Menschen. Differenzen entstehen auf Grund individueller Zielsetzungen, Lebenssituationen und Biografien.

Unterscheiden kann man das **Neulernen** der Ruderbewegung und des Ruderns durch erwachsene Anfänger, die zum ersten Mal mit dem Rudersport in Berührung kommen und Personen, die sich nach jahrelanger (vielleicht auch jahrzehntelanger) Abstinenz wieder ins Boot setzen möchten. Diese können zwar auf einige Bewegungserfahrungen zurückgreifen, müssen aber meist das Rudern **wiedererlernen**, da sich einige Bedingungen (Körperbau, koordinative Fähigkeiten) verändert haben. Davon zu unterscheiden ist das **Umlernen** für Masterruderer, die ambitioniert rudertechnische „Fehler" ausmerzen möchten, um technisch angemessen in einer Mannschaft auf Regatten mitrudern zu können.

Ehemalige Rennruderer, Masterruderer, die seit mehreren Jahrzehnten diesem Sport nachgehen, haben natürlich das Ziel, ihre rudertechnische Kompetenz zu erhalten, z. T. auch zu verbessern. Die Rudertechnik kann sich auf Grund kurzfristiger Leistungsschwankungen und „Formkrisen" verändern, was sich dann auch negativ auf die mannschaftliche Koordination auswirkt. Allmähliche krankheits- und altersbedingte Veränderungen und Abbauprozesse sind schwer vermeidbar. Beim **Erhaltungslernen** hat der Masterruderer das Ziel, allmähliche krankheits- und altersbedingte Veränderungen und Abbauprozesse, wie z. B. nachlassende Beweglichkeit oder koordinative Einbußen, zu kompensieren.

Erwachsenen und Älteren fällt das motorische Lernen schwerer als Jugendlichen und jungen Erwachsenen, insbesondere dann, wenn kognitive Prozesse zwischen visuellem Input und der motorischen Reaktion des Körpers zur Vermittlung nötig sind. Beim

Neulernen im Alter kommen oftmals individuelle Unterschiede und altersbedingte Veränderungen leistungslimitierend zum Tragen (Übergewicht, zunehmende geringere Beweglichkeit, mangelnde Kraft).

Die Lernvoraussetzungen beim erwachsenen Ruderanfänger sind sehr unterschiedlich und müssen in der Methodik Berücksichtigung finden:

1. Hat der erwachsene Ruderanfänger Erfahrung im Erlernen von Sportarten und in den Techniken?
2. Welche Lernvoraussetzungen (z. B. allgemeine Koordinationsfähigkeit, Körperbau etc.) besitzt der Ruderanfänger?
3. Sind die kognitiven und psychischen Voraussetzungen gegeben? (Wie kann er neue Informationen aufnehmen? Hat er das nötige „Sitzfleisch"?)
4. Wie ambitioniert und motiviert ist er, das Rudern zu erlernen?
5. Äußere Bedingungen (Boot, Bootseinstellung, Gewässer, Bootsgattung, Partner).

Die lebenslange Lernfähigkeit schließt motorische Anpassungsprozesse (z. B. Kräftigung, Ausdauer) mit ein. Generell unterscheiden sich regelmäßig Sporttreibende in ihren Lernleistungen, auch im späteren Erwachsenenalter, bei Aufgaben, die keinen Zeitdruck und keine hohen Kraft- und Schnelligkeitsanforderungen haben, nicht von Personen im früheren Erwachsenenalter (vgl. Brach und Schott, 2003, S. 465).

„Old adults learn at the same rate and in the same amounts the young ones do, they just perform slower, with less accuracy, and more variability" (Spiriduso, 1997, S. 107).

Wenngleich die Vermittlung der Ruderbewegung im Mittelpunkt des Interesses steht, bedeutet Rudernlernen für Erwachsene mehr als nur die Vermittlung einer hinreichend guten Ruderbewegung. In der Ruderausbildung für Erwachsene und ältere Menschen sind im Hinblick auf die Möglichkeiten und den Beitrag des Ruderns hinsichtlich eines erfolgreichen Alterns folgende Ziele zu setzen:

1. Den Lernenden soll die Faszination und die Vielfalt dieses Sports näher gebracht werden.
2. Es sind grundlegende, rudertechnische Elemente zu lehren, welche eine selbstständige Ausübung, ein gemeinsames Rudern in der Mannschaft sowie eine hinreichende Sicherheit für Sportler und Gerät bei der Ausübung des Ruderns gewährleisten.
3. Es sind Kenntnisse rund um den Ruderbetrieb und das Bootshaus zu vermitteln, einschließlich trainings- und gesundheitsrelevanter Fertigkeiten.
4. Es sollte der Versuch unternommen werden, ein Boots- und Bewegungsgefühl zu entwickeln, als Voraussetzung für die Erweiterung und selbsttätige Erweiterung rudertechnischer Fertigkeiten.

Konkrete methodische Schritte und Vorgehensweisen müssen den individuellen Lernvoraussetzungen und äußeren Bedingungen angepasst werden, speziell den Gegebenheiten in den Vereinen und denen des Gewässers. Die Absicht einer Ausbildung darf nicht nur darin bestehen, möglichst schnell zum Erfolg zu kommen, sondern bereits das Rudernlernen zu einem unvergesslichen Erfahrungsbereich und Erlebnis werden zu lassen.

- Lassen sich demnach hohe rudertechnische Fähigkeiten auch im Alter erhalten?
- Welche Strategien können zur Kompensation rudertechnischer Abbauprozesse herangezogen werden?
- Wie soll das Üben gestaltet werden, welche Vermittlungsmethode wird eingesetzt und welche Randbedingungen sind zu beachten?

Das Rudern lernen kann nur derjenige, der auch übt und sich wiederholt aktiv – entweder mental oder physisch – mit der Ruderbewegung auseinandersetzt.

Die motorische Koordinationsfähigkeit und Lernprozesse verlaufen zum größten Teil selbstorganisiert. Lernen bedeutet in diesem Zusammenhang, dass die Lernenden die Gesetzmäßigkeiten, welche der spezifischen Aufgabe, Person und Umwelt zugrunde liegen, selbst aktiv erfahren und entdecken müssen. Dabei kann der Such- und Entdeckungsprozess auf einem Kontinuum zwischen blindem Versuch-und-Irrtum-Lernen und gezielten Strategien angesiedelt sein (vgl. Wiemeyer 2003, S. 417).

Anfänger suchen zuerst nach stabilen Lösungen, was ihre Bewegungsalternativen zunächst einschränkt. Mit zunehmender Sicherheit suchen sie nach weiteren Freiräumen der Bewegung. In diesem Übungsprozess stellt sich heraus, was durch Üben nicht machbar ist und was ausweitbar ist.

Lernen geht in der Regel von Vorerfahrungen aus. Diese Vorerfahrungen müssen destabilisiert werden, falls sie die Bildung neuer Koordinationsmuster behindern (Wiemeyer, 2003, S. 417). Im Rudern kann dies z. B. durch Balanceübungen im Boot provoziert werden, welche nicht zu den bisherigen Bewegungserfahrungen von erwachsenen Anfängern gehören.

3.2 Methodische Hinweise

Wie kann der Lern- und Übungsprozess im Rudern bei erwachsenen und älteren Anfängern auf der Grundlage der beschriebenen Zielsetzungen unterstützt werden?

3.2.1 Materielle Voraussetzungen und Unterrichtsorganisation

Generell finden die ersten Schritte beim Rudernlernen in einer Vierer- oder Zweier-Gig statt. Dabei wird auf die leichteren C-Boote zurückgegriffen, wobei pro Boot ein Ausbilder zur Verfügung steht. Auf verkehrsarmen und stehenden Gewässern ist auch eine Betreuung von zwei bis maximal drei Booten denkbar, wenn der Ausbilder ein Motorboot zur Verfügung hat. Die Begleitung im Einer hat den Vorteil, dass die Demonstration von Bewegungen erleichtert wird. Dennoch ist es ratsam, in jedes Boot einen Ausbilder zu setzen. Vorstellbar ist auch eine Ausbildung im relativ lagestabilen Einer, zunächst am Steg oder in unmittelbarer Nähe zum Steg. Dazu wird eine gewisse „Sportlichkeit" und Mut beim Ruderanfänger vorausgesetzt.

Es ist unbedingt darauf zu achten, dass die Boote für die entsprechende Zielgruppe optimal eingestellt sind. Ein C-Vierer, der von der Auslegerhöhe her für 10-12-jährige Schüler passt, wird für 40-jährige Männer weniger geeignet sein. Ebenso gilt dies für den Dollenabstand, die Stemmbretteinstellungen und die Ruderlänge sowie die Innenhebellänge.

Folgende Übersicht fasst die methodisch und organisatorisch bedeutsamen Merkmale zusammen

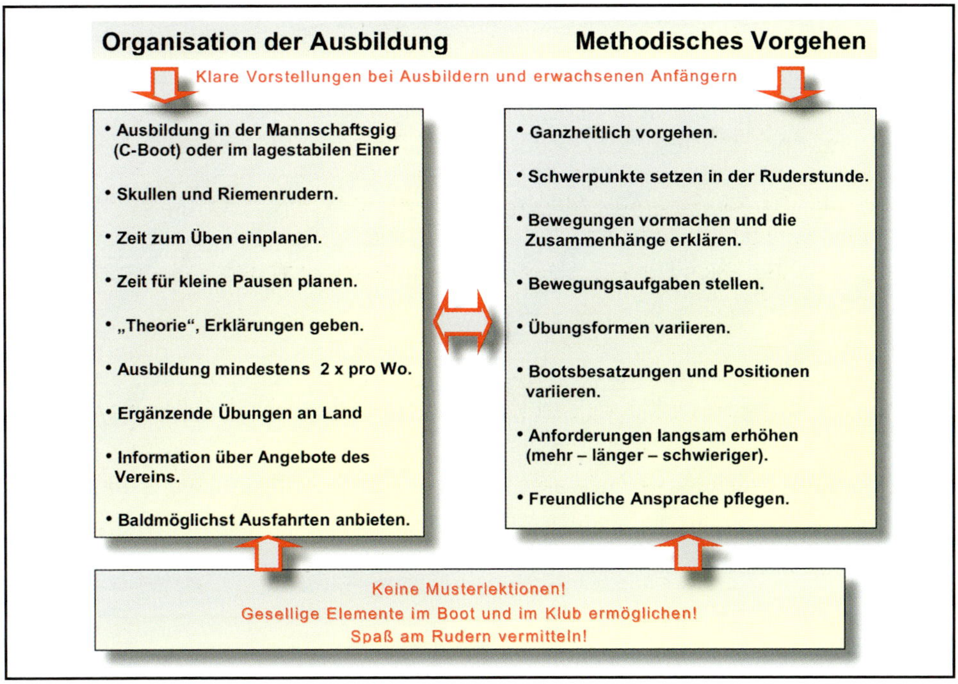

Abb. 15: Organisatorische und methodische Merkmale der Ruderausbildung von Erwachsenen

Für die Vermittlung und Methodik können einige Folgerungen bei älteren Menschen gezogen werden:

a) Darbietung von Sollwerten,
b) längere Übungszeiten und
c) Motivierung.

Die Hinführung zur Selbstständigkeit und Selbsttätigkeit ist ein erklärtes Ziel. Der Ausbilder muss bestrebt sein, sich mit zunehmender Ausbildungszeit „überflüssiger" zu machen.

Die Gruppenzusammensetzung, die Leistungsfähigkeit und die persönlichen Interessen der Lernenden bestimmen die Inhalte einer Übungskomponente.

Es ist die Zweckmäßigkeit der Bewegungsform gefragt, nicht die Ausführung exakter Bewegungstechniken.

→ **Ganzheitliches Vorgehen**

Die Ruderbewegung ist möglichst authentisch zu gestalten. Die Gesamtbewegung ist mehr und etwas anderes als die Summe von Einzelbewegungen. Speziell im Rudern erhalten Bewegungen nur im komplexen Zusammenwirken einzelner Komponenten ihren spezifischen Charakter, wobei der Kern der konkreten und spezifischen Aufgabenstellung beibehalten wird. Selbstverständlich kann auch die Ruderbewegung „zerlegt" werden, d. h., Teilbewegungen können isoliert geübt und Schritt für Schritt zusammengesetzt werden. Dies sollte sich jedoch vorwiegend auf rudertechnische Feinheiten und auf fortgeschrittene Ruderer beziehen. So kann z. B. das Wasserfassen oder das Ausheben des Blattes isoliert geübt werden, um es für rennspezifische Zwecke zu optimieren. Im Anfängerbereich ist diese Methode weniger von Bedeutung.

→ **Variables Üben** (Aufgaben und Situationen)

Erfahrungen sind in möglichst unterschiedlichen Bereichen anzubieten, um Koordinationsmuster zu destabilisieren und neue einzubauen. Es macht durchaus Sinn, Aufgabenstellungen zu wechseln und nicht eine Übungsvariante zigmal auszuführen, ehe man zur nächsten Übungsvariante übergeht. Beispielsweise kann ein Wechsel zwischen dem Üben einer Wende mit darauf folgenden Balanceübungen und wiederum dem Rückwärtsrudern durchgeführt werden.

→ **Üben in zufälliger Reihenfolge**

Es ist durchaus sinnvoll, die Übungen in zufälliger Reihenfolge, anstatt in geblockter Reihenfolge auszuführen. Die mögliche Verzögerung des motorischen Lernprozesses führt zu einem stabilen und kontextunabhängigeren Behalten des Geübten. So sollten

z. B. Übungsformen aus den verschiedenen Elementen vermischt werden; sie müssen nicht immer aufeinander aufbauen, wie z. B. Rückwärtsrudern und Wenden.

→ **Instruktionen**

Wenn noch spezifische Erfahrungen fehlen, sind Instruktionen geeignet, welche den Such- und Entdeckungsprozess fördern, z. B. Metaphern, Informationen über die zu erwartenden Gesetzmäßigkeiten, Lernhilfen und visuelle Orientierungsmarken. Als visuelle Orientierungsmarke kann eine Auslegerstrebe für die Auslageposition dienen und eine Metapher kann die Bewegungsvorstellung erleichtern (Umkehrbewegung der Hände wie eine „Billardkugel").

Übungen sind so anzubieten, dass sie unmittelbar und leicht erlernt werden können.

Zeit zum Üben lassen!

Nicht das Lernen in Rekordzeit ist das oberste Ziel einer Anfängerausbildung (gilt für Erwachsene, wie für Jugendliche), sondern ein freudvolles, motivierendes Erlebnis.

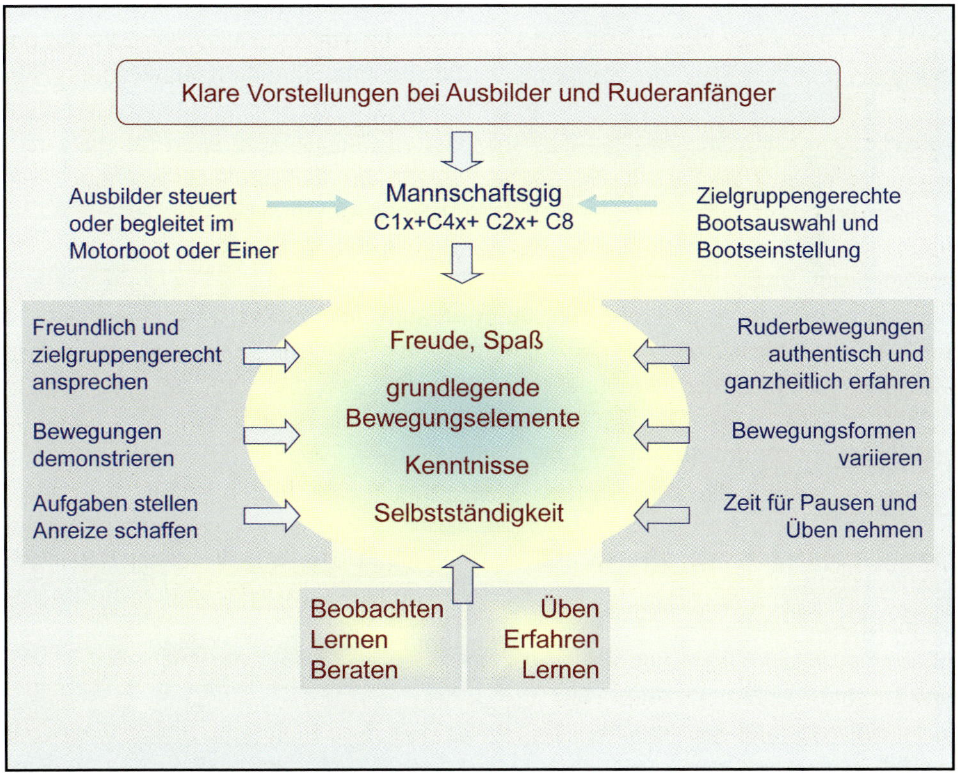

Abb. 16: Methodik des Rudernlernens

Vertrautmachen mit dem Gerät und dessen Behandlung

Bevor der Anfänger ins Boot steigt, empfiehlt sich ein **Rundgang durch die Bootshalle** des Vereins. Anhand der dort gelagerten Boote lassen sich anschaulich die unterschiedlichen Ruder- und Bootsarten und auch die Bootsklassen und Bootsgattungen erklären. Auch lässt sich leicht ein Boot auf dafür vorgesehene Böcke legen, damit man den Aufbau sowie **die Funktion und den Gebrauch** einzelner Teile, wie z. B. Rollsitz, Stemmbrett, Ausleger, Dolle und selbstverständlich Riemen und Skulls, veranschaulichen kann. Man sollte dabei nicht vergessen zu erwähnen, welche **Entwicklung das Bootsmaterial** in der nun über 160-jährigen Geschichte des Rudersports durchlaufen hat. Weitere Hinweise beziehen sich auf den **Transport der Boote** zum Steg bzw. Wasser. Dabei sollten sich Ruderer mit jeweils etwa gleicher Körpergröße gegenüberstehen und zwar am bug- und heckwärtigen Teil des Boots, nicht innerhalb des Auslegerbereichs. Jeder Verein hat eigene Regelungen und Transportmöglichkeiten für die Boote entwickelt (z. B. auf Rollböcken). Diesen ist natürlich Rechnung zu tragen. Es empfiehlt sich, die Boote für den Anfängerunterricht der Erwachsenen für alle gut erreichbar in der Halle zu lagern. Ein Gigvierer auf dem vierten Lager ganz oben in der Halle wird bereits beim Herausnehmen durch die Anfänger gefährdet.

Nachdem die Skulls oder Riemen zum Steg gebracht und dort so gelagert wurden, dass sie nicht der Gefahr einer Beschädigung ausgeliefert sind, trägt man das Boot zunächst auf den Händen aus der Halle und bringt es dann auf den Schultern zum Steg. Gigs werden in der Regel über ihren Außenkiel über den Steg oder eine dort angebrachte Rolle zu Wasser gelassen. Schmale Boote, wie die Kunststoffskiffs, werden seitlich ins Wasser gesetzt.

Der Übungsleiter demonstriert das **Einlegen der Skulls** oder Riemen in die Dolle; sie werden an der schmalsten Stelle des Schafts (Blatthals) in die Dolle eingesetzt und bis zum Klemmring in die Dolle hineingeschoben. Die zum Wasser hin zeigenden Ruder sind bis zum Einsteigen ins Boot quer über

die Bordwände gelegt. Beim Einlegen der Ruder ist darauf zu achten, dass Backbord und Steuerbord nicht verwechselt werden und, dass die Dollen beim Einsatz der Ruder zum Heck zeigen. In dem Zusammenhang kann auch die richtige Stemmbretteinstellung erklärt werden.

Diese erste Stufe schließt der Ruderanfänger mit der **Erklärung des Einsteigens** und der richtigen **Einstellung des Stemmbretts** ab. Beim Einsteigen ist zu berücksichtigen, dass man nur auf die dafür vorbereitete Stelle, das Einsteigebrett zwischen den beiden Rollbahnschienen, tritt, während man die Skulls oder den Riemen mit der dem Wasser zugewandten Hand festhält. Der Rollsitz ist dabei hinter der Ferse des auf dem Einsteigebrett stehenden Fußes, die andere Hand hält sich am stegseitigen Ausleger oder am Steg selbst fest. Es hat sich als sinnvoll erwiesen, dass die Anfänger nacheinander einsteigen, während der Übungsleiter auf dem Steg das Boot hält.

Die Einstellung der Stemmbretter erfolgt, wenn das Boot vom Steg abgelegt hat, sich also auf dem Wasser befindet. Dabei werden die Innenhebel zwischen Oberkörper und Oberschenkel geklemmt, während die Beine der Ruderer über die Bordwand gelegt oder auf die Bodenbretter (in der Gig) gestellt werden.

Mit den Händen lassen sich nun die Stemmbrettschrauben lösen und das Stemmbrett kann eingestellt werden. Als Faustregel für das Einstellen der Stemmbretter in Skullbooten gilt: Bei ausgestreckten Beinen und leichter Rücklage sollten die Griffenden der Skulls gerade noch am Körper vorbeigezogen werden können. Im Riemenboot sollte der Innenhebel mit dem sich in Rücklage befindlichen Oberkörper abschließen.

Tab. 14: Sicherung der Balance (Element 2)

Teilziele	Fachausdrücke	Hinweise + Korrekturen
Grundstellung, Sicherheitsstellung	Griffe, Innenhebel	Sind die Blätter flach auf dem Wasser? Position der Innenhebel, Hände/Griffe in einer Höhe?
Balance- und Schaukelübungen		Sind die Dollen zu? Befindet sich das Boot außerhalb der Schifffahrtsrinne?
Blattlage erfühlen		Finger- und Handhaltung korrekt?
Einseitiges Vorwärts- und Rückwärtsrudern im Wechsel	Aufgedrehtes Blatt, Einsatz	Blattlage im Wasser, Handhaltung, Finger? Handführung? Rudernde Hand wird über die ruhende Hand geführt.

Vorwärtsrudern
Nun kann man auch die frei schwimmenden Blätter senkrecht stellen und leicht zum Körper ziehen. In dieser Weise **erfühlt man die richtige Blattlage im Wasser** bzw. den richtigen Weg der Blätter im Wasser. Die linke Hand befindet sich dabei immer über der rechten Hand. Beim **Vorwärtsrudern**, bei dem der Rollsitz bereits zum Einsatz kommt, sollte seitens des Übungsleiters bereits auf die richtige **Handhaltung** geachtet werden. Bei senkrecht gedrehtem Blatt umfassen nur die Finger den Griff, die Handinnenflächen berühren ihn nicht und das Handgelenk bleibt gerade, d. h., Handfläche und Unterarm bilden eine Linie. Diese Übungen können zunächst einzeln, dann zu zweit und sehr bald mit der gesamten Mannschaft durchgeführt werden.

Für das Vorwärtsrudern in der Gig zu diesem Zeitpunkt zwar möglich, aber noch nicht nötig, ist das **Auf- und Abdrehen der Blätter.**

Das Schleifen der Blätter auf dem Wasser bewirkt eine relativ stabile Lage des Boots. Ein weiterer Grund für diesen methodischen Schritt ist, die Handführung als Ruderer selbst besser kontrollieren zu können. Während z. B. das Skiff Fehler in der **Blattführung** meist sofort zurückmeldet, ist dies in der Gig nicht unbedingt der Fall. Deshalb muss sehr viel Wert auf die richtige Handhaltung gelegt werden, die sich bei den wenig Geübten durch das ungewohnte Auf- und Abdrehen der Blätter erst später einstellt. Leicht verkrampfen die Unterarme, die Handgelenke sind überdreht, sodass Hinweise, kleinere Pausen und das Rudern in der Gig mit aufgedrehten Blättern hilfreich sein können.

Unter ständiger **Verlängerung des Rollwegs** werden nun in dieser Stufe der Grundlegung beide Skulls zum Körper gezogen, ausgehoben und mit dem Blatt auf dem Wasser schleifend in die Auslage gebracht. Die in der Regel übereinanderlappenden Innenhebel werden dabei hinter- und übereinander geführt: Die linke Hand ist – vom Ruderer aus gesehen – etwas hinter der rechten Hand. Sowohl in der Gig als auch im Skiff führen die Ruderer nun eine Reihe den Bewegungsablauf stabilisierende Übungen durch. So kann man durch Überziehen auf der einen Seite die **Richtung** beeinflussen, paarweise, zu dritt und vielleicht schon bald als gesamte Mannschaft rudern und in Verbindung mit den Übungen der zweiten Lernstufe bereits ein **Ziel ansteuern**.

Zu diesem Element gehört auch die Fähigkeit, das fahrende Boot relativ schnell wieder abzubremsen, also das **Stoppen** ein- und beidseitig.

Tab. 15: Vorwärtsrudern (Element 3)

Teilziele	Fachausdrücke	Hinweise + Korrekturen
Auf- und Abdrehen der Blätter	Aufdrehen/Abdrehen der Ruder, Ausheben, Einsetzen	Handhaltung
Rudern unter ständiger Verlängerung des Rollweges	Auslage, Rücklage, Ruderschlag	Körperhaltung verkrampft? Handhaltung, Handführung, Blattführung, Rollarbeit, Rollweg
Kleine Richtungsänderungen durch Überziehen	Backbord, Steuerbord überziehen	Übertriebende Bewegungen? Einsatz, Schlaglänge
Fahrt abstoppen, abbremsen	Stoppen	Blattstellung, dosiertes Abstoppen
Zielrudern	Kurshalten	

Ruderkommandos

1. Alles vorwärts – los!
2. Back-(Steuer-)bord überziehen!
3. Ruder halt – halt!
4. Blätter (Blatt) – ab!
5. Stoppen – stoppt!

Aufgabenstellungen:

- → Zur Handhaltung: Schließe die Augen und drehe die Blätter mehrmals auf und ab. Sind Handhaltung und Blattlage noch korrekt?
- → Im Skiff: Steuere ein bestimmtes Ziel an! Wann schaut man sich am sinnvollsten um? Wie orientierst du dich auf dem Wasser?
- → Rudere einen großen Kreis, indem du auf Backbord (Steuerbord) überziehst.
- → Auf Kommando des Übungsleiters: Fahrt abstoppen! Im Mannschaftsboot: Alleine, paarweise, zu dritt und dann alle zusammen rudern.

Bootsmanöver

Der nächste Schritt besteht nun darin, die wichtigsten Bootsmanöver durchführen zu können. Auf Grund der Vorerfahrungen bietet sich dabei zunächst das **Rückwärtsrudern** an, das, ähnlich wie das Vorwärtsrudern, unter ständiger Verlängerung des Rollwegs eingeführt wird. Dabei werden die Ruder vom Körper weg in die Auslage gedrückt, wobei man das Blatt, mit der Wölbung zum Heck des Boots zeigend, einsetzt.

Zusammen mit dem Vorwärtsrudern bildet es die Voraussetzung für die **Wende**, die nun – in Abhängigkeit von der Auffassungsgabe und Lernfähigkeit – in verschiedenen Varianten und Teilschritten eingeführt werden kann. Allerdings sollte man sich bei diesem Schritt durchaus Zeit für kleinere Spiel- und Wettkampfformen nehmen.

Als nächster Schritt folgt das selbstständige **Anlegen und Ablegen**. Schiebt oder zieht der Übungsleiter bis zu diesem Zeitpunkt die in die Nähe des Stegs geruderten Skiffs heran oder steuert er selbst die Gig, so besteht nun die Aufgabe der Übenden darin, verschiedene und den gegebenen Möglichkeiten gerechte Varianten des An- und Ablegens zu finden und zu üben.

Aufgabenstellungen:

- → Steuere rückwärts rudernd verschiedene Ziele an.
- → Rudere drei Schläge auf Backbord (Steuerbord) vorwärts, dann drei Schläge auf Steuerbord (Backbord) rückwärts, dann je zwei Schläge, schließlich nur je einen Schlag!
- → Wie viele Ruderschläge werden benötigt für eine Wende über 180° oder 360°?
- → Verschiedene Formen des An- und Ablegens ausprobieren.
- → Lege einen Ruderparcours (z. B. Ablegen, Vorwärtsrudern, Stoppen, Rückwärtsrudern, Wende über Backbord, Vorwärtsrudern, Stoppen, Wende über Steuerbord, eine Acht rudern, Anlegen) an und durchrudern ihn mehrmals.

Tab. 16: Bootsmanöver (Element 4)

Teilziele	Fachausdrücke	Hinweise + Korrekturen
Beidseitiges Rückwärtsrudern unter ständiger Verlängerung des Rollwegs		Blattstellung, Handhaltung, Handführung
Wenden über Back- und Steuerbord	Wende	Gleichmäßiges Tempo für für vorwärts und rückwärts
An- und Ablegen vom Steg	Wind, Wellen, Strömung	Anfahrtswinkel, zu früh/zu spät gestoppt? Bedingungen nicht beachtet?

Ruderkommandos

1. Alles rückwärts – los!
2. Wende über Back-(Steuer-)bord – los!
3. Auf Steuer-(Back-)bord – hoch!

Bewältigung von Situationen

Nun werden **Situationen** vorweggenommen und geübt, welche in den unterschiedlichen Bereichen des Ruderns vorkommen können oder eine Voraussetzung für bestimmte Techniken usw. bilden. Generell gilt es, durch fortlaufende Übungen ein **größeres Maß an Sicherheit** zu gewinnen, z. B. durch das Fliegen, durch das Halten des Boots, indem man die Innenhebel loslässt oder im Boot aufsteht. Dazu gehört auch das Aus- und Einsteigen ins Boot vom Ufer aus, ohne dass eine Steganlage zur Verfügung steht. Diese Aufgabenstellung sollte das erste Mal unter Anweisung des Ausbilders erfolgen und ist z. B. für Tages- und Wanderfahrten dringend erforderlich.

Zur Bewältigung spezifischer Situationen gehört auch das **Passieren schmaler Stellen** und **Durchfahrten**, an denen die Ruder lang gemacht werden müssen, das Verhalten bei **Schiffswellen** (Ruderboote werden prinzipiell parallel zu den Wellen gelegt, die Ruderer nehmen die Sicherheitsstellung ein), der **Platzwechsel in der Gig** sowie das Anlegen an den verschiedenen Uferarten.

Aufgabenstellungen:
- → Aufstehen im Boot.
- → Die Plätze tauschen in der Gig.
- → Die Skulls lang machen in der Gig und loslassen.
- → Im Boot hinlegen.
- → Eine schmale Stelle passieren (durch eine Brücke, eine Bojenreihe).
- → Aussteigen und Wiedereinstieg in die Gig aus dem Wasser heraus.

Tab. 17: Situationen bewältigen (Element 5)

Teilziele	Fachausdrücke	Hinweise + Korrekturen
Fortgeschrittene Balanceübungen im Skiff	Wasserfrei rudern, fliegen	Ausheben korrekt? Geschwindigkeit hinreichend?
Rudern in Wellen	Hochscheren, Abscheren	Sicherheitsstellung? Abstand zum Schiff bzw. zum Ufer? Boot parallel zu den Wellen?
Platzwechsel in der Gig	Querlager, Fußbrett	Sicherheitsstellung der Sitzenden, nicht ins Boot treten
Passieren schmaler Stellen	Skull (Riemen) lang	Genügend Fahrt? Griffe festhalten
Wiedereinstieg ins Skiff nach dem „Ins-Wasser-Fallen“.	Backbord, Steuerbord	Griffe festhalten! Skulls parallel und fixiert? Rollsitz am bugseitigen Ende der Rollbahn?

Ruderkommandos
1. Hochscheren!
2. Riemen (oder Skulls) – lang!

RC Undine Radolfzell

Steuern, Boote führen

Jeder Ruderanfänger sollte die Gelegenheit nutzen, als **Steuermann eine Mannschaft** zu führen. Neben dem Steuern selbst (dem Lenken des Boots, d. h. der Richtungseinhaltung oder der Richtungsänderung) muss er auch mithilfe der **Ruderkommandos** für die **Sicherheit von Mannschaft und Boot** sorgen.

Im normalen Vereinsbetrieb ist das gesteuerte Boot (Zweier, Vierer, Achter) die Regel. Die Erfahrung, ein bestimmtes **Ziel** unter Berücksichtigung der verschiedensten Einflüsse (Wind, Wellen, Strömung, Beladung des Boots, Steuerstellung usw.) **anzusteuern**, sollte jeder Ruderanfänger in der Rudergrundausbildung machen. Dabei wird ihm schnell die Notwendigkeit und **Funktion der Ruderbefehle** bewusst.

Steuerregeln sollten auch die sogenannten ungesteuerten Boote beachten, sowohl jene, die durch ein Überziehen der Skulls gesteuert werden (Skiffs, Doppelzweier), als auch jene, die mit einem Fußsteuer versehen sind und durch einen Ruderer gesteuert werden, wie zum Beispiel die Riemenzweier und -vierer und der Doppelvierer.

Folgende Steuerregeln sind verbindlich:

1. Eine Richtungsänderung durch das Steuer ist nur möglich, wenn das Boot schneller ist als das umgebende Wasser.
2. Steuern bedeutet zunächst immer Geschwindigkeitsverlust. Deshalb soll so wenig wie möglich gesteuert werden.
3. Nur an der Steuerleine ziehen, wenn die Blätter außerhalb des Wassers sind. Im Wasser verankerte Blätter ermöglichen nicht nur eine sehr geringe Steuerwirkung, das Steuern bremst zudem das Boot sehr stark ab.
4. In Abhängigkeit von der einzuschlagenden Richtung wird das Steuer nur leicht eingeschlagen, bis die neue Richtung erreicht ist. Der ideale Steuerausschlag (= beste Steuerwirkung bei geringstem zusätzlichen Wasserwiderstand) liegt bei ca. 25°.
5. Die Steuerleine darf nicht um den Körper des Steuermanns geschlungen werden. Sie wird – insbesondere im Rennboot – mit den Händen auf der Bordwand festgehalten und sollte ständig gespannt sein. Dies gilt vor allem beim Rückwärtsrudern.
6. Bei langen und hohen Wellen muss das Boot parallel zu den Wellen gelegt werden. Die Ruderer nehmen die Sicherheitsstellung ein.
7. Immer gegen die Strömung anlegen. Ausnahme: bei sehr schwacher Strömung und bei sehr starkem, gegen die Strömungsrichtung blasenden Wind.

Aufgaben zum Erlernen des Steuerns:

- → Führe eine Mannschaft ohne Steuer, nur mithilfe der Ruderkommandos (Manöver, An- und Ablegen).
- → Welche Ruderkommandos kennst du?
- → Steuere bestimmte Ziele (Bojen, Pfosten, andere Boote, Stege) an.
- → Führe kleine Wander- und Tagesfahrten durch und übernimm das Steuer ab und zu.

Tab. 18: Steuern (Element 6)

Teilziele	Fachausdrücke	Hinweise + Korrekturen
Kenntnis der Ruderkommandos	Ruderkommandos	Für alle verständlich? Der Situation angemessen?
Kenntnis und Anwendung der Steuerregeln		Steuer zu stark eingeschlagen? Plötzliches Reißen an der Leine? Wird auf lange Sicht gesteuert?
An- und Ablegen vom Steg als Steuermann mit Ruderkommandos		

Wenden bei strömenden Gewässern

Sowohl mit der Strömung als auch gegen die Strömung kann man ein Wendemanöver durchführen. Mit der Strömung lässt man sinnvollerweise einseitig auf der Uferseite stoppen und bringt damit das Heck des Boots in die Strömung, die dann den Wendevorgang unterstützt. Gegen die Strömung wendet man am günstigsten durch einseitiges Stoppen, das den Bug des Boots in die Strömung bringt. Zu beachten ist dabei, dass die Strömung das Boot auch weiter abtreibt.

Anlegen mit und ohne Wind

Bei stehenden Gewässern fährt man in einem relativ spitzen Winkel zum Steg, die wasserseitigen Ruder stoppen die Fahrt ab und drehen dadurch das Boot bei. Die landseitigen Ruderblätter werden hochgenommen und man hält das Boot mit den Händen vom Steg ab. Der Steuermann steigt als Erster aus, hält das Boot fest und gibt das Kommando für die Mannschaft. Besteht die Möglichkeit, an mehreren Seiten des Stegs anzulegen, so ist bei stärkerem Wind zu beachten, dass bei einem Anlegen auf der windzugewandten Seite (Luvseite) das Boot schnell gegen den Steg gedrückt werden kann. Das Ansteuern muss also entsprechend versetzt zum Steg erfolgen.

Schwieriger ist das Anlegen auf der Leeseite. Das Boot wird vom Steg weggedrückt, was vielleicht mehrere Versuche erfordert, aber auch materialschonender sein kann. Bei starkem Wind wird das Boot am Steg an Steuer- und Bugleine auf Lee befestigt, damit es der Wind nicht gegen den Steg schlagen kann.

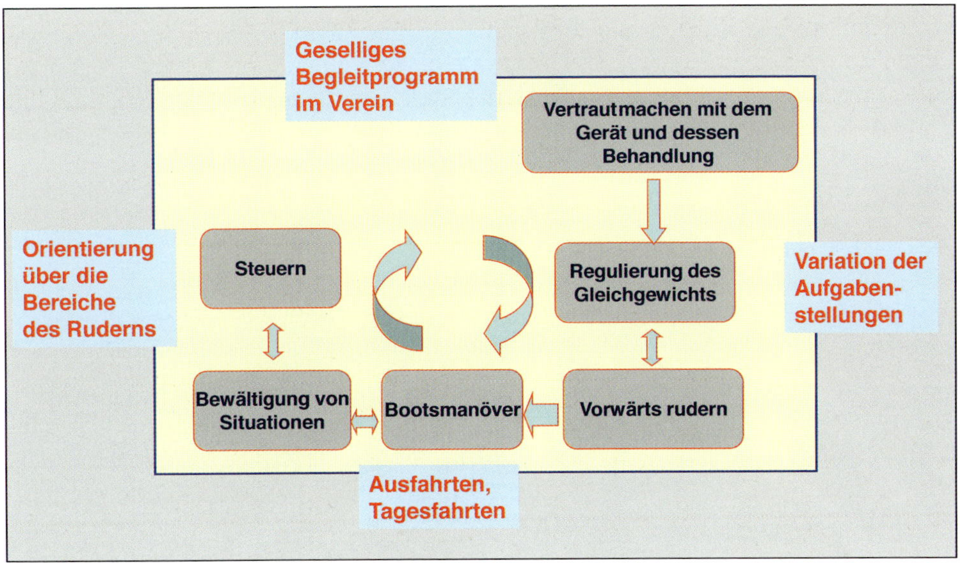

Abb. 17: Elemente des Rudernlernens (mod. nach Fritsch, 2006)

Das Rudernlernen sollte auch bei erwachsenen Anfängern ein eigenständiges Erlebnis und eine motivierende Begegnung mit der Sportart werden. Neben den ruderischen Fertigkeiten (Elemente des Rudernlernens) ergänzen zusätzliche Angebote des Vereins, wie z. B. vereinsintegrierende, gesellige Veranstaltungen in der Lerngruppe, aber auch im Verein, das Angebot von erlebnisreichen Tagesausfahrten. Methodische Konzepte (große Variationen im Übungsangebot) sowie eine Orientierung über die verschiedenen Möglichkeiten und Angebote der Sportart gehören zum Programm.

4

4 Lässt sich noch was an der Technik machen?

Als Masterruderer, ob Rennruderer oder ambitionierter Fitnessruderer, ist man gerne bereit, an seiner Rudertechnik zu arbeiten. Es ist allerdings schwierig, seine eingefahrenen Bewegungsmuster erfolgreich zu ändern. Dies bedeutet eine besondere Herausforderung.

Als langjähriger Ruderer hat man oftmals Frieden mit seinen individuellen Bewegungsmerkmalen oder -fehlern geschlossen und fühlt sich vielleicht recht wohl damit. Man kommt zumindest klar, kann mit den anderen zusammen rudern und ist eher etwas verärgert, wenn „gut gemeinte" Ratschläge der Bootspartner und Außenstehender zur persönlichen Rudertechnik kommen. In den meisten Fällen weiß man sogar, welche Bewegungsfehler korrigiert werden sollten. Es werden auch Versuche gemacht, daran zu arbeiten. Allerdings scheint sich der Erfolg der Bewegungsverbesserung nicht schnell oder mühelos genug einzustellen, sodass der Rückfall in die altgewohnte Technik unvermeidlich ist. So kann bei Masterruderern oftmals beobachtet werden, dass nach dem Ausheben das „Hände-weg" zu langsam ist, was zwar zu einer stabileren Bootslage beiträgt, aber den natürlichen Bewegungsfluss der Mannschaft und den Bootslauf behindert. Darauf angesprochen, können viele Masterruderer das Problem normalerweise leicht beheben, fallen aber wieder in alte Bewegungsmuster zurück, wenn keine Rückmeldung mehr erfolgt.

Erwachsene Ruderanfänger sind zunächst hinreichend beschäftigt und gefordert mit den beschriebenen Elementen des Rudernlernens. Das Erlernen einer korrekten Rudertechnik tritt gegenüber einer „Überlebensstrategie" auf dem Wasser zurück. Es erscheint Anfängern oftmals einfacher, das Vorrollen zu beschleunigen, sodass ein wenig Zeit in der Auslage gewonnen wird, um die Blätter aufzudrehen und sich für den nächsten Schlag bereitzuhalten. Demgegenüber ist es schwieriger, diese Bewegungssequenz etwas langsamer, aber mehr ineinander übergehend zu gestalten. Dem Übergang von einem reinen Bewegungslernen zu einer effektiven Rudertechnik ist besondere Beachtung zu schenken.

Voraussetzung ist die Motivation des Masterruderers, an seiner Technik zu arbeiten sowie das Verständnis für die physikalisch-biomechanischen Zusammenhänge. Sportler müssen der Überzeugung sein, dass eine verbesserte Technik von Vorteil ist. Dies bedeutet auch, dass eine übereinstimmende Vorstellung über die „richtige" Rudertechnik besteht.

Gibt es eine besondere Rudertechnik für Masterruderer?

Der Aufwand zum Erwerb einer guten oder zur Verbesserung der bestehenden Rudertechnik lohnt sich für alle Bereiche des Ruderns, gleich welcher Leistungsgruppe der Sportler zugehörig ist. Korrekte Rudertechnik spielt eine wesentliche Rolle für jegliche Leistung der Ruderer, wobei „Leistung" natürlich ganz Unterschiedliches für unterschiedliche Sportler bedeuten kann. Die Ziele der Rudertechnik sind:

- Optimale Nutzung der individuell aufgebrachten Arbeit für einen maximalen Vortrieb im Wasser.
- Minimierung der Widerstandskräfte am Boot.
- Zusammenfassung und Koordination der Leistungen der Einzelnen zu maximaler Mannschaftsleistung.
- Reduzierung oder gar Ausschluss von Verletzungen.
- Steigerung der Erlebniswerte des Ruderns.

Diese Ziele der Rudertechnik verdeutlichen das notwendige Trachten – unabhängig von Alter und Leistungsstand – nach einer ständigen Bewegungsverbesserung. Allerdings gibt es gewisse Unterschiede, die für die verschiedenen Leistungsklassen gemacht werden müssen. Um spezifische Merkmale einer korrekten Rudertechnik für Masterruderer herauszuarbeiten, werden zunächst die allgemeinen Merkmale einer effektiven Rudertechnik beschrieben.

Trotz konkreter Vorstellung für eine „ideale" Rudertechnik müssen auf Grund individueller Unterschiede in Statur oder Fitness von Sportlern gewisse Varianten in der Ausführung zugelassen werden. Diese Varianten können **Ruderstile** genannt werden und werden häufig in der Praxis erfolgreich angewandt. Im Folgenden werden wir uns jedoch auf die generellen Idealvorstellungen beschränken, nicht nur, weil nicht alle Stile diskutiert werden können, sondern auch, weil das Ideal die Varianten sozusagen einschließt.

Der Hinweis auf verschiedene Einschränkungen (Verschleiß, Verletzungen) schließt ein, dass vorgeschädigte oder verletzte Athleten den Sport nur nach Konsultation ihres Arztes und/oder Physiotherapeuten ausüben sollten. Wenn also z. B. Rückenschmerzen beim Ausüben des Ruderns auftreten, ist ein Arzt aufzusuchen, um den Ursachen der Beschwerden nachzugehen und auf „grünes Licht" für die weitere Ausübung des Sports zu warten.

Eine gute Rudertechnik erhöht beträchtlich den Erlebniswert unseres Sports. Nicht nur, dass eine korrekte Rudertechnik die Verletzungsgefahr mindert und somit die kontinuierliche Ausübung unseres Sports gewährleistet, es macht einfach mehr Spaß, in einer technisch gut rudernden Mannschaft unseren Sport auszuüben! Das Erleben der mannschaftlichen Geschlossenheit, des schwerelosen Dahingleitens, des mühelosen Antriebs, des schnellen Bootsdurchlaufs, der Geräusche einer synchronen Mannschaft in einem schnellen Boot und der leichten Bewältigung der Anforderungen können große Befriedigung und ein erhöhtes Selbstwertgefühl erzeugen, unabhängig von Wettkämpfen.

4.1 Generelle Merkmale einer korrekten Rudertechnik

Eine korrekte Rudertechnik ist darauf ausgerichtet, die vom Ruderer aufgebrachten Kräfte möglichst effizient in Bootsgeschwindigkeit umzusetzen und zu vermeiden, dass Bremswirkungen für das Boot und die Mannschaft entstehen. Dies stimmt für jeden Ruderer in jedem Alter und in jedem Boot! Zwar strebt der 60-jährige Freizeitruderer nicht mehr nach absoluter Maximalgeschwindigkeit, er wird jedoch trotzdem versuchen, technisch korrekt zu rudern, sodass das Boot einen optimalen Lauf für die aufgebrachte Kraft erzielt. Der Ruderer wird in diesem Fall in einem balancierten Boot, mannschaftlich geschlossen, dahingleiten, sodass die Bewegung als geschmeidig, technisch versiert und eben „schnell" erlebt wird. Daran erfreut sich die ganze Mannschaft.

Zur Beschreibung einer korrekten Rudertechnik können folgende, aus biomechanischer Sicht wichtige Technikprinzipien aufgestellt werden:

→ **Impuls = langer Ruderschlag**

Da wir es im Rudern mit einem intermittierenden Antrieb zu tun haben, verliert das Gesamtsystem Ruderer-Boot während des Vorrollens an Geschwindigkeit. Dadurch muss der Ruderer andererseits wieder eine Antriebskraft aufbringen, um dem System während des Durchzugs die verloren gegangene Geschwindigkeit zurückzugeben. Je stärker die Kraft und je länger die Zeit des Antriebs, umso höher ist der erreichte Geschwindigkeitsanstieg. Das Gesamtsystem gewinnt während des Durchzugs an Schwung! Dies ist ein physikalisches Gesetz und es wird mit **Impuls** beschrieben.

$I = F * \Delta t = m * \Delta v = M$

I = Impuls; F = Antriebskraft am Blatt; Δt = Dauer, mit der die Antriebskraft wirkt; m = Masse des Gesamtsystems; Δv = gewonnene Geschwindigkeit; M = Schwung

Da die Masse **[m]** des Gesamtsystems konstant ist, ist der Impuls **[I]** ein direktes Maß für die Geschwindigkeitserhöhung **[Δv]**. Der Ruderer muss also versuchen, eine hohe Kraft über eine lange Zeit aufs Blatt zu bringen. Dies kann nur erreicht werden, wenn die Schlaglänge entsprechend groß ist. Da der Ruderwinkel im Endzug begrenzt ist, kann ein langer Schlag nur in der Auslage realisiert werden. Und es gilt ganz generell, dass, je schneller das Boot ist, umso größer muss der Auslagewinkel sein.

Dieses biomechanische Prinzip im Rudern muss jedoch individuell angewandt werden. Zum einen kann die Schlaglänge mit einer erhöhten Schlagfrequenz kompensiert werden, zum anderen ist die optimale Schlaglänge für ein langsameres Boot auch geringer als für ein schnelles Boot. Auch muss die Schlaglänge an die körperlichen Voraussetzungen des Masterruderers angepasst werden. Fittere Ruderer wählen eine weitere Auslage und können damit auch schneller vorankommen.

a) Auslageposition

b) Endzugposition

Abb. 18: Beispiel für eine korrekte Schlaglänge, die einen optimalen Impuls zulässt.

→ Minimale KSP-Bewegung vertikal

Durch die Oberkörperbewegung um die Hüfte, das Auf und Ab der Hände sowie das Anbeugen und Strecken der Beine wird der Schwerpunkt des Ruderers über einen gesamten Schlag angehoben und abgesenkt. Diese Bewegung erfordert Energie, die der Ruderer aufbringen muss und die er für den Antrieb nicht mehr zur Verfügung hat. Der Ruderer muss demnach versuchen, die Vertikalbewegung des Körperschwerpunkts zu minimieren, ohne die Schlaglänge dabei einzuschränken.

Dies gelingt vor allem durch eine möglichst horizontale Bewegung des Oberkörpers und eine möglichst lineare Bewegung der Hände. Im Durchzug beginnt der Oberkörperanschwung erst, nachdem die Beine angetreten sind. Dadurch hebt sich das Absenken des Beinschwerpunkts mit dem Anheben des Oberkörperschwerpunkts fast auf, sodass die Körperschwerpunktbewegung möglichst horizontal verläuft. In dem Augenblick, in dem die Beine durchgestreckt sind, schwingt der Oberkörper nur noch so weit zurück, wie die Blätter im Wasser einen Antrieb erzeugen können. Das Vorrollen beginnt mit einer Streckung der Arme, gefolgt vom Vorschwingen des Oberkörpers. Die Beine beginnen ihre Beugung erst, wenn die Hände bugwärts über die Knie geführt sind, um die horizontale Handführung nicht zu unterbrechen. Der Oberkörpervorschwung wird wiederum mit der Beinbeugung so koordiniert, dass der Körperschwerpunkt möglichst wenig Vertikalbewegung vollführt.

Es kann häufig beobachtet werden, dass Ruderer versuchen, den Schlag künstlich mit einer weiten Rücklage des Oberkörpers zu verlängern. Dies führt aber zu einem gegenläufigen Effekt, nicht nur, weil der Schwerpunkt dabei sehr stark vertikal bewegt und damit unnötig Energie verbraucht wird, sondern auch, weil die Blätter nur noch unsauber ausgehoben werden können und so einen bremsenden Widerstand am Blatt erzeugen. Je schneller der Ruderer das Boot bewegt, umso weniger ist eine Rücklage des Oberkörpers sinnvoll. Die saubere Blattführung im Endzug ist ein ausgezeichneter Indikator für eine korrekte Oberkörperrücklage.

Abb. 19: Bewegung des Körperschwerpunkts während eines gesamten Schlags

→ Kontinuierliche Bewegung horizontal

Wenn außergewöhnliche Mannschaften auf hohem Niveau eine Leistung vollbringen, sieht es zumeist so aus, als ob sie „mit Leichtigkeit dahingleiten". Ihre Bewegungen sehen geschmeidig und mühelos aus. Dieses Phänomen kommt daher, dass Spitzenkönner äußerst kontinuierlich rudern und jegliche Pausen oder Extrabeschleunigungen vermeiden.

Ein Ruderer, der seine horizontalen Bewegungen kontinuierlich ausführt, spart unnötigen Energieaufwand. Jede Pause zieht höhere Beschleunigungen nach sich und Letztere sind nur möglich mit zusätzlichem Kraftaufwand.

Zusätzlich wirken sich die Horizontalbeschleunigungen des Ruderers negativ auf die Bootsgeschwindigkeit aus. Jede Bewegung des Ruderkörperschwerpunkts wirkt sich um den Faktor mehr auf die Bootsbewegung aus, wie er schwerer ist als das Boot. Damit addiert sich zu den Schwankungen der Bootsgeschwindigkeit, die durch den intermittierenden Bootsantrieb verursacht sind, eine beträchtliche Komponente an Geschwindigkeitsänderungen von der Körperschwerpunktbewegung. Diese verstärkten Schwankungen der Bootsgeschwindigkeit haben einen erheblichen Einfluss auf den Bootswiderstand und dies bedeutet einen erhöhten Kraftaufwand für den Ruderer.

→ Richtiges Hintereinander der Hauptgelenke – Koordination der Gelenkbewegungen

Die Ruderbewegung wird hauptsächlich von drei Gelenken ausgeführt: Knie, Hüfte und Ellbogen. Da die Füße durch das Stemmbrett mit dem Boot fest verbunden sind, erzeugt das Beugen und Strecken des Kniegelenks die Bewegung der Hüfte relativ zum Boot. Das Hüftgelenk zusammen mit der Wirbelsäule bewirkt das Beugen und Strecken des Rückens und dies bewirkt die Bewegung der Schulter relativ zur Hüfte. Das Ellbogengelenk verursacht die Beugung und Streckung des Arms und damit die Bewegung der Hand relativ zur Schulter. Alle diese Bewegungen zusammen bewirken die Bewegung der Hand relativ zum Boot, was letztendlich die Bewegung des Ruders und damit den Antrieb verursacht.

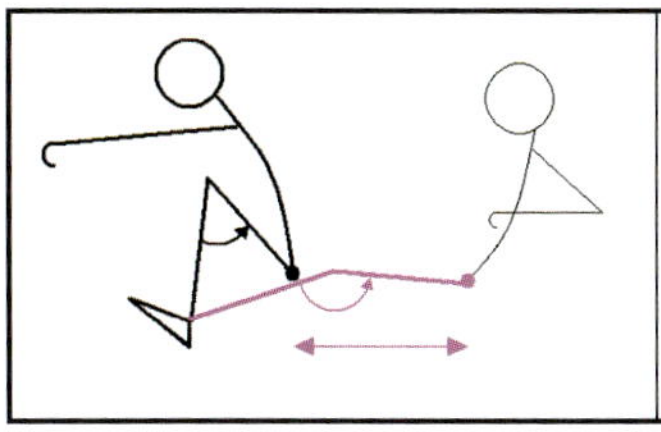

Kniestreckung/-beugung führt zur Hüftbewegung relativ zum Boot.

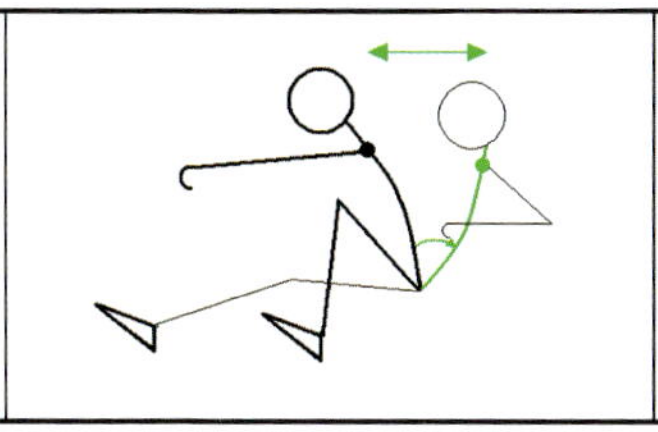

Hüftstreckung/-beugung führt zur Schulterbewegung relativ zur Hüfte.

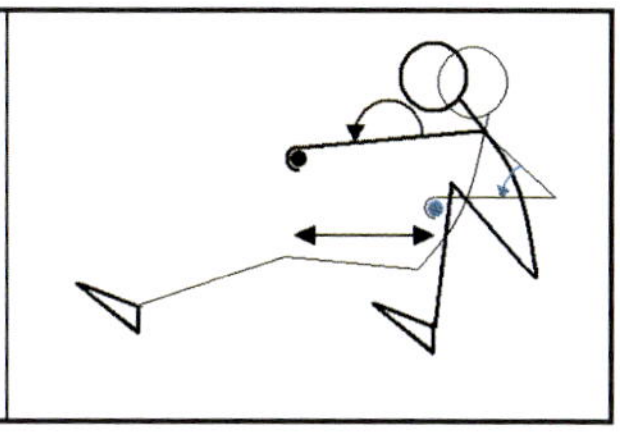

Armbeugung/-streckung führt zur Handbewegung relativ zur Schulter.

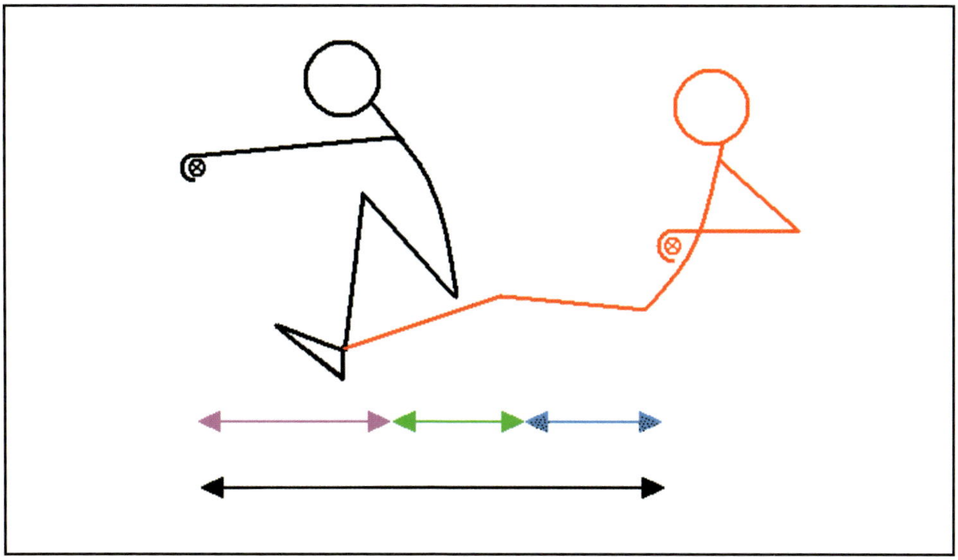

Die Beugung und Streckung der Hauptgelenke verursachen die Gesamtbewegung der Hand relativ zum Boot.

Abb. 20: Koordination der Gelenkbewegungen

Die Koordination dieser Gelenkbewegungen muss die vorangegangenen Prinzipien beachten und um dies zu gewährleisten, muss ein geschicktes Hintereinander mit teilweiser Überlagerung ausgeführt werden. Dieses Nacheinander der Gelenke während des Durchzugs ist notwendig, um die Kraftentfaltung lange wirksam zu machen und damit die Schlagdauer zu verlängern. Dadurch werden aber auch die stärkeren Muskelgruppen (Beine und Rücken) dann eingesetzt, wenn die größte Kraft am Innenhebel erzeugt werden muss, während die schwächere Armmuskulatur für den Endzug aufgespart bleibt, wenn die Kraft am Innenhebel nachlassen muss. Allerdings müssen sich die Bewegungen auch ein wenig überlappen, damit fortwährend eine relativ hohe Geschwindigkeit der Hand relativ zum Boot aufrechterhalten werden kann. Generell erfolgt eine Koordination des Durchzugs nach dem Muster:

Beine – Oberkörper – Arme.

Das Vorrollen erfolgt nach umgekehrtem Muster: Arme – Oberkörper – Beine. Damit wird gewährleistet, dass der Innenhebel die Knie passiert hat, bevor sich die Beine bewegen und damit die Knie anheben. Dadurch können die Hände horizontal aus der Rücklage vorgeführt werden, ohne dass die Knie in den Weg kommen. Ebenso führt das frühzeitige Anschwingen des Oberkörpers vor der Beinbeugung dazu, dass die Oberkörpervorlage am Anfang des Vorrollens erreicht wird, womit ein spätes Anschwingen des Oberkörpers kurz vor dem Einsatz nicht mehr notwendig wird. Dadurch wird die Vertikalbewegung des Rudererschwerpunkts verkleinert. Auch wird das mit der Oberkörperbeugung verbundene Abducken der Schulter vermieden, was normalerweise zu einem Absenken der Hände und damit zu einem Luftschlag führt. Schließlich limitiert dieses Hintereinander der Gelenkbewegungen auch die Horizontalgeschwindigkeit des Körperschwerpunkts.

Der korrekte, zeitliche Ablauf der Gelenkbewegungen ist in der folgenden Abbildung grafisch dargestellt. Dabei kann man nicht nur das Hintereinander der Bewegungen sehen, sondern auch die Größen der Geschwindigkeiten ablesen.

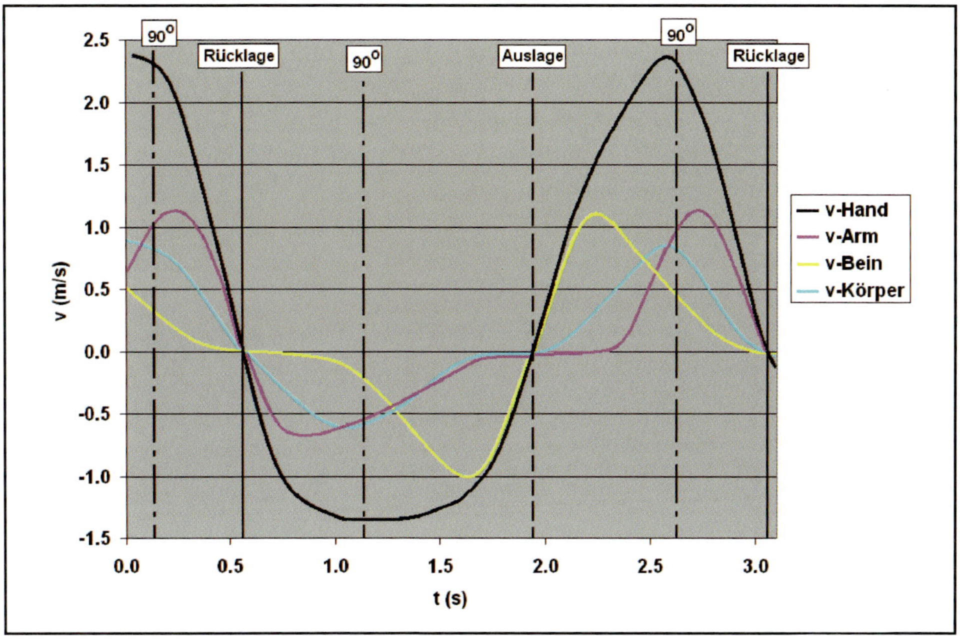

v-Hand: Resultierende Geschwindigkeit der Hand relativ zum Boot
v-Arm: Armbewegung verursacht Geschwindigkeit der Hand relativ zur Schulter.
v-Bein: Beinbewegung verursacht Geschwindigkeit der Hüfte realtiv zum Boot.
v-Körper: Oberkörperbewegung verursacht die Geschwindigkeit der Schulter relativ zur Hüfte.

Abb. 21: Geschwindigkeitsverteilung und Koordination der Bewegungen der drei Hauptgelenke zusammen mit der resultierenden Geschwindigkeit der Hand relativ zum Boot

→ Gute Wasserarbeit = korrekte Handführung

Das Ruderblatt kann nur dann einen optimalen Vortrieb erzeugen, wenn es richtig durchs Wasser bewegt wird. Dabei spielen die Geschwindigkeit des Boots, der Ruderwinkel relativ zum Boot, die Winkelgeschwindigkeit des Ruders relativ zum Boot und die Eintauchtiefe maßgebliche Rollen.

Das Ruderblatt ist über die Dolle direkt mit dem Boot verbunden, sodass die Bootsgeschwindigkeit stets auf das Ruder übertragen wird. Die Handbewegung des Ruderers relativ zum Boot verursacht eine Drehung des Ruders um den Dollenstift. Bootsgeschwindigkeit und die Winkelgeschwindigkeit des Ruders zusammen erzeugen letztlich die Bewegung des Blatts relativ zum Wasser. Die Handbewegung des Ruderers ist eine direkte Folge der Kraft, die der Ruderer am Innenhebel aufbringt. Sie bestimmt die erreichbare Bootsgeschwindigkeit und ist von der Leistungsfähigkeit des Ruderers begrenzt.

Das richtige Einsetzen des Ruderblatts ins Wasser ist eine der schwierigsten Bewegungen im Rudern. Mehrere Komponenten, wie momentane Bootsgeschwindigkeit, angestrebte Bootsgeschwindigkeit, Leistungsfähigkeit des Ruderers, vertikale wie horizontale Bewegungsgeschwindigkeit der Hand, aber auch der augenblicklich erreichte Ruderwinkel, müssen miteinander koordiniert werden. Hinzu kommen die Umwelteinflüsse Wind und Wellen, die berücksichtigt werden müssen. Dieses Aufeinanderabgestimmtsein ist deshalb so kompliziert, weil sich alle Komponenten untereinander beeinflussen. Das Blatt muss so eingesetzt werden, dass es die Schlaglänge voll ausnutzt und so schnell wie möglich vortriebswirksame Wasserkraft am Blatt aufbaut.

Die beste Methode zur Beurteilung der Qualität des Einsatzes ist die Beobachtung der Spritzer am Ruderblatt. Wenn der Einsatz richtig ausgeführt wird, bilden sich nur leichte, sogenannte *V-Spritzer* am Blatt (siehe Abb. 22a)). D. h., auf beiden Seiten des Blatts sind kleine Wasserspritzer zu sehen, die vom Blatt weggehen und eine V-Form bilden. Starke Wasserspritzer zum Bug hin haben bremsende Wirkung und deuten auf zu langsame Vertikal- und/oder Horizontalbewegung des Blatts hin. Umgekehrt, starke Wasserspritzer zum Heck sind ein Zeichen, dass der Einsatz mit einem Luftschlag begonnen wurde. Entweder war das Blatt zu weit vom Wasser in der Auslage und/oder die Horizontalbewegung war zu schnell für die Vertikalbewegung. Der Ruderer begann die Zugbewegung, ohne dass das Blatt im Wasser war.

Die Eintauchtiefe des Blatts bestimmt die Position des Blatts zum anströmenden Wasser. Sie muss so gewählt werden, dass sich die hydrodynamischen Prozesse am Blatt optimal entwickeln können, aber auch das Einsetzen und Ausheben der Blätter in kürzester Zeit ausgeführt werden können. Aus diesen Gründen ist es wichtig, dass das Blatt zwar vollständig vom Wasser umflossen sein muss, wenn optimal Vortrieb erzeugt werden soll, aber nicht zu tief eingetaucht ist, dass es unnötig schwierig wird, es ins Wasser einzutauchen oder aus dem Wasser auszuheben. Die folgenden Bilder geben einen Eindruck von der richtigen Eintauchtiefe des Blatts während des Durchzugs.

a) Beim Einsatz **b) In der Mitte des Durchzugs** **c) Im Endzug**

Abb. 22: Beispiele für Ruderblätter mit korrekter Eintauchtiefe

Das richtige Ausheben ist ähnlich schwierig wie das Einsetzen. Wiederum muss der Ruderer die beim Einsatz schon genannten Komponenten beachten und koordinieren. Obwohl versucht werden muss, so lange wie möglich „Druck am Blatt" zu halten, muss das Blatt letztendlich aus dem Wasser „herausgerudert" werden. Es geht physikalisch einfach nicht, am Ende des Durchzugs die Kraft schlagartig abzubrechen und das Blatt senkrecht aus dem Wasser zu heben, wie es oftmals dargestellt wird. Der Mensch braucht eben eine gewisse Zeit, eine einmal aufgebaute Kraft zu reduzieren, ebenso wie es eine gewisse Zeit braucht, ein vollends eingetauchtes Blatt (siehe Abb. 22b) auszuheben. Gute Ruderer brauchen dafür etwa 0,1 Sekunden. In dieser Zeit legt ein sich bewegendes Boot 0,2-0,5 m zurück und dies ist die Strecke, die der Ruderer sein Blatt aus dem Wasser rudern muss. Das Nachlassen der Zugkraft muss mit der Vertikalbewegung koordiniert werden, sodass ein flüssiges Ausheben ohne Kraftverluste und Abbremsungen erfolgt.

Abb. 23: Eindruck der Dauer der zurückgelegten Distanz des Blattes

Die Bilder geben einen Eindruck von der Zeit und der vom Blatt zurückgelegten Distanz, die zum Ausheben benötigt werden.

Ob das Ausheben richtig ausgeführt wurde, kann wiederum an den Wasserspritzern am Blatt gesehen werden. Im Idealfall entstehen keine Spritzer, aber dies ist äußerst schwierig. In der Realität muss der Ruderer bedacht sein, die Spritzer so klein wie möglich, möglichst senkrecht und symmetrisch zu halten, sogenannte *V-Spritzer.* Spritzer in eine Richtung allein (bug- oder heckwärtsgerichtete Spritzer) deuten stets auf zu langsames oder falsch koordiniertes Einsetzen oder Ausheben hin.

Abb. 24 beschreibt, wie sich die Hand während eines kompletten Schlags relativ zum Boot bewegen muss. Diese Ortskurve wird *Handkurve* genannt. Die Vertikalbewegung der Hand muss minimiert werden. Sie muss gerade so groß sein, dass während des Durchzugs das Blatt korrekt eingetaucht und während des Vorrollens das Blatt so weit vom Wasser entfernt ist, dass gerade noch ein vollständiges Aufdrehen des Blatts zum Einsatz erfolgen kann, ohne dass die Handhöhe verändert werden muss. Diese Bewegung beträgt ca. 0,15 m. Die horizontale Bewegung der Hand sollte angepasst für den jeweiligen Ruderer maximiert sein und beträgt ca. 1,3-1,6 m.

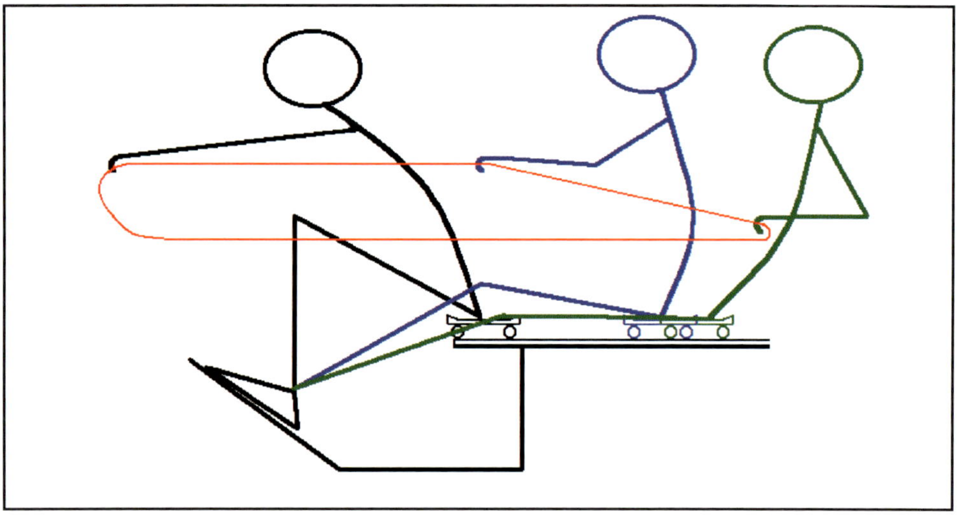

Abb. 24: Idealvorstellung der Handkurve während eines Ruderschlags/korrekte Handführung

→ Gute Balance = Arbeit in der Mitte des Boots

Ein technisch guter Ruderer hat immer auch eine gute Balance. Die Bewegungen werden so ausgeführt, dass das Boot stabilisiert ist und es dem Ruderer ermöglicht, seine volle Leistung zur Entfaltung kommen zu lassen, ohne den Lauf des Boots zu stören. Hinzu kommt, dass ein balanciertes Boot auch die Möglichkeiten für Verletzungen reduziert. Ein instabiles Boot zwingt den Ruderer zu seitlichen Ausgleichsbewegungen in der Wirbelsäule. Diese führen bei gleichzeitiger, großer Kraftentfaltung zu starken Belastungen einzelner Wirbel und Bandscheiben, was häufig zu Verletzungen führen kann.

Balancieren ist also ein ganz wesentlicher Teil der Rudertechnik und sollte deshalb auch stets ins Techniktraining integriert werden. Hierzu sollte der Ruderer möglichst in der Mitte des Boots arbeiten und die Seitwärtsbewegungen so weit wie möglich reduzieren. Dies ist beim Skullen sicher leichter durchzuführen, da alle Bewegungen symmetrisch zur Bootsmitte ausgeführt werden. Beim Riemenrudern bewegen sich die Hände und somit Arme und Schultern aus der Mitte heraus zur Auslage. Diese „Auslegebewegung" sollte durch eine natürliche Drehung der Schulter erfolgen, wobei der Kopf zwar auch diese Drehung mitmacht, aber möglichst über der Mitte des Boots bleiben sollte (vgl. Abb. 25).

Abb. 25: Beispiel für eine korrekte Arbeit in der Bootsmitte, welche die Balance des Boots vereinfacht.

→ Geschlossene Mannschaftsarbeit = synchrone Bewegungen

Rudern in einer Mannschaft wird umso leichter empfunden, je besser die einzelnen Ruderer miteinander zusammenarbeiten. Unterschiedliche Körperbewegungen, Rollsitzgeschwindigkeiten, aber auch verschiedene Schlaglängen und eine nicht abgestimmte Dynamik der Krafteinsätze werden sofort von den Mannschaftsmitgliedern registriert und bewirken, dass sich die Ruderarbeit „schwerer" anfühlt.

Deshalb muss es das Bestreben einer Mannschaft sein, möglichst synchron miteinander zu rudern. Zwar haben Untersuchungen gezeigt, dass bestimmte Unterschiede in den Kraftkurven der einzelnen Mannschaftmitglieder von Vorteil sein können (inbesondere z. B. im Zweier ohne Steuermann) und dass Ruderer mit verschiedenen Körperabmessungen sich einander anpassen müssen, die räumlich-zeitlichen Bewegungen müssen jedoch übereinstimmen. So muss der Einsatz und das Ausheben zur gleichen Zeit passieren oder der Körperschwung zeitlich koordiniert sein, damit nicht unnötig Leistung in Ausgleichbewegungen eingesetzt werden muss.

Abb. 26: Synchrone Bewegung, Beispiel 1: Der Einsatz der Blätter im Achter

Abb. 27: Synchrone Bewegung, Beispiel 2: Das Ausheben im Achter

4.2 Wodurch unterscheidet sich die Technik des Masterruderers von der des Eliteruderers?

Es ist für einen Laien fast unmöglich, die Technik des Masterruderers von der des Eliteruderers zu unterscheiden, da dieselben, oben beschriebenen Technikprinzipien für beide Gruppen zur Anwendung kommen. Der Experte kann allerdings die Feinheiten ausmachen. Für ein gezieltes Training oder das richtige Lernen müssen diese auch berücksichtigt werden.

Wenn man fragt, wie sich der Masterruderer vom Eliteruderer unterscheidet, müssen zwei grundsätzliche Überlegungen beachtet werden. Zum einen erleben wir normalerweise mit dem Alter ein Nachlassen der neuronalen Leistungsfähigkeit, eine Reduktion der Muskelmasse, eine Verringerung der Beweglichkeit, eine Zunahme des Körperfettanteils an der Gesamtmasse sowie eine erhöhte Verletzungsanfälligkeit. Zum anderen lässt die Leistungsfähigkeit eines Masterruderers dadurch nach, dass weniger Trainingseinheiten pro Woche mit geringerer Intensität ausgeführt werden. Mit diesen Entwicklungen, die alleine oder gemeinsam auftreten können, ist eine physiologische Verringerung der Reaktions- und Bewegungsgeschwindigkeit als auch der Schlaglänge und Zugkraft verbunden. Damit notwendig verbunden ist eine verringerte Bootsgeschwindigkeit, die der Masterruderer maximal erreichen kann.

Diese Fakten und Zusammenhänge muss die Rudertechnik der Master berücksichtigen. Es bedarf einer Anpassung der Ausprägung der Prinzipien an den Leistungsstand und/oder das Alter der Ruderer. Da wir jedoch sehr weit gestreute Leistungsfähigkeiten im Masterrudern vorfinden, müssen die folgend aufgezeigten Unterschiede gestuft zur Anwendung kommen, je nach der Ausprägung der Leistungsmerkmale. Grundsätzlich kann jedoch gesagt werden, dass der Masterruderer:

- **seinen Auslagewinkel verkürzt;**
- **langsamer Kraft aufnimmt im Einsatz;**
- **sein Kraftmaximum später im Schlag erreicht;**
- **eine geringere Kraftspitze erreicht und**
- **geringere Schlagfrequenzen benutzt.**

Diese Veränderungen haben den positiven Effekt, dass die Verletzungsgefahr für den älteren Ruderer herabgesetzt wird. Durch die verringerte Reichweite am Anfang des Durchzugs verbessert der Masterruderer die Körperhaltung, sodass geringere Belastungen auf die Lendenwirbelsäule auftreten. Durch die geringere Kraftspitze wird die Belastung auf den gesamten Körper, die Schulter, Wirbelsäule und Knie, verringert. Dadurch wird der Körper insgesamt besser gegen Verletzungen geschützt.

Abb. 28: Verbesserte Körperhaltung durch begrenzte Auslagewinkel in der Auslage

Abb. 29: Verringerte Kraftspitze später im Schlag reduziert die Belastung auf Knie und Wirbelsäule.

Der generelle Nachlass der maximalen Leistungsfähigkeit eines Menschen mit dem Lebensalter geht einher mit einer verminderten Bewegungsgeschwindigkeit und -beschleunigung. Dies bedeutet fürs Rudern, dass die maximal am Innenhebel erzielbare Kraft nachlässt, der Durchzug langsamer und weniger kraftvoll wird. Dadurch verringert sich die Durchschnittsgeschwindigkeit des Boots, sodass die maximale Schlaglänge und die Geschwindigkeit des Einsatzes an Bedeutung verlieren. D. h., dass der Masterruderer nicht mehr dieselben Auslagewinkel anzustreben braucht und auch nicht mehr so schnell Druck aufnehmen muss. Die Betonung des Mittel- und Endzugs gewinnt an Bedeutung.

Die ideale Kraftkurve an der Dolle sieht für den Masterruderer im Vergleich zum Eliteruderer wie folgt aus:

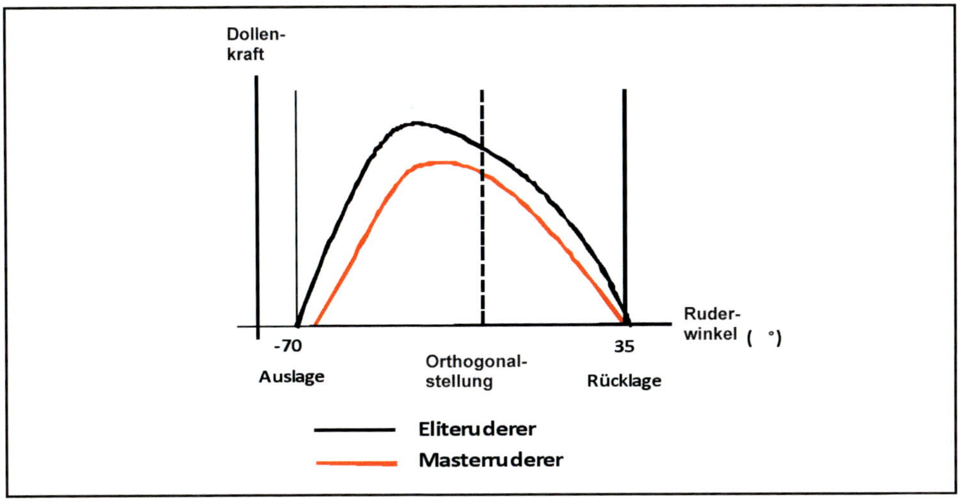

Abb. 30: Optimale Kraftkurve des Masterruderers im Vergleich zum Eliteruderer

Schließlich wird der Masterruderer seine Schlagfrequenz an seine Leistungsfähigkeit und die Bootsgeschwindigkeit anpassen. Dabei wird die Schlagfrequenz so gewählt, dass sich das Rudern leicht und flüssig anfühlt und der Lauf des Boots noch gewährleistet ist.

4.3 Gibt es eine Schontechnik für fitness-ambitionierte Ruderer?

Rudern ist ein idealer Sport für Menschen jeden Alters. Es bietet die ganze Bandbreite der Sportbetätigung in reizvoller Umgebung mit vielen Aufforderungsgehalten für jedes Fertigkeits- und Leistungsniveau. Jeder Masterruderer kann seine eigenen Ziele in unserem Sport selbst wählen und dabei seine persönliche Befriedigung finden.

Das wichtigste Ziel für alle Ruderer sollte der Erhalt oder sogar die Steigerung der Gesundheit sein. Auch hier bietet das Rudern ein ideales Betätigungsfeld, solange einige grundlegende Bedingungen erfüllt werden. Beim Ausüben unseres Sports wird gleichzeitig Ausdauer, Kraft und Koordination trainiert, während die Belastung der Knochen, Knorpel, Sehnen und Bänder relativ gering ist. Dies zeigt deutlich die Vorteile des Ruderns.

Trotzdem können Überbelastungen auftreten, insbesondere, wenn die Sportler nicht richtig vorbereitet oder im schlimmsten Fall sogar schon vorgeschädigt sind. Beides tritt im Masterrudern regelmäßig auf. Einige Beispiele sollen dies verdeutlichen:

- Ein Sportler entscheidet sich im Frühjahr, mit dem Rudern wieder zu beginnen, obwohl während des Winters wenig bis gar kein Sport betrieben wurde.

- Durch ungesunde Lebensweise hat der Sportler an Gewicht zugenommen und ist nun übergewichtig.

- Durch Verschleiß oder eine Verletzung ist der Sportler vorgeschädigt.

In all diesen Fällen ist es leicht möglich, dass sich ein Ruderer überbelastet und es so zu Überbeanspruchungen kommt oder Verletzungen auftreten, wenn nicht sogar verschlimmern.

An dieser Stelle wird deshalb nochmals auf die Bedeutung
- **einer regelmäßigen Gesundheitskontrolle sowie**
- **eine realistische Einschätzung der Leistungsfähigkeit bezüglich Trainingsumfang und Trainingsintensität hingewiesen!**
  Selbstverständlich trifft diese realistische Einschätzung auch auf die Rudertechnik zu.

Dies fängt mit der richtigen **Wahl des Bootsmaterials** an. Bootsbauer bieten heute eine Vielfalt von Rudergeräten an, sodass jeder Ruderer das ihm angepasste Material wählen kann. Es ist wichtig, dass jedes Boot optimal eingestellt ist (siehe Kap. 5). Dann sollte jeder Ruderer die der Situation angepasste Rudertechnik wählen, die auf den oben beschriebenen Prinzipien beruht. Es gelten dabei ganz allgemein die folgenden Hinweise in Richtung einer „Schontechnik". Je langsamer die realistisch anzustrebende Bootsgeschwindigkeit ist, je weniger die Sportler vorbereitet sind oder je mehr die Sportler vorbelastet sind, umso mehr muss die Technik wie folgt angepasst werden:

- Die Gesamtlänge der Skulls/Riemen hat einen entscheidenden Einfluss auf die Belastung des Ruderers und sollte deshalb verkürzt werden.

- Während das Stemmbrett stets nach der Rücklageposition des Ruderers eingerichtet wird und jeder Ruderer auch eine optimale Rücklage rudern sollte, kann die Auslage verkürzt werden. Damit kann die Gesamtlänge des Ruderschlags optimiert werden.
- Die Vorlage des Oberkörpers in die Auslage kann reduziert werden, sodass der Ruderer eine bessere Körperposition im Einsatz einnehmen kann und so insbesondere den Rücken schützt.
- Hohe Kraftspitzen sollten vermieden werden und die Zugkraft kann reduziert werden.
- Die Kraftspitze sollte in die Mitte des Schlags, weg vom Anfang des Schlags, verlegt werden.
- Die Schlagzahl sollte insgesamt reduziert werden, ohne dass der Bewegungsfluss beeinträchtigt wird.

4.4 Balance, Bewegungskoordination und Bootsgefühl im Alter

Balance, Bewegungskoordination und Bootsgefühl sind Auswirkungen komplexer Funktionen des Menschen und mehrere Teile des zentralen und peripheren Nervensystems sind bei ihrer Ausführung beteiligt: sensorische Systeme, motorische Systeme und kognitive Systeme. Wie diese verschiedenen Systeme miteinander interagieren, ist von der Aufgabe und den Anforderungen der Umwelt abhängig. Spirduso et al. (2005) betonen, dass die Leistung dieser nervalen Systeme mit dem Alter verstärkt nachlässt, wenn sie nicht gefordert werden.

Es ist ein komplexes Zusammenspiel und der Leistungsverlust eines einzelnen Systems mag nur wenig die Balance und Bewegungskoordination beeinflussen. Wenn jedoch mehrere Systeme durchs Alter beeinflusst sind, können gravierende Veränderungen auftreten.

Somit ist es klar, dass jeder Ruderer mit dem Alter ein Nachlassen seiner Balancefähigkeit und Bewegungskoordination erwarten kann und damit das Bootsgefühl beeinträchtigt wird. Es ist leicht einzusehen, dass Rudern in einem schlanken Rennboot mit hoher Schlagfrequenz bei rauem Wasser dann erschwerende Umstände bis hin zur Überforderung darstellen können. Eine solche Überbeanspruchung kann die Freude an unserem Sport nehmen.

Wie kann die Koordination, die Balance und das Bootsgefühl erhalten werden?

Zunächst ist es wichtig, ein Training zur Vorbeugung des Koordinationsverlusts durchzuführen. Zum anderen ist es möglich, die koordinative Leistungsfähigkeit zu steigern. Richtiges Training muss deshalb immer wieder eine wohldosierte Herausforderung an den Ruderer sein, nicht nur in physischer Hinsicht, sondern auch in technischer. Ruderer sollten deshalb stets versuchen, physisch und koordinativ anspruchsvolle Trainingseinheiten einzubauen, verschiedene Bootsgattungen auszuprobieren und anspruchsvolle Wasserverhältnisse zu meistern.

Allerdings gehört dazu eine realistische Einschätzung der technischen und körperlichen Fähigkeiten des Ruderers. Es ist schon richtig und wichtig, sich als 50-jähriger, wenig trainierter Anfänger auch in den Einer zu setzen und seine Technik in diesem Boot zu verbessern. Jedoch sollte das Boot ein breiterer Freizeiteiner sein, der zuerst bei schönem Wetter ausprobiert werden sollte. Ebenso sollte ein etwas außer Form geratener ehemaliger Rennruderer ruhig mit seinen Kameraden im Rennachter einige Serien „harter Schläge" absolvieren, solange die Ruderhebel richtig gewählt werden, die Schlagfrequenz in realistischen Grenzen gehalten wird und die Gesamtbelastung dem Gesundheitszustand angepasst bleibt.

Das Gefühl des „perfekten Schlags", dem alle nacheifern, kann in jeder Bootsgattung und in jeder Geschwindigkeit erlebt werden. Es bedarf dazu nicht des letzten Schreis an ultraleichten Super-Rudern oder -Booten! Es braucht auch keine Schlagfrequenz von 45 pro Minute oder eine hochaustrainierte Supermannschaft zu sein, die 12 x die Woche zum Training antritt. Ein richtig eingestellter C-Vierer, besetzt mit Freunden, die konzentriert, aber entspannt, bei Schlagfrequenz 20 versuchen, die Technik gut hinzubekommen, kann ein hochbefriedigendes Bootsgefühl erzeugen.

4.5 Mit welchen Übungen kann ich meine Rudertechnik verbessern?

Spezielle Übungen, oftmals auch richtigerweise „Spielchen" genannt, dienen nicht nur dazu, die Rudertechnik zu verbessern, sie können auch eine längere Ruderausfahrt auflockern und kurzweilig gestalten. Natürlich ist es angebracht, solche Übungen zu wählen, die die Ausfahrt beleben und verbessern. Deshalb sollten Spielchen ausgeführt werden, die entweder gerade auftretenden Probleme beheben oder der Abwechslung und der Freude dienen. Übungen auszuführen, nur um der Übung willen, erscheint wenig sinnvoll, da die Motivation fehlt, sich darauf zu konzentrieren. Sinnvoll gewählte Spielchen zeigen schnell Erfolge und inspirieren die Ruderer zu neuen Aufgaben.

Hier sind ein paar Tipps, die beachtet werden sollten, um „Spielchen" erfolgreich einzusetzen (s. auch Trono, 2001 oder Vernacchia, McGuire & Cook, 1992, S. 107):

→ Ruderer müssen verstehen können, zu welchem Zweck eine bestimmte Übung gemacht wird. Dadurch werden sie motiviert und können sich auf das Wesentliche der Übung konzentrieren. Sie verstehen dann auch besser, das neu Erlernte in die normale Ruderbewegung zu übernehmen.

→ Der Trainer muss bei der Wahl eines „Spielchens" berücksichtigen, in welcher Lernphase sich die Ruderer befinden. Für Beginner ist es wichtig, dass die Übung einfach ist, verstanden wird und die Bedingungen so gewählt sind, damit sie auch ausgeführt werden können (z. B. wenig Wind, keine Wellen). Hinreichende Pausen und genügend Zeit, die Übungen zu wiederholen, sind dabei sehr wichtig. Mit zunehmendem Können sind auch Wettkampfformen möglich.

→ Die Auswahl ist auch vom Lerntyp abhängig. Manche lernen besser mit auditiven Hilfen, andere mit visuellen und wieder andere mit kinästhetischen. **Auditive Lerner** reagieren am besten auf verbale Erklärungen, Stichworte oder auf Bootsgeräusche. **Visuell** orientierte Lerner müssen dagegen sehen, wie eine Bewegung ausgeführt wird und wie ihre eigene Bewegung aussieht. Videoaufnahmen und -analysen sind für solche Lerner ein bevorzugtes Lernmittel und Aufnahmen von Expertenmannschaften geben ihnen einen guten Eindruck der richtigen Bewegung. Eigene Aufnahmen ermöglichen einen besseren Vergleich der eigenen Bewegung mit einer „Idealbewegung". **Kinästhetische Lerner** müssen die Bewegung und deren Veränderungen ausführen und erfühlen, um zu erfahren, welche Bewegung nun richtig oder fehlerhaft ist. Trainer müssen kinästhetische Ruderer in die Lage versetzen, viele verschiedene Bewegungserfahrungen zu sammeln. Trainer sollten deshalb in der Lage sein, den verschiedenen Lerntypen die richtige Rückmeldung anzubieten.

→ Die „Spielchen" müssen ausgeführt werden können und damit zu einem Erfolgserlebnis für den Ruderer führen. Günstig ist es, wenn der Ruderer eine Aufgabenstellung bekommt, bei deren Ausführung er nicht umhinkommt, die angestrebte Bewegung richtig auszuführen.

Übungen sollen dazu dienen, dass der Sportler eine bestimmte Bewegung richtig ausführt, sie einfacher bewerkstelligen kann, das Gefühl verbessern kann und einfach viel Spaß hat. Normalerweise überbetonen „Spielchen" eine bestimmte Bewegung, fordern die Konzentration auf die Zielbewegung oder ermöglichen es den Ruderern, das Besondere in der Bewegung besser zu erfühlen. Nur die Fantasie setzt Grenzen in der Vielfalt der möglichen Übungen und es ist wichtig, dass Ruderer und Trainer ihren Einfallsreichtum spielen lassen und neue Übungen entwickeln. Dies macht Rudertraining interessant und kurzweilig. Die folgenden Beispiele sind nur als stimulierende Anfangsideen gedacht und können die vorhandene Vielfalt an Übungen nur andeuten.

ÜBUNGEN ZUR VERBESSERUNG SPEZIFISCHER TEILE DER RUDERBEWEGUNG

Im Folgenden sind Übungen aufgezeigt, die eine bestimmte Zielbewegung verbessern helfen. Selbstverständlich handelt es sich hierbei nur eine Auswahl von allen möglichen Übungen und der Fantasie des Lesers sind keine Grenzen gesetzt. Im Gegenteil, wir ermutigen den Leser, seine eigenen Variationen oder neue Übungen zu entwickeln. Man kann die Anforderung der Übungen weiter steigern, wenn man zwei oder mehrere kombiniert. So kann man z. B. mit der Innenhand **und** mit aufgedrehtem Blatt rudern; oder mit weitem Griff **und** die Außenwand des Boots beim Vorrollen anschlagen **und** alle drei Schläge eine Pause machen.

Grundsätzlich sollte jede Übung locker angegangen und die Intensität langsam gesteigert werden. Man muss dem Übenden Zeit lassen und ihn stets ermutigen.

Tab. 19: Übungen zum Techniktraining

Zielbewegung	Einsteigerübung	Fortgeschrittenenübung
Balance	Im fahrenden Boot: • Jeden dritten Schlag eine Pause von 1-10 s mit Händen über den Knien • Rudern nur mit der Innenhand (Riemen) • Weiter Griff – Hände ca. 15-20 cm vom Skullgriffende; Außenhand bleibt, Innenhand 50-60 cm vom Riemengriffende • Kreuzgriff am Riemen – Innenhand greift am Griffende und Außenhand 30 cm vom Griffende • Öffnen der Hände während des Vorrollens – Hände liegen ausgestreckt auf dem Griff • Leichtes Anschlagen der Außenwand des Boots mit der Außenhand während des Vorrollens • Rudern mit aufgedrehtem Blatt Im liegenden Boot (v = 0) • Auf- und Abbewegen der Hände mit Blättern auf dem Wasser • Durchreichen eines Balls über dem Kopf • Rhythmisches Ein- und Austauchen der aufgedrehten Blätter in der Rücklage (Bopping)	Im fahrenden Boot: • Jeden dritten Schlag eine Pause von 1-10 s o In der Rücklage o Mit Händen in der Auslage o Mit aufgedrehtem Blatt • Jeden dritten Schlag Ausführung eines „Luftschlags" (normale Ruderbewegung, ohne dass das Blatt ins Wasser getaucht wird; Blätter werden nicht aufgedreht und berühren das Wasser nicht) • Vollständige Drehung des Ruders um seine Längsachse während des Vorrollens • Rudern mit höhere Schlagfrequenz oder Start mit aufgedrehtem Blatt im liegenden Boot (v = 0) • Balancieren mit Blättern vom Wasser • Aufstellen im Boot • Ausheben der aufgedrehten Blätter und spritzerfreies Vorführen in die Auslage und dort balancieren
Mannschaftliche Koordination	• Überbetonung einzelner Teile des Schlags (z. B. scharfes Heranziehen; weitere Rücklage; besonders schneller Einsatz) • Rudern mit geschlossenen Augen • Betontes Ausheben und Hände weg • Rudern mit halber Mannschaft • Rudern mit unterschiedlicher Schlaglänge (ganze, ¾, ¼, ¼, ohne Rollbahn)	• Rudern mit hohen und höchsten Schlagfrequenzen • Rudern mit wechselnden Schlagfrequenzen mit geschlossenen Augen • Start mit geschlossenen Augen • Wechsel der Schlaglänge bei jedem Schlag auf Ansage des Trainers oder Steuermanns
Handhabung der Ruder	• Rudern mit verschiedenen Griffhaltungen, z. B. weiter Griff, Hände überkreuzt, Rudern nur mit Daumen und Zeigefinger, Unterhandgriff • Rudern mit der Rückseite des Ruderblatts (Ruder um 180° gedreht) • Rückwärtsrudern (Streichen)	• Kontinuierliche Änderung der Griffhaltung von Schlag zu Schlag, ohne dass der Rhythmus geändert wird • Vollständige Drehung des Ruders um seine Längsachse während des Vorrollens • Abwechselnd rudern nur mit einer Ruderseite, ohne dass die andere Seite das Wasser berührt

Zielbewegung	Einsteigerübung	Fortgeschrittenenübung
Bewegungsgeschwindigkeit	• Ansteigern der Schlagfrequenz bei Rudern mit verkürzter Rollbahn • Ansteigern der Schlagfrequenz mit halber Rollbahnlänge und wenn eine vorher festgesetzte Schlagfrequenz erreicht wird, werden 10 Sprintschläge mit ganzer Rollbahnlänge angehängt • Betont schnelles Einsetzen, Ausheben oder Vorrollen • Starts oder kurze Sprints (z. B. 10 Schläge) • Rudern in einer größeren Bootsgattung oder mit erfahrenen Ruderern	• Ansteigern der Schlagfrequenz bei Rudern mit verkürzter Rollbahn bei aufgedrehtem Blatt • Ansteigern der Schlagfrequenz mit halber Rollbahnlänge und wenn eine vorher festgesetzte Schlagfrequenz erreicht wird, werden 10 Sprintschläge mit ganzer Rollbahnlänge angehängt bei aufgedrehtem Blatt • 100-m-Rennen • Wettbewerb: Wer erreicht die höchste Schlagfrequenz, ohne den Schlag zu verkürzen?
Rhythmus	• Wechsel der Schlagfrequenz auf Anruf des Trainers in kurzer Abfolge • Kontinuierliche Veränderung der Schlaglänge (1/1 – ¾ – ½ – ¼ – ohne Rollbahn) • Überbetonter Krafteinsatz bei ruhiger Schlagfrequenz • Hören des Bootslaufs	• Die gleichen Übungen wie links, nur mit geschlossenen Augen

Rhythmisches Ein- und Austauchen der aufgedrehten Blätter in der Rücklage im stehenden Einer.

Rhythmisches Ein- und Austauchen der aufgedrehten Blätter über den Knien im stehenden Riemenboot.

HUDSON

HUDSON

Zielbewegung	Einsteigerübung	Fortgeschrittenenübung
Blattarbeit	• Halbe Mannschaft rudern • Beginnen mit sehr ruhiger Schlagfrequenz (~15/min) und langsames Steigern um zwei Schläge/min alle 10 Schläge • Rudern mit ständiger Beobachtung des eigenen Blatts • Rudern mit „weitem Griff" • Anbringen von weißen Klebestreifen 30 cm vom Blattende, um die richtige Blatteintauchtiefe zu verdeutlichen und zu korrigieren • Rudern nur auf einer Seite des Boots (z. B. Backbord), während die andere Seite (in diesem Fall: Steuerbord) das Boot stabilisiert. Die Ruderer können dabei ihr Blatt beobachten und kontrollieren • Rückwärtsrudern (Streichen) • Aufpassen, dass keine Blattgeräusche während des Durchzugs auftreten	• Rudern mit extrem hohen Schlagfrequenzen (> 36) • Wettkampf: 10 Schläge aus dem Stand und wer kommt am weitesten?
Auslage/Einsatz	• Frühes Aufdrehen der Blätter • Bewusst schnelle Einsatzbewegung • Rudern nur mit der Innenhand im Riemen und weitem Griff beim Skullen • Halbe Mannschaft rudern und bewusst schnell Druck aufnehmen im Einsatz • Rudern mit weitem Griff • Rudern nur mit der Innenhand. • Vorsätzliche Rückwärtsspritzer beim Einsatz • Betont flüssiges Anrollen auf den letzten 10 cm der Rollschienen und betont schnelles Einsetzen • Hören des gemeinsamen Einsatzes, der durch eine betonte Handbewegung verstärkt werden kann	• Rudern mit verkürzter Rollbahn und Steigerung der Schlagfrequenz alle fünf Schläge • Ausgehend von ¾ Auslage mit Blättern im Wasser, Vorführen der Hände und dadurch dem Boot Rückwärtsfahrt verleihen, dann schnell anziehen, wenn Hände Auslage erreichen • Russian Catch – dabei werden nur die ersten 25 % des Schlags mit der Beinstreckung ausgeführt, ohne dass die Arme oder der Oberkörper benutzt werden; mit und ohne Abdrehen der Blätter • Alle Übungen links mit geschlossenen Augen

Zielbewegung	Einsteigerübung	Fortgeschrittenenübung
Endzug/ Ausheben	• Überbetonen des Endzugs • Beginnen mit sehr ruhiger Schlagfrequenz (~15/min) und • Rudern mit Bremshilfen (z. B. halbe Mannschaft; Dose hinter Boot herziehen; Gummibänder ums Boot wickeln) • Rudern mit längeren Rudern (längere Außenhebel) • Rudern mit ruhigen Schlagfrequenzen (SF 15-18) • Bopping; Wenn diese Übung beherrscht wird, kann nach dem sauberen Ausheben das Anrollen eingeleitet werden, bis hin zur Ausführung eines Schlags • Überbetonung des Endzuges bei langsamer Bootsgeschwindigkeit, z. B. bei sehr ruhiger Schlagfrequenz • Rudern mit Füßen aus den Schuhen • Beobachtung der Spritzer am Blatt während des Aushebens • Konzentriertes Hören des gemeinsamen Aushebens, das auch durch überbetontes Ausheben/Abdrehen verstärkt werden kann.	• Rudern mit aufgedrehten Blättern, ohne dass Geschwindigkeit verloren geht, oder mit erhöter Geschwindigkeit • Steigern der Bootsgeschwingigkeit bei konstant ruhiger Schlagfrequenz (SF 15-0/min) • Verzögertes Abdrehen: Ausheben der Blätter mit aufgedrehen Blättern und erst abdrehen, wenn Hände über den Knien sind 

5

5 Die Anpassung des Bootsgeräts für den Masterruderer

Geeignetes Bootsmaterial, gepaart mit der richtigen Wahl der Abmessungen, vermittelt nicht nur Freude beim Rudern, sondern verhindert auch Fehler, deren Auswirkungen die Rudertechnik negativ beeinflussen können und teilweise sogar zu körperlichen Beschwerden bis hin zu Verletzungen führen. Die mangelhafte Vorbereitung einer Ausfahrt oder der überhastete Wunsch, „rasch aufs Wasser zu kommen", kann schnell eine Trainingseinheit schwerwiegend beeinträchtigen und somit das erhoffte Rudererlebnis überschatten.

Zunächst wird das geeignete Boot für die Zielgruppe ausgewählt. Erfahrung, Fitness der Ruderer sowie das ausgemachte Ziel der Ausfahrt entscheiden darüber, ob z. B. in einem lagesicheren C-Boot oder in einem Rennboot gerudert wird. Eine Mannschaft, die sich z. B. auf die FISA-Masters Regatta vorbereitet, sollte dies natürlich im geeigneten Rennboot tun können, während ein Rennboot für die gleiche Mannschaft auf einer Wanderfahrt völlig unangebracht ist. Ebenso sollte eine Mannschaft, die sich in der Regel 1 x pro Woche zu einer Ausfahrt trifft, sich auch ab und zu einmal in ein Rennboot wagen, damit die Balance gefördert wird und der schnelle Lauf des Boots erlebt werden kann. Auf den Gebrauch des Rennboots ist zu verzichten, wenn Treibholz, Strömung oder Wind zu erwarten ist, oder wenn die Mannschaft neu besetzt wird.

Das Bootsmaterial muss in jedem Fall funktionstüchtig und in fahrbereitem Zustand sein. Sicherheit steht hier im Vordergrund! Es muss gewährleistet sein, dass das Boot die Mannschaft sicher aufnehmen kann, sowie die von der Mannschaft erzeugten Belastungen aushalten kann. Die Einzelteile, wie Rollsitze, Dollen und Stemmbretter, müssen komplett einsatzbereit sein, sodass die Mannschaft sich auf die Technik konzentrieren kann. Sie werden vor der Fahrt durchgecheckt und es darf nicht vorkommen, dass Teile gebrochen sind oder scharfe Kanten herausragen und somit zu Verletzungen führen können. Besondere Aufmerksamkeit ist der richtigen Bootseinstellung sowie der Anpassung der Bootsabmessungen für die Mannschaft zu widmen.

5.1 Welches Bootsmaterial ist für Masterruderer das Richtige?

Die Entwicklung des Bootsmaterials hat rasante Fortschritte gemacht. So gibt es z. B. fast jährlich neue Errungenschaften, was die Ruder angeht. Von der Verstellbarkeit der Gesamtlänge über die Entwicklung des Schaftes in Material und Gewicht bis hin zu

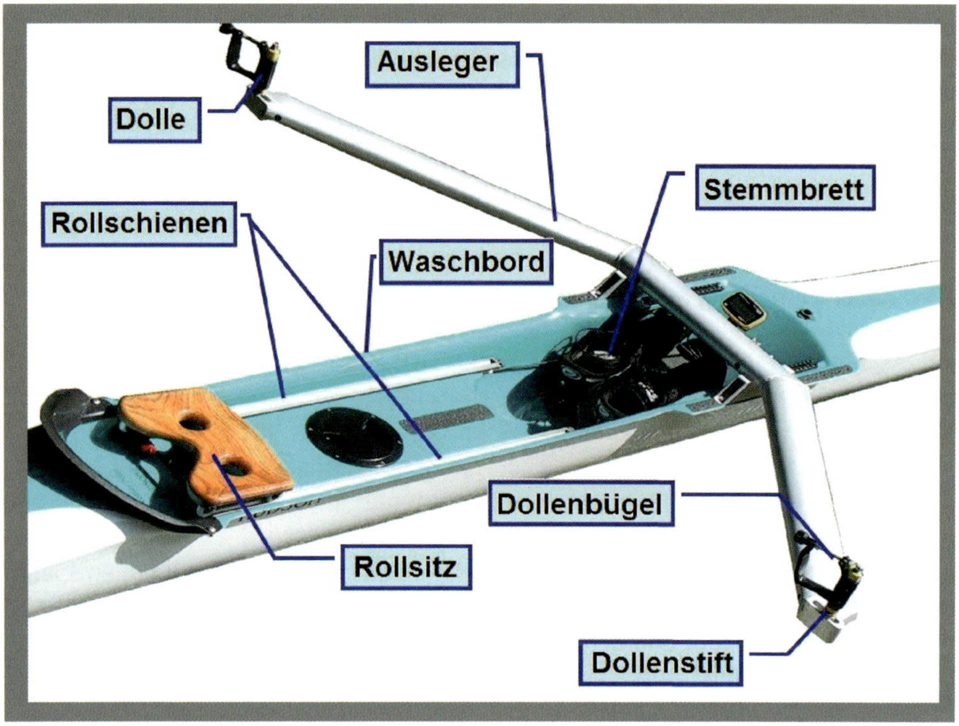

Abb. 31: Die wichtigsten Bootsteile

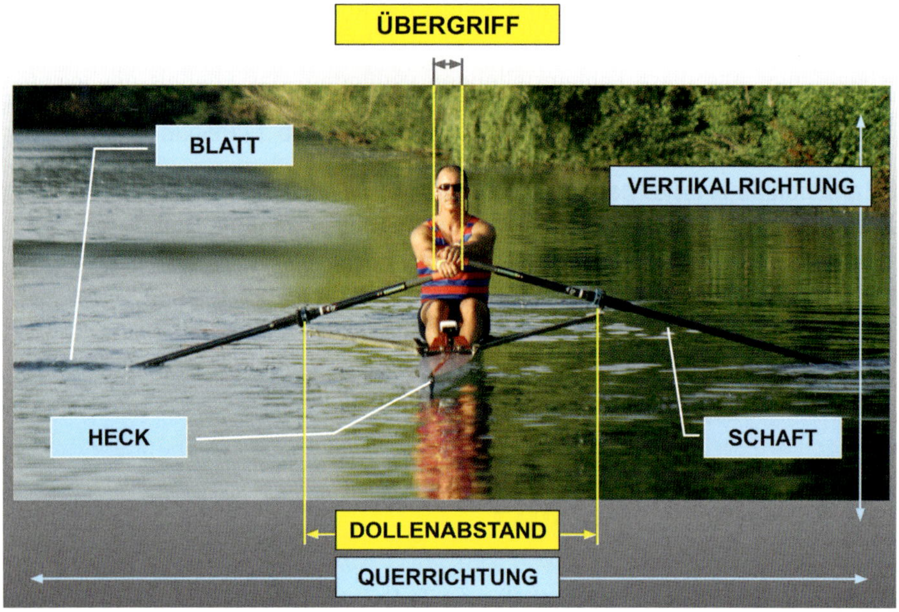

Abb. 32: Definitionen im Rudern

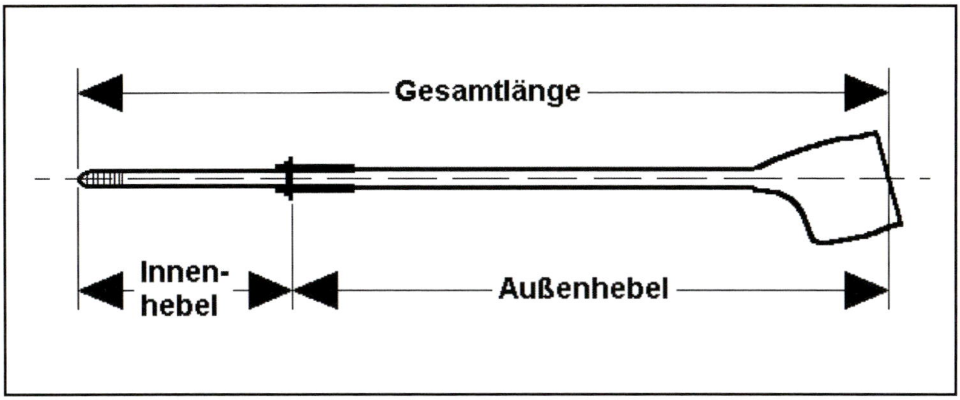

Abb. 33: Definitionen der Ruderabmessungen

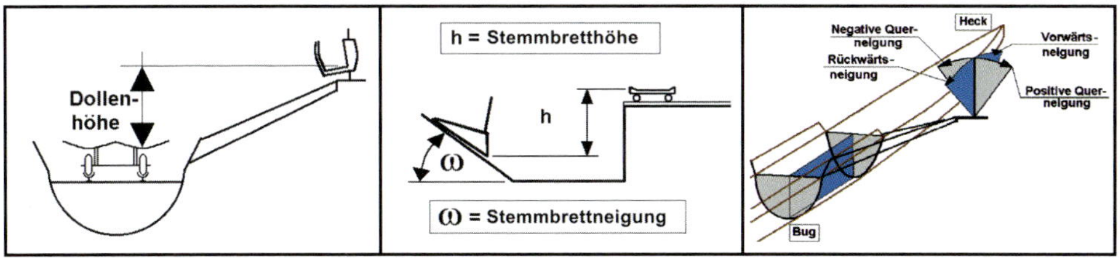

Abb. 34: Definitionen der Dollenhöhe, Stemmbretthöhe und -neigung, sowie der Anlage am Stift

5.3.1 Ruderabmessungen

Skulls und Riemen können in den letzten 20 Jahren die größten Entwicklungen aufweisen. Neuere Materialien (insbesondere Kohlefaser) und moderne Verfahrensweisen zur deutlichen Gewichtsreduktion haben darüber hinaus vielfältige Blattformen entstehen lassen. Die Ruderlängen sind mit einfachen und wenigen Handgriffen veränderbar.

Drei verschiedene Blattformen haben sich bisher im Wesentlichen durchgesetzt: „Macon", „Big Blade" (die auch „Slick" oder „Smoothie" genannt werden) und „Fat Blade". Es gibt zwar noch weitere Blattformen, die allerdings weniger verbreitet sind und deshalb als Spezialformen angesehen werden können.

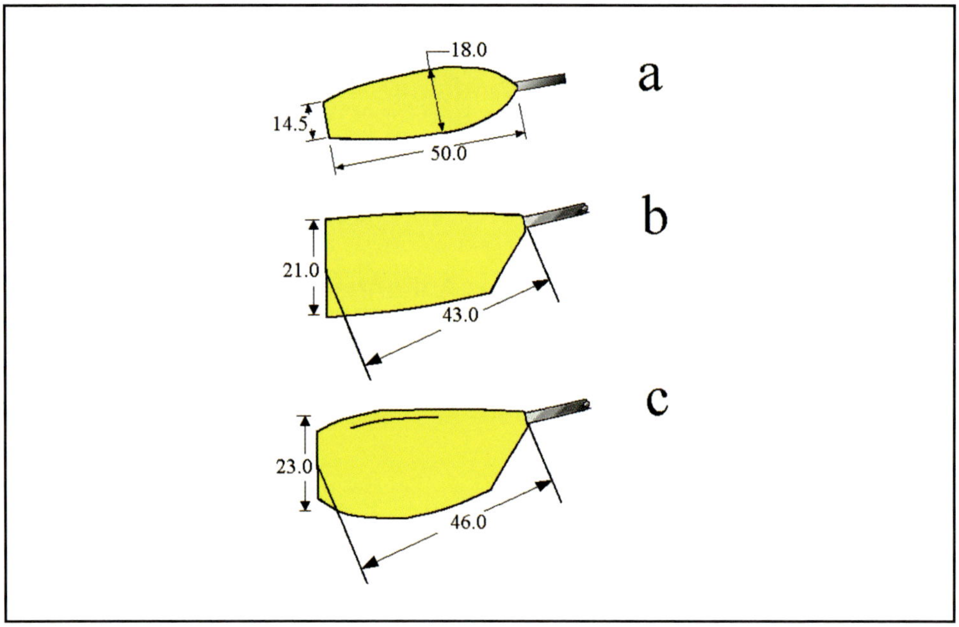

Abb. 35: Die drei verschiedenen Blattformen, welche sich im Wesentlichen durchgesetzt haben. Hier die Skullblätter mit den Hauptabmessungen in cm:

a) „Macon"

b) „Big Blade"

c) „Fat Blade"

Generell gilt:

Je größer die Blattfläche, umso effektiver ist der Ruderantrieb, solange der Ruderer die Blätter technisch und konditionell beherrscht.

Der Ruderer muss in der Lage sein, das Blatt sauber einzusetzen und auszuheben, ohne an Schlagfrequenz einzubüßen und/oder zusätzlichen Bremswiderstand zu erzeugen. Für die Anfängerausbildung, das Kinder- und Wanderrudern sind Macon-Blätter vollkommen ausreichend, während rennbegeisterte Ruderer zu den neueren Entwicklungen greifen sollten (Slick oder Fat Blade). Die Blattform, vor allem aber die damit verbundene Blattfläche, ist entscheidend für die zu wählenden Hebelmaße.

Tab. 20: Abmessungen der Ruder je nach der Blattform

DOLLENABSTAND UND RUDERLÄNGE

→ JÜNGER, SCHNELLER, STÄRKER, WENIGER ERFAHRUNG

← ÄLTER, LANGSAMER, SCHWÄCHER, GEÜBTER

	BOOT	DOLLENABSTAND (m)			RUDERLÄNGE (m)								
RIEMEN	2- :	0.88	0.86	0.84	3.76	3.70	3.63	3.78	3.72	3.65	3.81	3.75	3.68
	2+ :	0.89	0.87	0.85	3.76	3.70	3.63	3.78	3.72	3.65	3.81	3.75	3.68
	4- :	0.87	0.85	0.83	3.76	3.71	3.64	3.78	3.73	3.66	3.81	3.76	3.69
	4+ :	0.88	0.86	0.84	3.76	3.70	3.63	3.78	3.72	3.65	3.81	3.75	3.68
	8+ :	0.86	0.84	0.82	3.77	3.71	3.64	3.79	3.73	3.66	3.82	3.76	3.69
		DOLLENABSTAND (m)			SKULLLÄNGE (m)								
SKULL	1x :	1.62	1.60	1.57	2.95	2.85	2.74	2.98	2.88	2.77	3.00	2.91	2.80
	2x :	1.62	1.60	1.57	2.95	2.85	2.74	2.98	2.88	2.77	3.00	2.91	2.80
	4x :	1.61	1.59	1.56	2.96	2.86	2.75	2.99	2.89	2.78	3.01	2.92	2.81

ERKLÄRUNG: MACON BIG BLADES FAT BLADES

INNENHEBEL

INNENHEBEL RIEMEN	=	DOLLENABSTAND + 0.30 m
INNENHEBEL SKULL	=	(DOLLENABSTAND/2) + 0.08 m

z. B.: DOLLENABSTAND = 0.86 m INNENHEBEL = 0.86 + 0.30 = 1.16 m

z. B.: DOLLENABSTAND = 1.58 m INNENHEBEL = 1.58/2 + 0.08 = 0.87 m

Tab. 20 ist wie folgt zu benutzen: Zuerst sucht man sich die gewünschte Bootsgattung. Die mittleren Anfangsmaße sind grau hinterlegt, sodass z. B. für den Doppelzweier der Dollenabstand mit 1,60 m zu finden ist. Wird nun angenommen, dass die Ruderer „Fat Blades" benutzen, ist eine Skulllänge von 2,77 m angebracht und der Innenhebel berechnet sich zu (1,60 m/2) + 0,08 m = 0,88 m. Handelt es sich nun bei den Ruderern um zwei ältere, aber sehr geübte Athleten, könnte ausprobiert werden, mit 2,75 m langen Skulls unter Beibehaltung des Dollenabstandes und der Innenhebel zu rudern. Sind die Ruderer jedoch zwei sehr starke Athleten, deren Technik noch etwas holprig ist, könnte ein Dollenabstand von 1,59 m und eine Skulllänge von 2,80 m gewählt werden. Der Innenhebel müsste dann auf 0,87 m gestellt werden.

5.3.2 Das Boot

Während für die Ruderabmessungen maßgeblich die gewählte Blattform verantwortlich ist, richten sich die Bootsabmessungen vor allem nach dem Ruderer. Die Körpermaße und das rudertechnische Niveau des Ruderers haben einen wesentlichen Einfluss auf Dollenhöhe, Anlage und Stemmbretteinstellung. An Land werden Dollenhöhe,

Anlage, Stemmbretthöhe sowie -neigung eingemessen, während die Position des Stemmbretts in Bootslängsrichtung, sowie die Rollbahnposition auf dem Wasser angepasst wird.

Tab. 21: Übersicht über empfehlenswerte Bootsabmessungen

DOLLENHÖHE

← JÜNGER, GRÖSSER, SCHWERER, GEÜBTER

ÄLTER, KLEINER, LEICHTER, WENIGER ERFAHRUNG →

RIEMEN		19 cm	17 cm	16 cm
SKULL	STEUERBORD	20 cm	18 cm	16 cm
	BACKBORD	19.5 cm	17.5 cm	15.5 cm

ANLAGE AN STIFT/DOLLE/RUDER

ANLAGE AM STIFT	VOR-/RÜCKWÄRTS	IMMER: 0°
	QUER	IMMER: 0°

← JÜNGER, GEÜBTER

ÄLTER, WENIGER ERFAHRUNG →

ANLAGE AN DER DOLLE	-1° / 3°	0° / 4°	1° / 5°
ANLAGE AM RUDER	4° / 0°	4° / 0°	4° / 0°

DEUTSCHLAND/NORDAMERIKA

STEMMBRETTEINSTELLUNG

← JÜNGER, BEWEGLICHER, KURZE UNTERSCHENKEL

ÄLTER, WENIGER BEWEGLICH, LANGE UNTERSCHENKEL →

STEMMBRETTHÖHE	16 cm	18 cm	20 cm
STEMMBRETTNEIGUNG	41°	39°	37°

Auch in Tab. 21 sind die mittleren Ausgangsmaße grau hinterlegt, während die angedeuteten Pfeile in die Richtung weisen, in die sich die Abmessungen bewegen sollten, wenn die Ruderer die jeweiligen Charakteristika besitzen. So ist 17 cm die allgemein akzeptable Dollenhöhe für Riemenruderer, mit 0° Anlage an Stift und Dolle, 4° Anlage am Riemen, einer Stemmbretthöhe von 18 cm und einer Stemmbrettneigung von 39°. Ein kleinerer und/oder weniger erfahrener Ruderer sollte beispielsweise die Dollenhöhe ein wenig reduzieren und könnte versuchen, mit 5° Anlage am Riemen zu rudern.

Diese Einstellungen werden an Land vorgenommen und präzise vermessen. Grundsätzlich werden sie für das gesamte Boot gleich eingestellt und nur ausnahmsweise für einzelne Ruderer gesondert angepasst, z. B. wenn deren Körpermaße sehr stark von den anderen Ruderern abweichen. Gleiche Bootsmaße für alle Ruderer garantieren eine bessere Balance und gleiche Drehmomente am Boot. Wenn allerdings ein Ruderer wesentlich größer als der Rest der Mannschaft ist, müssen gegebenenfalls Maßnahmen getroffen werden, um diesem Ruderer eine bessere Kraftentfaltung zu gewährleisten. Dabei werden die Vorschläge von Tab. 21 berücksichtigt.

Demgegenüber müssen die Stemmbretter und Rollschienen in Längsrichtung des Boots immer individuell an die Ruderer angepasst werden. Dies geschieht am besten vor der Ausfahrt auf dem Wasser. Die Ruderer probieren die jeweilige Stemmbrettposition aus. Dazu begeben sich die Ruderer in die Position, die sie während des Ruderns in der weitesten Endzugstellung einnehmen würden. Die Position der Hände gibt dann Aufschluss, ob das Stemmbrett richtig eingestellt ist.

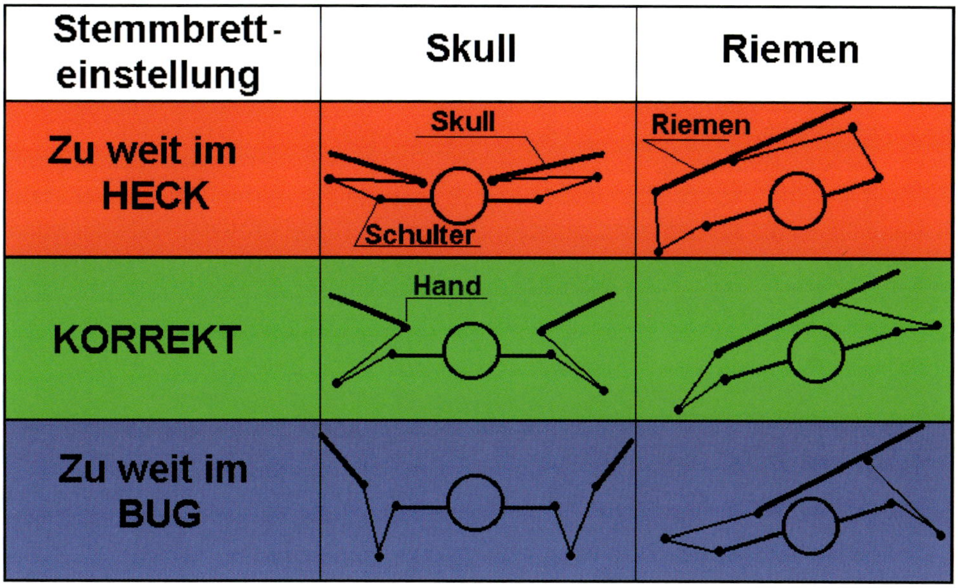

Abb. 36: Auswirkung der Stemmbrettposition in Bootslängsrichtung auf die Ruderstellung in der Rücklage, hier in Vogelperspektive gezeigt. Der Ruderer hat die beste Zugmöglichkeit, wenn die Hände in Richtung Schulter ziehen und nicht daran vorbei (grün hinterlegt).

Abb. 37: Beispiel für eine Stemmbrettposition in Bootslängsrichtung zu weit im Bug – die Ruderin zieht im Endzug am Körper vorbei.

Wenn die richtige Stemmbrettstellung in Längsrichtung gefunden ist, können die Rollbahnschienen, wenn nötig, angepasst werden. Die Rollschienen lassen sich in Längsrichtung des Boots verschieben und sollten so eingestellt sein, dass der Ruderer in der Auslage die Enden der Schienen gerade nicht berührt. Dabei kann das Ende der Schienen 5 cm bis 15 cm heckwärts von der Dollenanlagefläche entfernt sein, je nach Beinmaßen und Beweglichkeit des Ruderers.

5.3.3 Tipps zur Einstellung der Boote

Ein schlecht eingestelltes Boot verhindert, dass der Ruderer technisch korrekt rudern kann. Man kann sogar behaupten, dass die meisten Technikfehler auf falsch eingestelltes Boots- und Rudermaterial zurückzuführen sind. Oder anders ausgedrückt:

Ein korrekt eingestelltes Ruderboot unterstützt eine gute Rudertechnik!

Eine Mannschaft kann z. B. nicht an der Balance arbeiten, wenn die Anlagen an den Stiften auf beiden Bootsseiten unterschiedliche Maße aufweisen. Ebenso ist es unmöglich, kontrolliert in die Auslage zu rollen, entspannt in die Auslage zu gehen oder flüssig und schnell Wasser zu fassen, wenn die Stemmbretter zu hoch oder zu steil eingestellt sind. Dagegen versetzt ein gut geriggertes Boot den Ruderer oft automatisch in die Lage, die Bewegung richtig auszuführen.

Zur korrekten Einstellung des Boots- und Rudermaterials sollten sich Masterruderer nicht scheuen, den Rat und die Hilfe eines Experten in Anspruch zu nehmen. Es kann immer wieder beobachtet werden, dass Trainer und Ruderer enorme Zeit zum Riggern des Boots aufwenden, dann aber wieder kleinere individuelle „Nachstellungen" auf den einzelnen Plätzen vornehmen. Diese führen dazu, dass nach wenigen Ausfahrten das Boot wieder gänzlich „verstellt" ist und neu durchgemessen werden muss. Diese unsystematischen Nachbesserungen auf den verschiedenen Ruderplätzen addieren sich mit jeder Ausfahrt und führen nach wenigen Ausfahrten zu einer unterschiedlichen Riggerung und eventuellen Fehleinstellung. Deshalb die Faustregel:

Einmal richtig einstellen und dann die Finger davon lassen!

Ebenso wichtig wie die richtige Einstellung ist die **Pflege des Boots**. Diese beginnt bereits damit, dass stets fachmännisches Werkzeug benutzt wird, um die Einstellungen korrekt auszuführen und Bootsteile nicht unnötig abzunutzen. Es ist auch unabdingbar, dass das Boot regelmäßig gründlich gewaschen wird und bestimmte Teile (Dollenstift und Rollsitze) geölt sowie die Rollbahnen gereinigt werden. Eine gewisse Abnutzung lässt sich nicht gänzlich vermeiden und verschlissene Teile müssen in bestimmten Abständen auch ersetzt werden. Es ist auf lange Sicht befriedigender, ein angebrochenes Teil mit Originalersatz frühzeitig auszutauschen, bevor größerer Schaden entsteht. Zum Beispiel sind rostende Kugellager der Rollsitze gegen neue auszutauschen, bevor der auslaufende Rost die Rollschienen verkratzt. Nur mit diesen Maßnahmen kann die Lebensdauer des Boots erhöht und die Freude am Rudern in diesem Boot erhalten werden.

Die richtige Wartung eines Boots beginnt schon beim Kauf. Bevor ein neues Boot angeschafft wird, sollte genau überlegt werden, welches Boot die gewünschten Ansprüche am besten erfüllt und diese für eine lange Zeit befriedigt. Es sollte genau analysiert werden, welcher Typ gebraucht wird (High-Tech-Rennboot, Trainingsboot oder C-Boot). Welche Bootswerft garantiert die beste Qualität, bietet den besten Service und liefert umgehend Ersatzteile? Die Erfahrungen anderer Ruderer können dabei sehr hilfreich sein. Eine Probefahrt mit einem ins Auge gefassten Boot sollte den letzten Aufschluss darüber geben, ob dieses denn auch wirklich den Vorstellungen entspricht.

Auch beim **Bootskauf** ist fachliche Expertise unabdingbar, indem sich z. B. eine Mastermannschaft das Fachwissen eines erfahrenen Trainers sichert und damit auf lange Sicht hin Vorteile verschafft. Das Lernerlebnis ist beträchtlich, die Freude am Sport wird wesentlich erhöht und Schädigungen werden vermieden. Idealerweise sollte dieser Service vom Verein gestellt werden. Falls nicht vorhanden, gilt es, Eigeninitiative zu ergreifen.

Allgemeine Tipps, wie Masterruderer ihre Zeit am gewinnbringendsten investieren:

→ Wähle das richtige Boot für die Mannschaft, basierend auf dem körperlichen Leistungsstand, dem technischen Können, dem angestrebten Ziel, aber auch den zu erwartenden Umweltbedingungen!

→ Stelle das Boot richtig ein! Benutze dafür die Maße, die für die Mannschaft angebracht sind und führe diese Arbeiten fachgerecht aus!

→ Überprüfe, ob technische Fehler auf mögliche Fehleinstellungen des Boots zurückzuführen sind! Viele technische Fehler basieren auf unkorrekter Bootseinstellung und geübte Trainer können dies schnell feststellen. Deshalb ist es wichtig, regelmäßig die Dienste eines Fachmanns in Anspruch zu nehmen, um die Freude am Rudern zu vergrößern.

→ Pflege und warte das Boot regelmäßig, damit die Freude am guten Material lange anhält, technische Fehler oder sogar Verletzungen und Schädigungen vermieden werden!

TEIL III

6 Training der Masterruderer

6.1 Allgemeine Hinweise zum Training für Masterruderer

Die Breite der Zielsetzungen im Alterssport erfordert eine Öffnung des traditionellen Trainingsbegriffs. Fragen nach der Erhaltung und Wiederherstellung körperlicher Leistungsfähigkeit, aber nach sinnvollen Belastungsparametern und Gefahren im Sport mit Älteren sind dabei zu berücksichtigen. Training im Sport bedeutet dabei planmäßiges Üben, um die Erhaltung oder Verbesserung des motorischen Leistungsstandes, aber auch eine Steigerung der Motivation oder mentalen Beanspruchung zu erreichen.

Die **Trainingsprinzipien**, wie sie in der Trainingswissenschaft formuliert werden, behalten ihre Gültigkeit, sie müssen jedoch allesamt auf einige Variablen (Involutionen, Anpassungs- und Belastungsreserven, veränderte Regenerationszeit) hin geprüft werden. Handelt es sich um Sporttreibende im mittleren und höheren Erwachsenenalter mit überdurchschnittlicher Bewegungsaktivität, so können die Trainingsprinzipien größtenteils angewendet werden. Für diejenigen Menschen, welche im Alter Sport nicht unter dem Leistungs- und Wettkampfgesichtspunkt betreiben, muss eine differenziertere Betrachtung der Trainingsgrundsätze entwickelt werden (vgl. Mechling, 1999, S. 291f.).

Auch die **Inhalte und Methoden des Trainings** müssen mit der Zunahme an Lebensjahren individualisiert werden. Die Forderung nach einem Krafttraining im Alter wird ergänzt durch die Notwendigkeit eines Trainings zur Erhaltung und Verbesserung der Bewegungskoordination und des motorischen Lernens. Wichtig beim Training im Alterssport ist die Vermeidung von Überforderung und von Gruppenzwängen. Es muss immer auf Leistungsschwächere bzw. auf die individuelle Leistungsfähigkeit Rücksicht genommen werden.

6.1.1 Motorische Anforderungen im Rudern in der Altersentwicklung

Die Ruderbewegung ist ein dynamischer Bewegungsablauf mit rhythmischem Krafteinsatz großer Muskelgruppen bei hoher allgemeiner Ausdauerbeanspruchung. Im Rudern ist zur Ausübung – vom Freizeitrudern bis zum Rennrudern der Master – eine Grundlage an Beweglichkeit, Koordination, dynamischer Kraft, lokaler und allgemeiner aerober Ausdauer gefordert. Die Summe der motorischen Fähigkeiten bildet mit den Persönlichkeitseigenschaften, wie z. B. Willenskraft und Motivation, die Voraussetzung für das Erlernen und Ausüben der Sportart. Dabei ist zu beachten, dass die ruderspezifischen motorischen und psychischen Fähigkeiten vielschichtig miteinander verknüpft sind. Konditionelle Fähigkeiten werden ohne einen starken Willenseinsatz nicht herausgebildet und ohne die koordinativen Voraussetzungen und eine hinreichende Rudertechnik nicht vollständig in den Vortrieb des Boots umgesetzt.

6.1.2 Belastung und Erholung

Training zeichnet sich durch Planmäßigkeit aus, was sich in einem angemessenen Wechsel von Belastung und Erholung zeigt und sich nach den Trainingszielen und der Belastbarkeit des Trainierenden richtet. Bei gesunden Menschen – und das gilt auch für Ältere – verhalten sich Belastbarkeit und Leistungsfähigkeit parallel. Die Wahrscheinlichkeit, dass ältere Menschen mehr und öfter an Krankheiten leiden, ist höher, wodurch sie weniger und eingeschränkt belastbar sind. Im Unterschied zu jüngeren Menschen treten häufiger chronische Krankheiten auf. Dickhuth und Berg (2007, S. 608) stellen fest, dass 75 % der über 65-Jährigen gleichzeitig an mindestens drei Krankheiten leidet.

Die verminderte Kompensationsmöglichkeit der meisten Organe ist für die Belastungsgestaltung ebenso zu berücksichtigen wie eventuelle Neben- und Wechselwirkungen mit eventuell einzunehmenden Medikamenten.

Die Konsequenz für den leistungssportlich ambitionierten Masterruderer: Modifikationen in der Trainingsbelastung sind vornehmlich unter quantitativen, weniger unter qualitativen Gesichtspunkten vorzunehmen; es gibt zudem keine ungeeigneten Sportarten und keine Verbesserung nur einer einzigen motorischen Beanspruchungsform, wie z. B. der Ausdauer oder der Koordination. Die Auswahl des Sports oder der Sportart sollte den individuellen Vorstellungen von Gesundheit, Erleben und Wohlbefinden folgen sowie an den Bedürfnissen und Alltagshandlungen orientiert sein, die der Sport erleichtern hilft. Dies impliziert auch das Erlernen neuer Sportarten im Alter.

6.1.3 Belastung des Stütz- und Bewegungsapparats

Die Belastbarkeit des Stütz- und Bewegungsapparats ist auf Grund verschiedener Faktoren im zunehmenden Alter eingeschränkt. So verlieren z. B. Frauen nach dem

40. Lebensjahr ca. 35 % ihrer kortikalen Knochensubstanz und 50 % ihrer trabekulären Knochenmasse. Auch der Gelenkknorpel ist Alterungsprozessen ausgesetzt. Sportliche Betätigung und Training können allerdings Muskelmasse, Knochen, Knorpel und das gesamte Gelenkspiel vor frühzeitiger Degeneration schützen.

Umso bedeutsamer wird ein spezielles Training, das den Einschränkungen entgegenwirkt, vorbeugt und kompensiert. Wenngleich auch für die älteren Menschen Sportarten mit einer hohen aeroben Ausdauerkomponente empfohlen werden, sollte in Hinblick auf den Stütz- und Bewegungsapparat ein regelmäßiges Krafttraining und die Schulung sensomotorischer (propriozeptiver, koordinativer) Fähigkeiten begleitend durchgeführt werden. Dies schließt auch Sport- und Mannschaftsspiele, kurzzeitige Belastungen (Sprints) und technische Disziplinen ausdrücklich mit ein.

6.1.4. Grundsätze für den Alterssport

- Mit zunehmendem Alter nehmen degenerative Erkrankungen zu, dadurch wird die körperliche Belastbarkeit eingeschränkt.
- Auf Grund verzögerter Adaptation wird beim Training und Üben eine langsamere Belastungssteigerung notwendig.
- Der ältere Sportler muss sich sorgfältig auf sportliche Belastungen vorbereiten (z. B. Aufwärmen verlängern).
- Die sportlichen Aktivitäten sollten in einem festen zeitlichen Rahmen und in einer festen Organisationsform stattfinden. Persönliches Wohlbefinden und soziale Einbindung ist dabei unerlässlich.
- Der Wettkampfgedanke sollte abgemildert, jedoch nicht völlig ausgeschlossen werden.

Der Zeitraum für die Regeneration nach dem Training ist abhängig von

- der Leistungsfähigkeit des Sportlers,
- der Art der Belastung (Herz-Kreislauf-System, Nervensystem, Stütz- und Bewegungsapparat),
- der Intensität und dem Umfang der Belastung,
- klimatischen und physikalischen Bedingungen (Temperatur, Wetter, Höhe über N.N.),
- Hygiene und Lebensweise in der Erholungsphase (Schlaf, Genussmittel, Ernährung).

Dabei läuft der Regenerationsprozess in verschiedenen Phasen (Früh-, Spätphase, Superkompensation) und in verschiedenen Bereichen unterschiedlich ab (vgl. Tab. 22).

Tab. 22: Regenerationsphasen

Phase	Regenerationsprozess	Maßnahmen
Frühphase Belastungsende bis ca. sechs Stunden nach Belastung	• Normalisierung der Herz-/Atem-frequenz • Wiederauffüllen der KP- und ATP-Speicher • Eliminierung des Blutlaktats • Beginn der Wiederauffüllung der Glykogenspeicher	Kohlenhydrate und Flüssigkeit aufnehmen Erhöhte Infektionsgefahr bei Auskühlung oder Überlastung
Spätphase Ca. 6-36 Stunden nach Belastungsende	• Wiederauffüllung der Glykogenspeicher • Regeneration der Eiweißstrukturen • Weitgehend regenerierte Immunabwehr	Kohlenhydrataufnahme! Regenerative Maßnahmen: Kompensatorisches Training, Stretching
Phase der Superkompensation Ca. 36 Stunden bis mehrere Wochen	• Elektrolytausgleich • Ausgleich des Hormonhaushalts • Superkompensation von Struktureiweißen • Superkompensation in Hormon- und Enzymhaushalt	Trainingsplanung beachten! Vor allem nach Trainingslager oder Serie von Wettkämpfen

Ein Training kann – unter Einhaltung einiger Grundregeln und angemessener Belastungsdosierung – noch in fast jedem Alter begonnen werden. Allerdings ist zu beachten, dass zwar die **Trainierbarkeit** einzelner motorischer Fähigkeiten bis ins hohe Alter gegeben ist, die **Sportfähigkeit** jedoch in einer eingehenden sportmedizinischen Untersuchung beurteilt werden muss. Dies gilt vor allem für Neueinsteiger ab dem Alter von 35 Jahren und beim Vorliegen bestimmter Indikationen, wie z. B. Bluthochdruck, periphere Durchblutungsstörungen, Angina pectoris, nach einem Herzinfarkt, chronischer Bronchitis, Diabetes mellitus, Arthrose, Osteoporose und Gicht.

Die **Gefahr von Überlastungen und Überforderungen** ist gleichermaßen hoch beim Neueinsteiger wie auch beim „Lebenszeitruderer" und ehemaligen Rennruderer. Eingeschränkte Aufnahmefähigkeit, Überschätzung der Leistungsfähigkeit, übermäßiger Ehrgeiz, sozialer Druck können Überlastungen hervorrufen, die nicht nur Unfälle und

Verletzungen nach sich ziehen, sondern einen über den altersbedingten Funktionsabfall hinausgehenden Verlust der Leistungsfähigkeit bewirken. Zur Vermeidung von Überlastungen sind folgende Maßnahmen zu berücksichtigen:

- Sorgfältiger Aufbau des Trainings und der Trainingsbelastung.
- Vermeidung von für das Alter ungünstigen Belastungsformen, wie Schnelligkeits- und Schnellkraftbelastungen, anaerobes Training, Pressatmung (z. B. durch hohe Gewichtsbelastungen).
- Ausreichende Erholungsphasen nach Unfällen und Krankheiten, auch nach scheinbar kleinen Erkältungskrankheiten und Halsentzündungen, Darminfektionen.
- Konsultation und Beratung durch den Arzt bei ungewohnten Beschwerden, Training und Belastbarkeit bei Einnahme von Medikamenten.
- Angemessene Dosierung der Belastung (nicht maximal, es sollten immer noch „Reserven" vorhanden sein).

Eine Nichtbeachtung der Regenerationsphasen (falscher Trainingsaufbau), gepaart mit weiteren, leistungsbeeinträchtigenden Faktoren, kann zu einem Übertraining führen (Abb. 38).

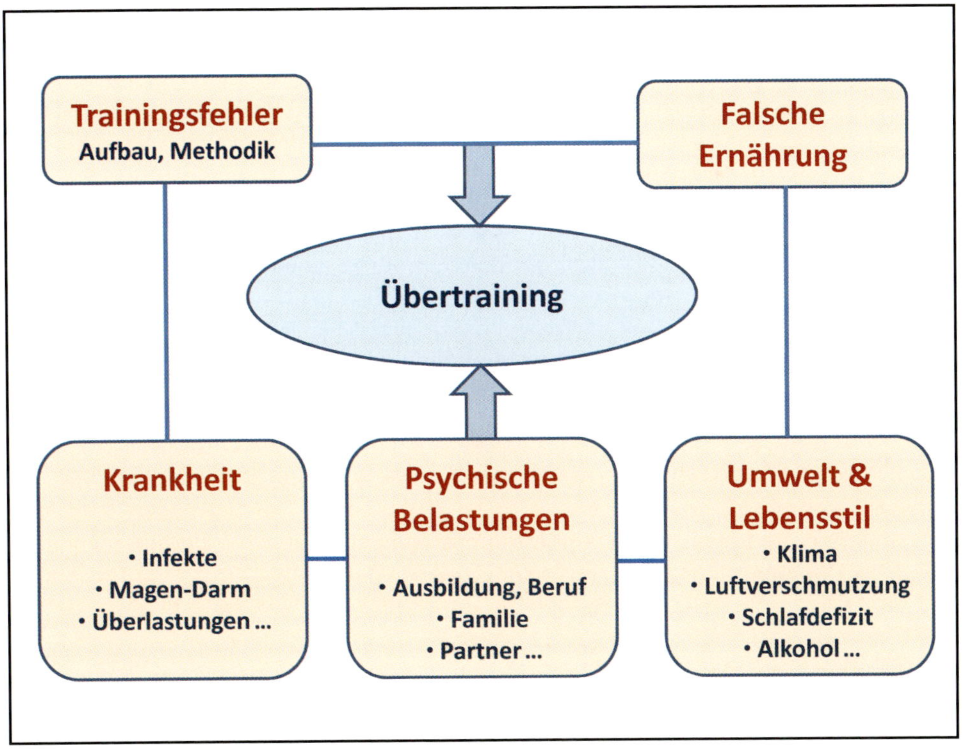

Abb. 38: Faktoren für das Übertraining

Im Training für Masterruderer und generell für ältere Sportler ist es nicht erforderlich, dass die im Leistungstraining und Spitzensport propagierten Belastungsnormative (Umfang und Intensität) kopiert werden müssen. Es ist evident, dass auch geringere Belastungen nicht nur gesundheitliche, sondern auch positive wettkampfspezifische Auswirkungen haben, wenn sie planmäßig und über einen längeren Zeitraum mit entsprechender Häufigkeit eingesetzt werden.

Die Trainierbarkeit der für Masterruderer relevanten motorischen Fähigkeiten (Kraft, Ausdauer, Koordination und Beweglichkeit) hängt auch von psychischen Faktoren, wie z. B. der Leistungsbereitschaft, der Willenskraft und vom Durchhaltevermögen, ab. Diese Faktoren gilt es zu fördern, um Masterruderer zu einem selbstständigen und unabhängigen Training zu führen.

6.2 Rudern trainieren

Ein Rudertraining für Erwachsene kann unter drei grundlegenden Zielrichtungen gesehen werden:

1. Der (erwachsene) Ruderer trainiert seine physischen Fähigkeiten, um eine objektiv messbare oder vergleichbare Leistung zu erbringen; ihm geht es um den Wettkampf, die maximale Entwicklung oder weitgehende Erhaltung seiner Leistungsfähigkeit. Die Ausrichtung eines Rudertrainings folgt den Strukturen – nicht unbedingt den Inhalten und Programmen – eines Rennruderers mit entsprechenden Zielsetzungen. Neue Trainingsreize werden auf dem Höhepunkt des Trainingsgewinns in der Erholungsphase geplant und eingesetzt.

2. Erwachsene Ruderer nutzen das Rudern als Mittel, um ihre körperliche Fitness zu verbessern oder zu erhalten. Auch diese Zielsetzung erfordert zumindest im Teil der Zielsetzung Kenntnisse über das „Was?", „Wie?" und „Womit?", wenn ein Rudern als körperliches Training (unter anderen Zielen) eingesetzt wird.

3. In Abänderung zum sportlichen Training unter wettkampf- und leistungssportlichen Gesichtspunkten oder der Verbesserung körperlicher Fitness wird beim Training im Gesundheitsbereich eine neue Trainingseinheit erst nach vollkommener Erholung angesetzt.

Auf der Ebene konkreter Trainingsprogramme unterscheiden sich diese Ziele nicht unmittelbar. Das Zusammenfügen von Programmen, die Systematik einer Trainingsplanung jedoch kann sich unterschiedlich gestalten.

Will man den unterschiedlichen Zielsetzungen im Mastersport gerecht werden, so müssen **Trainingsempfehlungen und Ruderprogramme folgende Grundsätze** beachten:

1. Das Training im Rudern und mithilfe des Rudersports muss über die Sportart hinaus allgemeine Möglichkeiten zur Verbesserung und Erhaltung von Leistung, Fitness und Gesundheit berücksichtigen.
2. Die Auswahl der Trainingsinhalte und Programme muss hinsichtlich ihrer Effektivität den Bedingungen der jeweiligen Alters- und Entwicklungsabschnitte der Master Rechnung tragen.
3. Neben Optimierungsgesichtspunkten im Rennrudern der Master geht es auch um den Faktor Effizienz, d. h. um die Berücksichtigung des Verhältnisses von Aufwand und Nutzen.
4. Die Gestaltung eines Renntrainings für Master stellt spezifische Anforderungen an Rudertechnik und Bootsmaterial.
5. Der größte Trainingseffekt wird im Masterrudern durch Kontinuität und Regelmäßigkeit sportlicher Aktivität erzielt.
6. Das Masterrudern lebt von der sozialen Einbindung in den Verein. Allen Optimierungsgesichtspunkten zum Trotz darf der Aspekt des sozialen Miteinanders und der Geselligkeit keinem sturen Trainingsregime zum Opfer fallen.

Diese Grundsätze zugrunde legend, wird das Rudertraining der Master in drei Bereichen eingeteilt:

a. das Rudertraining (Boots- oder Wassertraining),
b. das Ergänzungstraining,
c. das funktionelle Begleittraining.

6.2.1 Boots- und Wassertraining

Das Bootstraining bzw. das Training auf dem Wasser umfasst das Training jener Anforderungen, die für ein Ruderrennen mit verschiedensten Streckenlängen oder anderer ruderischer Ziele (z. B. Wanderfahrten, in Mannschaften rudern, ruderspezifische Ausdauer verbessern etc.) nötig sind. Hier gilt zunächst der Grundsatz:

Wer im Rudern besser werden will, muss rudern!

Das Training auf dem Wasser besteht – wie im Hochleistungsrudern auch – aus dem Techniktraining, aus unterschiedlichen Arten des Ausdauertrainings und für Masterrennruderer dem Training unter Wettkampfbedingungen.

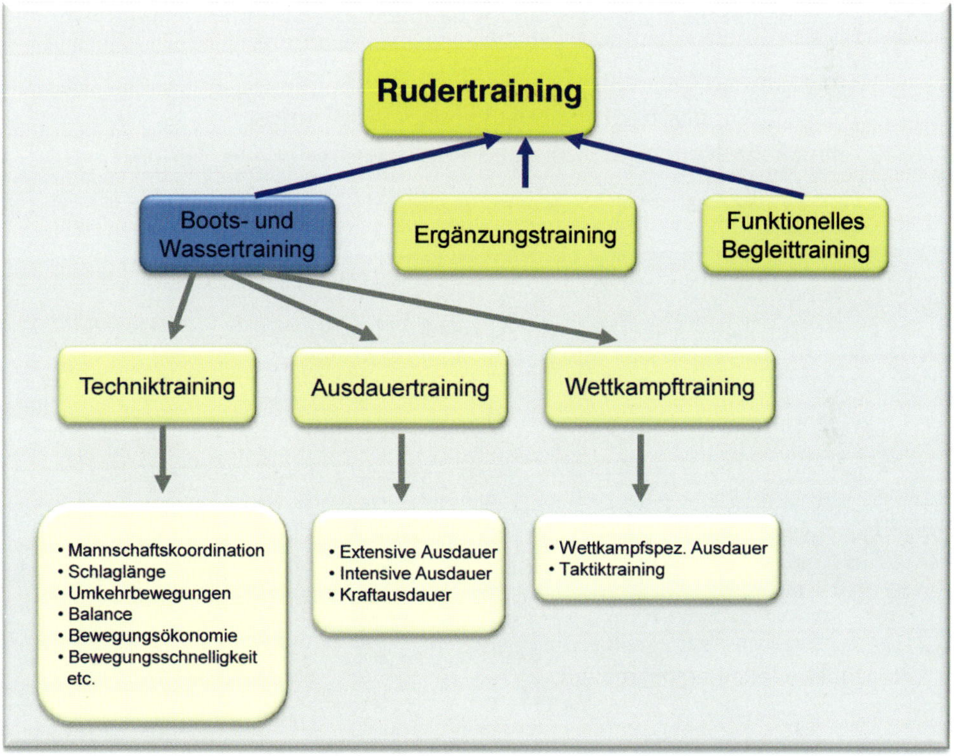

Abb. 39: Formen des Rudertrainings: Boots- und Wassertraining

Über den Anteil des Bootstrainings am Gesamttraining streiten sich auch im Hochleistungsrudern viele Trainer. Eine altersgemäße Fitness bedingt ein ergänzendes Training, also die Verbesserung motorischer Eigenschaften, die nicht allein im Boot trainiert werden (können), obwohl Rudern eine sehr vielfältige Belastung und Verbesserung allgemeiner konditioneller Fähigkeiten bietet. Neben jahreszeitlichen, verletzungs- und urlaubstechnischen Aspekten gibt es eine Reihe von Gründen, das Wassertraining zwar als dominant anzusehen (Warum geht man sonst Rudern?), es gibt jedoch auch äquivalente Trainingsformen und -mittel, die im Masterrudern ausgeübt werden sollen.

Im Alter ist bei einem ausdauerorientierten Rudertraining sowohl bei der Auswahl der Beanspruchungsformen als auch bei der Dosierung der Belastung besonders auf die altersbedingten degenerativen Veränderungen des Stütz- und Bewegungsapparats sowie des Herz-Kreislauf-Systems zu achten. Inhalte und Methoden des Ausdauertrainings im Alter müssen sich daher vor allem am Lebensalter, am Leistungs- und Gesundheitszustand, am biologischen Alter, an der Sportbiografie und der individuellen Belastbarkeit orientieren. Handelt es sich um leistungsorientierte Masterruderer, so ist es sinnvoll, das Ausdauertraining in die Anforderungsbereiche Belastungsintensität, Belastungsdauer, Belastungsumfang und Art der Pausengestaltung zu unterteilen.

Vor Beginn eines Leistungstrainings:
Ärztliche Kontrolle und Unbedenklichkeitsbescheinigung!

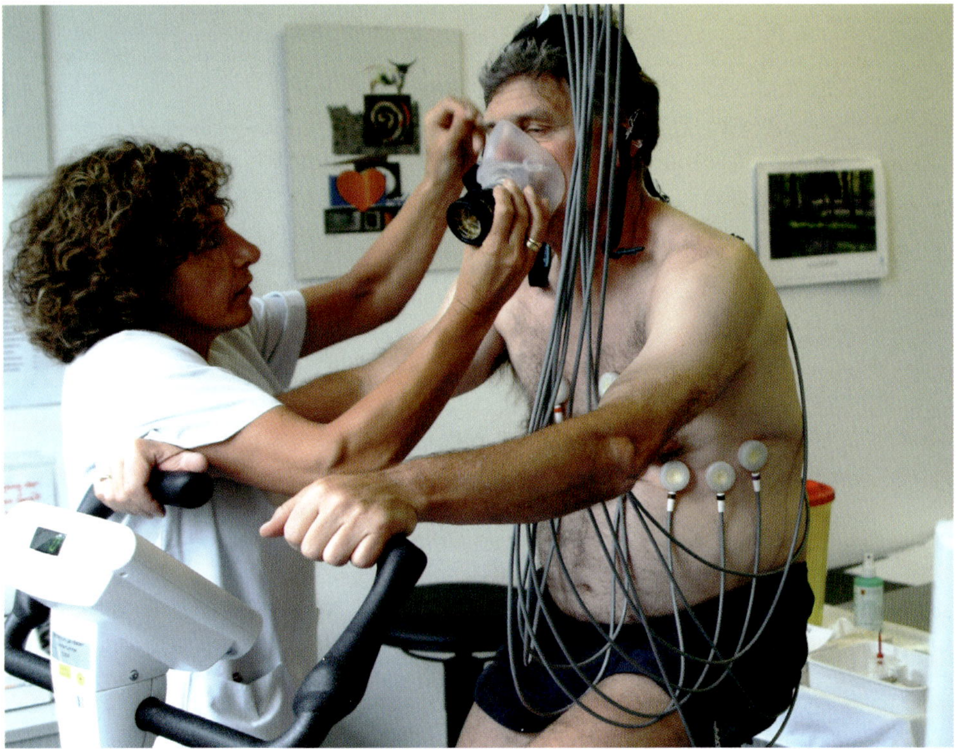

6.2.2 Trainingsbereiche und Intensitäten

Das Training auf dem Wasser bzw. im Boot wird mithilfe der Rudertechnik durchgeführt und in Verbindung mit Belastungen zu Trainingsformen verbunden. Die Belastungen steuern dabei die Entwicklung der Kondition. Unter Belastung wird allgemein das Maß der geleisteten Trainingsarbeit verstanden. Dabei kann unter der **äußeren Belastung** (objektive Beschreibung der Belastungsnormative) und der **inneren Belastung** (subjektive Anpassungsreaktion) unterschieden werden. Belastungen führen zu einem Reiz, der die Auslösung eines Aktionspotenzials darstellt und Veränderungen im Organismus bewirkt.

Jede sportliche Betätigung stellt einen Reiz dar. Um einen wirksamen Trainingseffekt zu erzielen, muss die Belastungsintensität so hoch angesetzt werden, dass sie eine kritische Schwelle überschreitet und somit den Organismus zu einer Reaktion herausfordert.

Der Schwellenwert eines Belastungsreizes hängt nicht nur von der (objektiven) Reizstärke ab, sondern maßgeblich von der aktuellen Leistungsfähigkeit des Ruderers. Bei Trainingsanfängern oder Wiedereinsteigern genügt ein vergleichsweise geringer und weniger spezifischer Reiz als bei einem sehr gut trainierten Masterruderer. Mit zunehmendem Leistungsstand müssen die Belastungen (Reize) gesteigert werden.

Die Beschreibung der Belastungsintensitäten und Trainingsmethoden orientiert sich für die Intensität an der Bootsgeschwindigkeit, die über 1.000 m aktuell erreicht werden kann und wird für verschiedene Trainingsziele angepasst. Die Orientierung an Herzfrequenzen, Laktat erscheint uns für Masterruderer weniger hilfreich.

Hierbei möchten wir vier Intensitätsbereiche unterscheiden: **Kompensation/Regeneration, extensives Ausdauertraining, intensives Ausdauertraining, wettkampfspezifisches Training.** Tab. 23 gibt eine Übersicht über die unterschiedlichen Zielsetzungen und Anwendungsbereiche im Masterrudern.

Tab. 23: Trainingsbereiche für Masterruderer

	Kompensation/ Regeneration	Extensive Ausdauer	Intensive Ausdauer	Wettkampfspezifische Ausdauer
Zielsetzung	• Ökonomisierung und Stabilisierung der Rudertechnik • Verbesserung des Fettstoffwechsels • Erholung, Kompensation • Ökonomisierung des Herz-Kreislauf-Systems	• Entwicklung der aeroben (Grundlagen-)Ausdauer • Schulung und Stabilisierung der Rudertechnik • Stabilisierung und Wiederherstellung des Ausdauerniveaus	• Organkraftverbesserung • VO_2max • Kraftausdauer • Schulung der Willensstärke • Ausprägung der Rudertechnik in Wettkampf-geschwindigkeit • Verbesserung der mannschaftsinternen Koordination	• Gefühl für Renntempo • Taktik • Technikökonomie unter hohen Belastungen • Ruderrennen • Willensschulung
Intensität	< 65 %	65-80 %	85-90 %	>90 %
Subjektives Beanspruchungs-empfinden, Gefühl	Sehr angenehm Unterhaltung gut möglich Atmung und Herzschlag kaum spürbar Blick für die Landschaft und Umgebung	Atmung etwas beschleunigt Unterhaltung noch möglich Erhöhte Konzentration erforderlich Landschaft und Umgebung wird noch wahrgenommen	Gefühl starker Belastung Beginnende Kurzatmigkeit Unterhaltung stark eingeschränkt Erhöhte Willenskraft und Konzentration erforderlich Mittleres Langstreckenrenntempo	Maximales Tempo über Renndistanz Hohe Motivation erforderlich Große Willensanstrengung Unlustgefühl
Subjektives Beanspruchungs-empfinden (SBE)	1-5	6-11	12-15	16+
Zielgruppen-eignung	Rennrudern Fitness Gesundheit Kompensation	Rennrudern Fitness Gesundheit Kompensation	Rennrudern Fitness (Gesundheit)	Rennrudern Fitness

Die richtige Trainingsbelastung ist eine Grundvoraussetzung, um die gesetzten persönlichen Ziele zu erreichen. Häufig wird das Trainingsziel verfehlt, weil die Belastungen nicht die individuelle Leistungsfähigkeit und den aktuellen Trainingszustand berücksichtigen. Die methodische Steuerung der Trainingsbelastung wird idealerweise mithilfe einer sportartspezifischen Leistungsdiagnostik durchgeführt. Im Spitzensport nicht mehr wegzudenken, im Fitnesssport und Masterrudern in zunehmendem Maße eingesetzt, ist die Überprüfung des durch das Training erreichten Anpassungszustandes im Labor oder im Feld.

Für die verschiedenen Bootsgattungen (Achter, Vierer, Doppelzweier und Skiff) bietet folgende Abbildung eine Hilfe zur Beurteilung der Intensitätsbereiche, gemessen an der Bootsgeschwindigkeit. Die Intensitätsbereiche sind durch die farblichen Bänder gekennzeichnet. Fährt z. B. ein Skiff eine Zeit über 1.000 m (bedingt durch Gegenwind oder Alter) von 4:00 min (Durchgangszeit bei 500 m, 2:00 min), dann dürfte sich sein intensives Ausdauertraining unter den gleichen Bedingungen bei einer 500-m-Durchgangszeit von ca. 2:10-2:15 min bewegen, sein extensives Ausdauertraining mit einer Intensität zwischen 2:15-2:25 min und das Kompensationstraining darunter liegen.

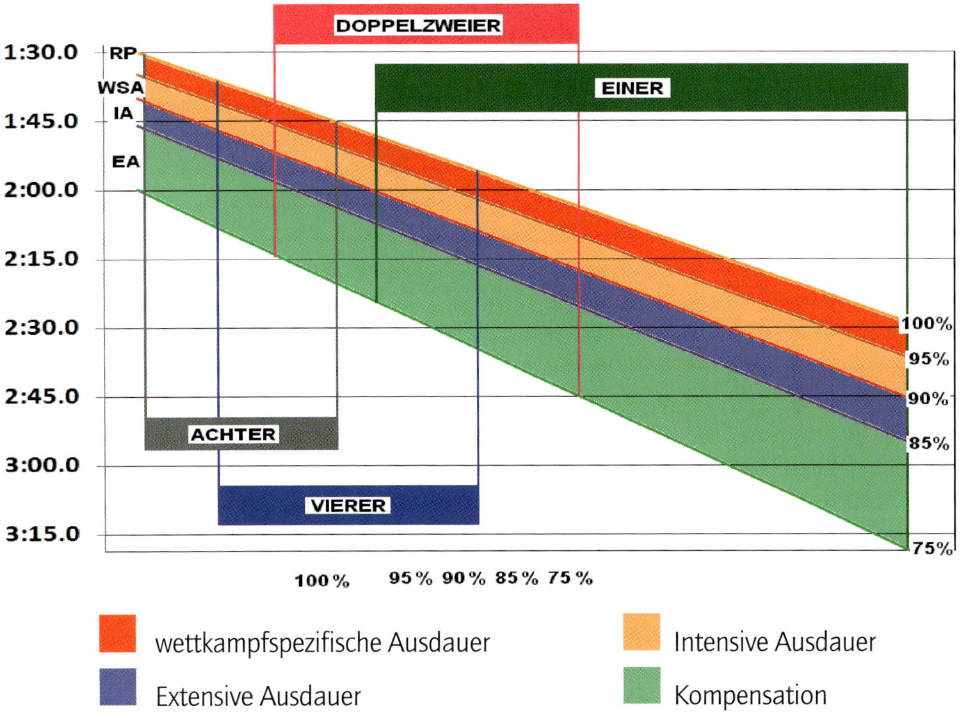

Abb. 40: Die Zuordnung der Intensitätsbereiche zu unterschiedlichen Bootsgeschwindigkeiten (500-m-Durchgangszeiten)

6.2.3 Trainingsmethoden

Das Training im Boot lässt sich in ein extensives, intensives und wettkampfspezifisches Ausdauertraining unterscheiden. Alle drei Trainingsformen können schwerpunktmäßig in Richtung Kraftausdauer oder in Richtung Bewegungsökonomie/Rudertechnik ausgerichtet werden. Je mehr das Training in die wettkampfspezifische Belastung tendiert, desto komplexer wird die Anforderung an den Athleten. Das Training sollte natürlich nicht nur aus wettkampfspezifischen Belastungen bestehen, sondern die Grundlagen und Teilkomponenten der Wettkampfleistung ebenso effektiv ausprägen, wie z. B. die Kraftausdauer, Bewegungsökonomie oder aerobe Fähigkeiten (vgl. Abb. 41).

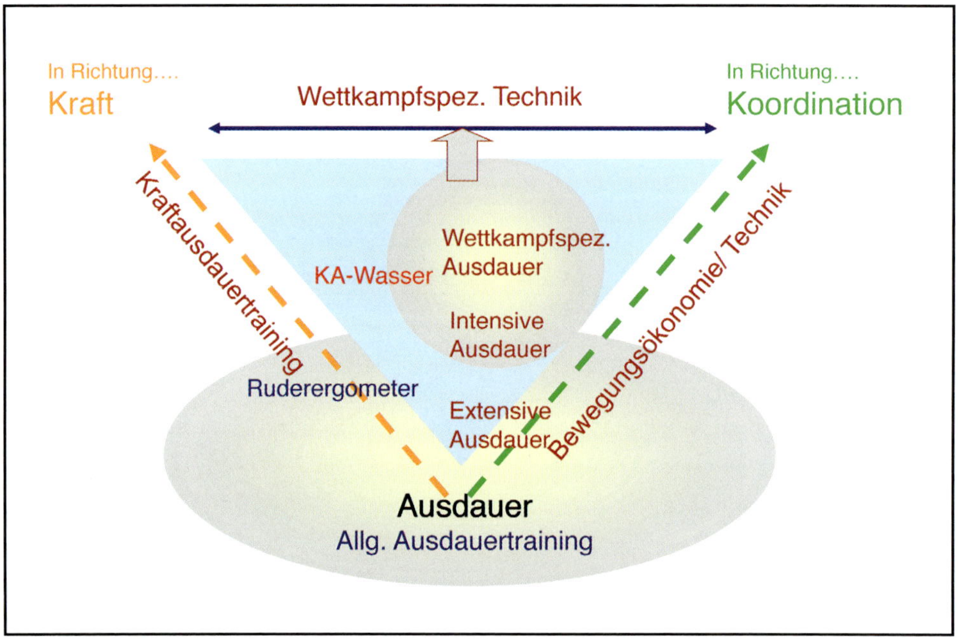

Abb. 41: Training allgemeiner und spezifischer Ausdauerfähigkeit im Rudern mit unterschiedlichen Schwerpunktsetzungen

Trainingsmethoden tragen mithilfe der Belastungsgestaltung und verschiedener Intensitätsbereiche dazu bei, dass die Ziel- und Schwerpunktsetzungen erreicht werden. Diese Intensitätsbereiche können nun mithilfe der Belastungsnormative in verschiedene Methoden unterteilt werden: **Dauermethoden, Intervall**- und **Wettkampfmethoden**. Sie werden grafisch anhand der relativen Bootsgeschwindigkeit gegenübergestellt.

Je intensiver die Belastung wird, desto wichtiger ist die genaue Abstimmung von Belastungsdauer und -intensität auf den einzelnen Ruderer. Deshalb ist besondere Vorsicht geboten bei der Gestaltung der Trainingseinheiten im intensiven Ausdauerbereich und in der wettkampfspezifischen Ausdauer. Auf Grund der abnehmenden anaeroben Enzymaktivität im späten Erwachsenenalter verringert sich die Fähigkeit, Laktat zu bilden und abzubauen. Generell, also auch bei „jüngeren" Masterruderern, ist zu beobachten, dass Intensitäten – auch im Ausdauertraining – oftmals zu hoch gewählt werden. Die Verteilung der Intensitätsbereiche ist auch in den einzelnen Altersklassen für Masterruderer unterschiedlich (vgl. Abb. 42).

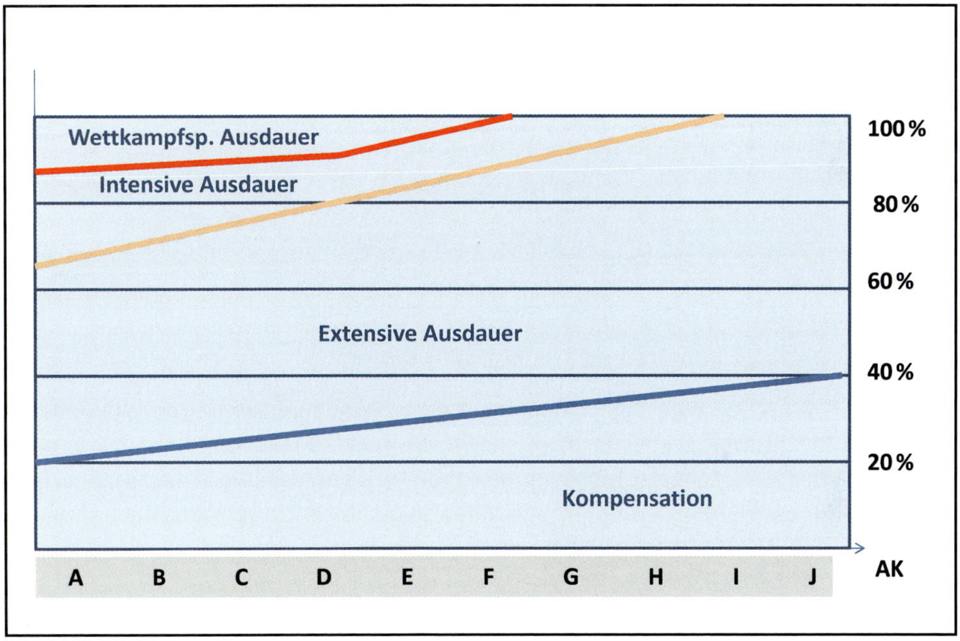

Abb. 42 : Prozentualer Anteil der Trainingskilometer in den Trainingsbereichen verschiedener Altersklassen

Das Training der wettkampfspezifischen Ausdauer sollte ab einer bestimmten Altersklasse nur noch – und unter vorsichtiger Dosierung – für Langstreckenrennen gelten, ab dem späten Erwachsenenalter überhaupt nicht mehr. Hier findet eine deutliche Verschiebung in Richtung extensivem und kompensatorischem Ausdauertraining statt. Die Trainingsgestaltung kann dennoch abwechslungsreich und in unterschiedlichsten Formen auf dem Wasser stattfinden.

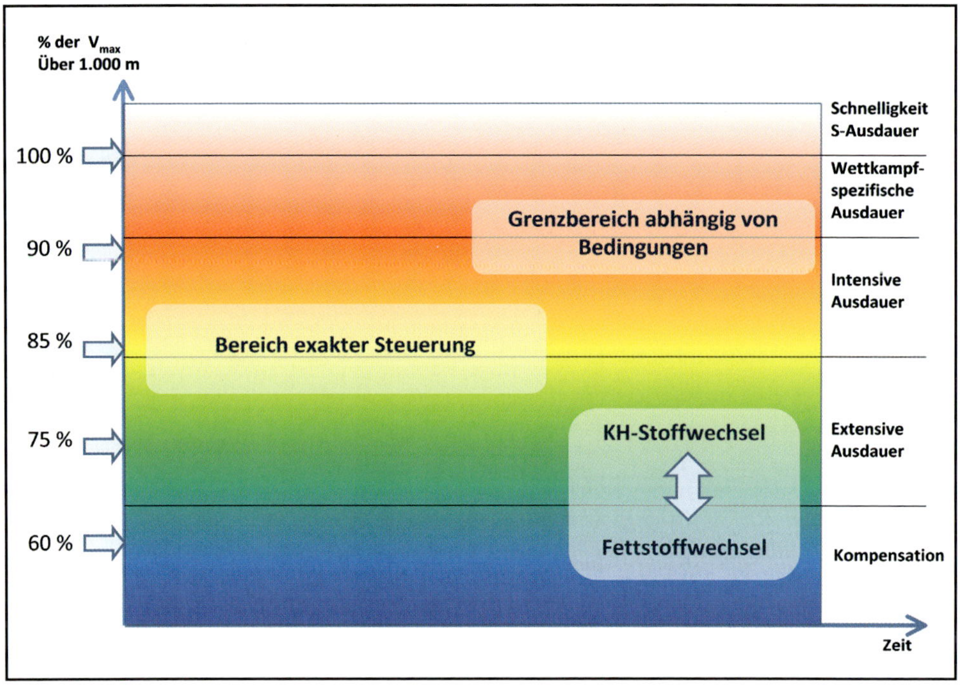

Abb. 43: Schematische Darstellung der Trainingsintensitäten

Der Bereich zwischen extensivem und intensivem Ausdauertraining bedarf genauer Steuerung. Ein „Zuviel" und „Zuoft" an intensivem Ausdauertraining kann bei Masterruderern sehr schnell zur Leistungsstagnation führen. Hier leistet ein gut ausgeprägtes Beanspruchungsempfinden oder eine regelmäßige Leistungsdiagnostik (z. B. Spiroergometrie) große Dienste.

Das extensive Ausdauertraining ist je nach Intensität vermehrt durch Anteile des Fett- oder Kohlenhydratstoffwechsels gekennzeichnet. Auch hier ist die Intensität dem entsprechenden Trainingsziel anzupassen. Ein Kompensationstraining ist vornehmlich mit einem überwiegenden Anteil des Fettstoffwechsels zu gestalten, während ausdauerentwickelnde Einheiten im extensiven Training verstärkt den Anteil an Kohlenhydraten erfordern.

Dauermethoden

Dauermethoden eignen sich in besonderer Weise für das extensive und intensive Ausdauertraining sowie zur Regeneration. Dabei wird eine bestimmte Strecke ohne Pause durchrudert. Unterbrechungen ergeben sich lediglich an den Wenden, um die Flüssigkeitsaufnahme sicherzustellen oder durch Behinderungen (Schiffsverkehr). Diese Methode ist zentral zur Verbesserung der Grundlagenausdauer. Deshalb bleibt die Intensität vornehmlich im aeroben Bereich.

Hierfür haben sich drei Varianten herausgebildet:

1. das kontinuierliche Training,
2. das Dauertraining mit systematisch wechselnden Geschwindigkeiten und
3. das Fahrtspiel (Fartlek).

Die Schlagfrequenzen, die Konzentration auf bestimmte Technikeinzelheiten und die Übungen können allerdings variieren, wobei die geforderte Intensität möglichst beibehalten werden soll.

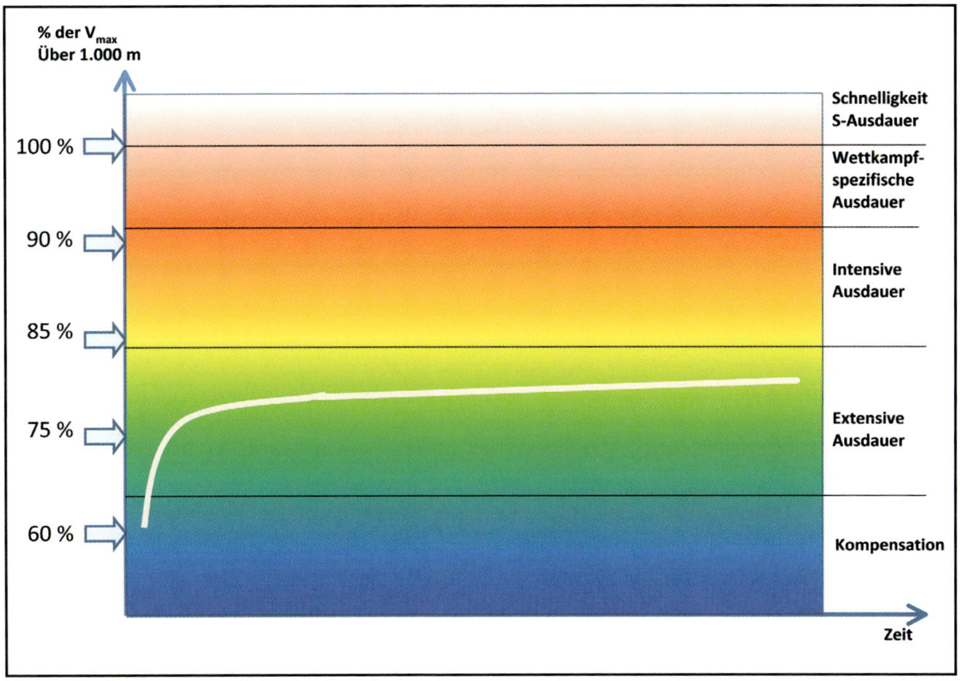

Abb. 44: Schematische Darstellung eines kontinuierlichen Dauertrainings

Fartlektraining

Diese Trainingsmethode wurde in Skandinavien entwickelt und heißt übersetzt „Fahrtspiel". Grundsätzliche Idee des Fartlektrainings: Es wird mit der Intensität und der Dauer von sich unsystematisch ändernden Belastungen „gespielt". Diese Wechsel sind nicht vorher genau geplant, sondern richten sich nach den Bedingungen (z. B. Wind, Kurven), die die Ruderer gerade vorfinden, dem Einfallsreichtum und den Launen des Trainers oder der Athleten.

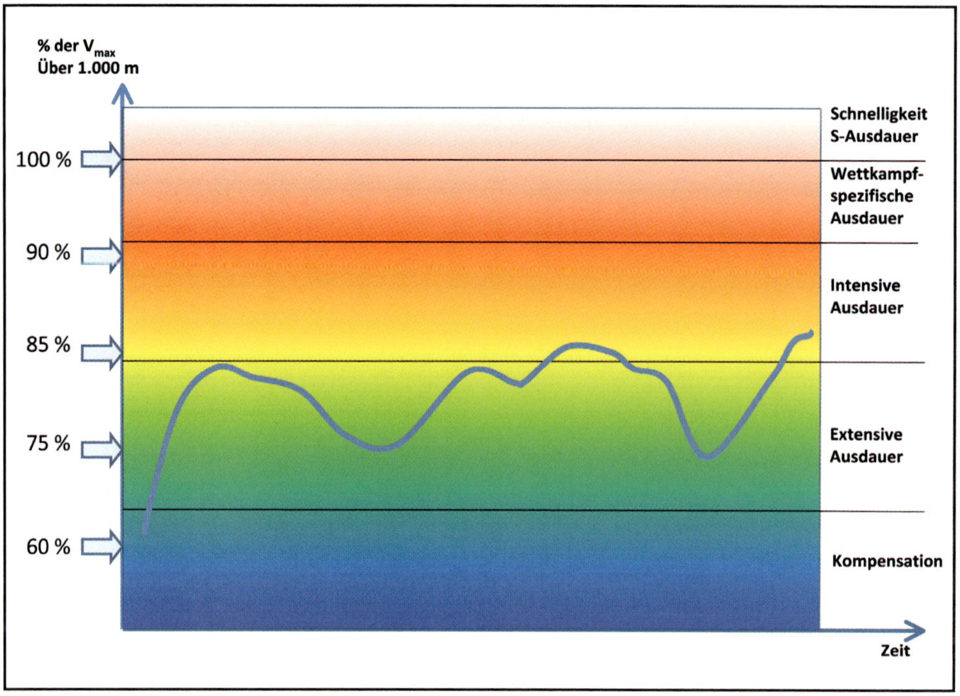

Abb. 45: Schematische Darstellung eines Fahrtspiels im Ausdauerbereich

Das Fahrtspiel wurde ursprünglich im Lauftraining angewandt, wenn Athleten in einer Gruppe im freien Gelände trainierten. Je nach Terrain (z. B. Anstiege, Kurven) oder Hindernissen (z. B. Bäume im Wald, Steine zum Überspringen) wurde die Belastung verändert. Anstiege können im Sprint genommen, Bäume als Slalomstangen benutzt und Grasflächen als Möglichkeit für Liegestütze genutzt werden.

Im Rudern muss man schon etwas erfindungsreicher sein, da die Wasserfläche verständlicherweise nicht solche naturgegebenen Variationsmöglichkeiten anbietet.

Hier sind einige Beispiele aufgeführt: **Gegenwindstrecken** können zum Anstieg der Intensität ausgenutzt werden; in **Flussbiegungen** kann die innen rudernde Mannschaft mit aufgedrehtem Blatt rudern; auf **geraden Abschnitten** könnte gesprintet werden; **Rudern mit halber Mannschaft** wird zum spezifischen Krafttraining genutzt; bei **Schiebewind** wird mit ruhigeren Schlagfrequenzen und mit technischen Aufgaben gerudert.

Allerdings ist anzuraten, die übergeordnete Trainingsintensität (z. B. Grundlagenausdauer oder wettkampfspezifische Ausdauer) festzulegen, damit das Fartlektraining auch in den Gesamttrainingsplan eingepasst wird.

Dauertraining mit wechselnder Geschwindigkeit (Red Lining)

Das Training wird meist eingesetzt für das intensive Ausdauertraining. An der oberen Schwelle der aeroben Ausdauerfähigkeit wird über einen längeren Zeitraum (10-30 min) systematisch Schlagfrequenz oder Krafteinsatz variiert. Die grundsätzliche Idee dieser Trainingsform besteht darin, die Organkraft der Ruderer zu steigern, wobei eine hohe Flexibilität bezüglich der Schlagfrequenz und Krafteinsätze erreicht werden soll.

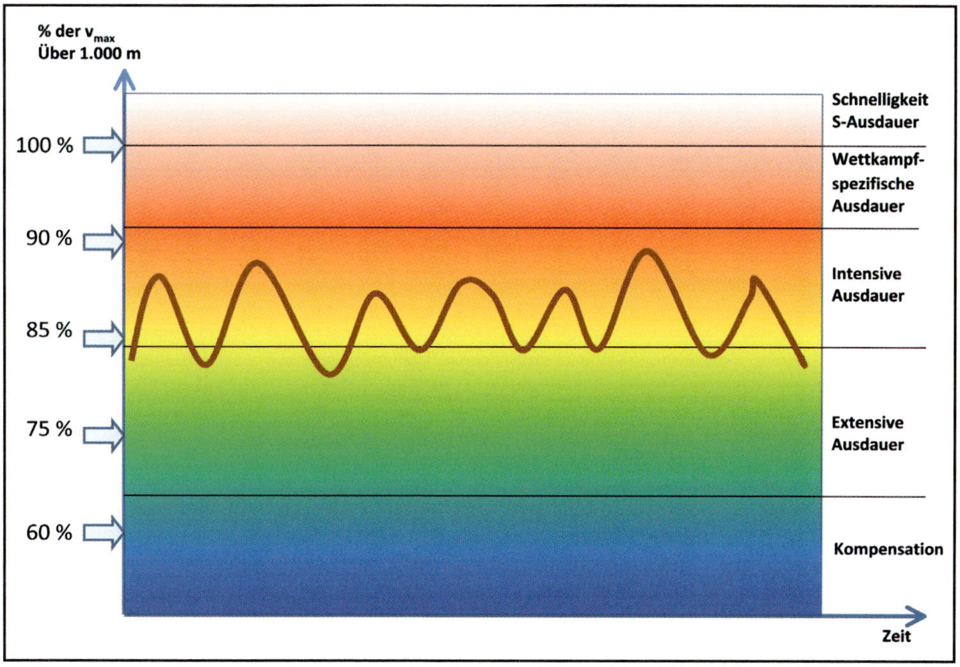

Abb. 46: Schematische Darstellung mit systematischen Wechsel (Red Lining)

Diese Trainingsform fordert vom Ruderer volle Konzentration und Einsatzwillen. Es hat deshalb nicht nur ausgezeichnete physische, sondern auch enorme psychologische Trainingseffekte.

Intervalltraining

Diese Trainingsmethode bietet ebenso einige Variationen:

1. intensives Intervalltraining
2. extensives Intervalltraining und
3. Pyramidentraining.

Sie war sehr verbreitet in den 60er und 70er Jahren und war im Rudern eng verbunden mit dem Namen Karl Adam. Seit einigen Jahren gewinnt diese Methode wieder an Bedeutung. Die grundlegende Idee dieser Trainingsform ist die regelmäßige Wiederholung von Belastungen unterschiedlicher Intensität und mit begrenzter Dauer, gefolgt von Phasen der Entlastung oder Erholung.

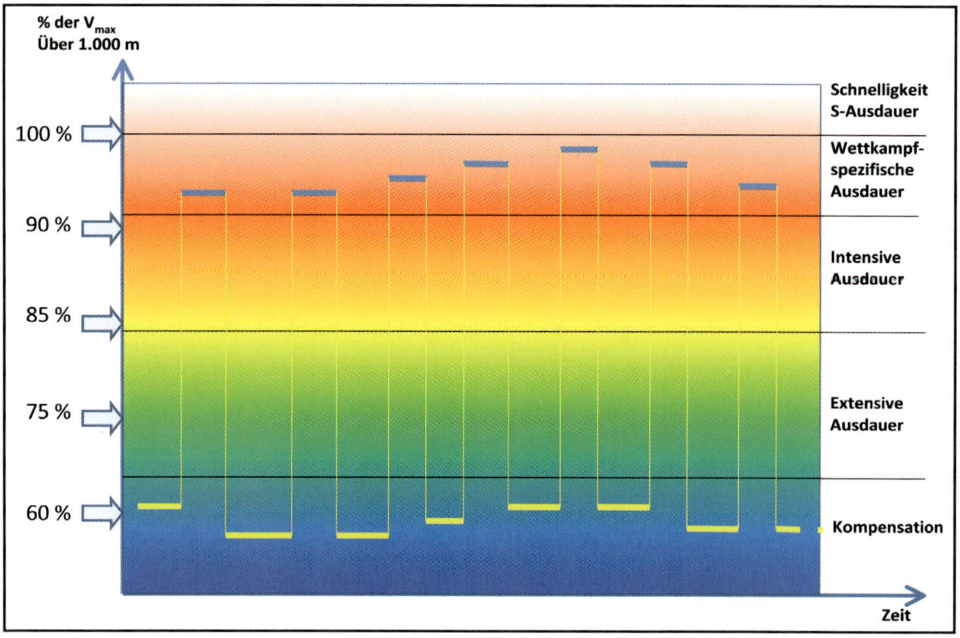

Abb. 47: Schematische Darstellung eines intensiven Intervalltrainings

Grundsätzliche Idee des intensiven Intervalltrainings: Die Belastungsintensität variiert in festgesetzten Zeitabschnitten. Dabei können sehr hohe Belastungen von kurzer Dauer (10 s-3 min) mit vergleichsweise relativ langen Pausen (2-5 min) abwechseln.

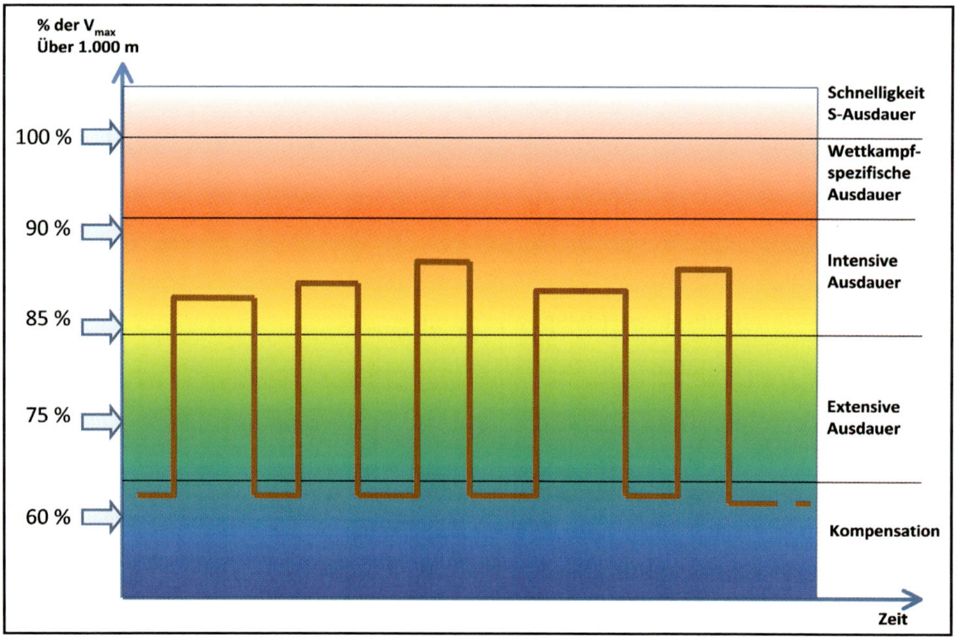

Abb. 48: Schematische Darstellung eines extensiven Intervalltrainings

Beim extensiven Intervalltraining wechseln längere Belastungen (2-8 min) mit kürzeren Pausen (1-4 min) ab. Dabei wird die Intensität nicht zu hoch gewählt, sie liegt maximal im Bereich des intensiven Ausdauertrainings. Die Intervalle sind klar strukturiert und geplant. Ihre Längen werden von der Belastungshöhe und dem Trainingsziel bestimmt. Insgesamt helfen Intervalle, das Training abwechslungsreich zu gestalten und die Konzentration hochzuhalten.

Das **Pyramidentraining** verbindet beide Formen. Hier wird in besonderer Weise auf die Variation der Geschwindigkeit geachtet. Eine Belastung (z. B. 30 Schläge) wird mehrmals in Intervallform durchrudert. Die einzelnen Belastungsintensitäten werden gesteigert und wieder reduziert. Variationsmöglichkeiten bestehen darin, dass die Belastungsdauer gesteigert und reduziert wird oder die Belastungsintensität mit der Dauer der Belastung variiert. Hierbei lässt sich in hervorragender Weise das Tempogefühl schulen und verschiedene Geschwindigkeitsbereiche miteinander kombinieren.

Wettkampfmethoden

Wettkampfmethoden werden vornehmlich in zwei Zielbereichen eingesetzt: einmal zur Verbesserung der wettkampfspezifischen (speziellen) Ausdauer, zum anderen als Kontrollmöglichkeit der aktuellen Leistung. Hierbei unterscheiden wir für das Masterrudern folgende Formen:

1. Pacetraining,
2. Rennsimulation und
3. Sprinttraining.

Mit dem **Pacetraining** lernt der Ruderer, ein bestimmtes Tempo (Pace) anzugehen und möglichst effektiv beizubehalten. Das angestrebte Tempo ist die geplante Renngeschwindigkeit und um sie über die Gesamtdistanz durchzuhalten, muss man mit kürzeren Strecken beginnen. Wenn z. B. eine Mannschaft anstrebt, den Mittelteil eines 1.000-m-Rennens in Schlagfrequenz 32 durchzurudern, ist es sinnvoll, mit dieser Schlagfrequenz möglichst energiesparend und effektiv zu trainieren. Dazu werden dann Streckenlängen von zunächst 100 m durchfahren, die dann bis hin zu 750 m Länge in dieser Schlagfrequenz gesteigert werden.

Wenn ein Pacetraining für ein Langstreckenrennen durchgeführt wird, müssen die Strecken natürlich länger gewählt werden (z. B. für ein 5-km-Rennen könnten die Strecken von 500 m bis 3 km lang sein) und das Tempo der Rennlänge angepasst werden. Ansonsten werden die gleichen Kriterien wie für die kürzeren Rennen angewendet.

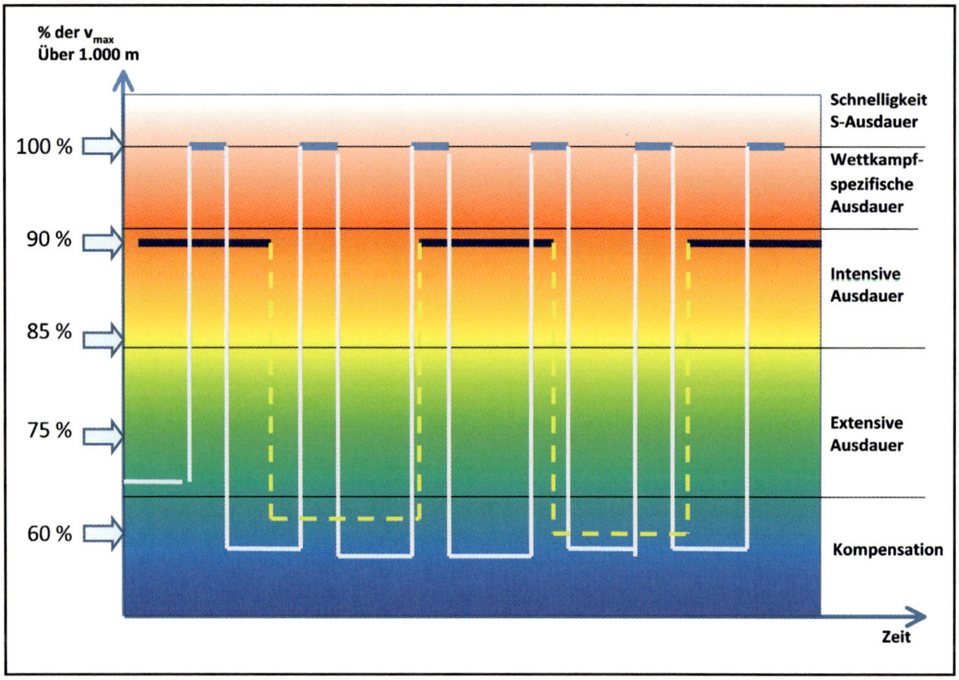

Abb. 49: Schematische Darstellung eines Pacetrainings für 1.000-m-Renndistanz und Langstrecke

Die Mannschaft konzentriert sich auf die vorgegebene Schlagfrequenz und versucht, mit ihr eine möglichst hohe Bootsgeschwindigkeit zu erreichen und ökonomisch zu durchrudern. Natürlich sollte versucht werden, in einem Training mehrere solche Strecken zu rudern. Dazu müssen deshalb lange Pausen zwischen den einzelnen Strecken eingelegt werden, damit die Mannschaft einigermaßen erholt die nächste Strecke beginnen kann. Je nach Leistungsstand ergeben sich individuelle Gestaltungsmöglichkeiten hinsichtlich der Schlagfrequenz (z. B. 32 oder 34), der Pausengestaltung (2-5 min) und der Belastungsdauer (500 m oder 750 m).

Bei der **Rennsimulation** werden Teile des Rennens genauso gerudert, wie später im richtigen Rennen geplant. Das kann dadurch geschehen, dass z. B. die 1.000-m-Rennstrecke in folgende Strecken unterteilt wird:

- 250 m – Start und Übergangsschläge genau wie die ersten 250 m im Rennen; Beginn der Strecke aus dem Stillstand.
- 500 m – Streckenschläge mit Schlagfrequenzen wie im Rennen zwischen 250-750 m; Beginn der Strecke aus dem Fahren, wobei die ersten Schläge dieser Trainingsstrecke in Bezug auf Schlagfrequenz und Tempo genau den letzten Schlägen der vorangegangenen 250 m gleichen sollten.
- 250 m – Endspurt wie die letzten 250 m im Rennen; Beginn der Strecke aus dem Fahren, wobei die ersten Schläge dieser Trainingsstrecke in Bezug auf Schlag-

frequenz und Tempo genau den letzten Schlägen der vorangegangenen 500 m gleichen sollten.

Diese drei Strecken aneinandergereiht, ergeben das komplette 1.000-m-Rennen. Deshalb kann die Summe der gefahrenen Zeiten für diese Strecken als Hinweis auf die Dauer des geplanten Rennens dienen. Wichig dabei ist, dass tatsächlich das Rennen simuliert wird und nicht ein Sprinttraining daraus gemacht wird. Dies würde erstens nicht dem gewünschten Ziel des Trainings entsprechen und zweitens zu einer Überschätzung der Fähigkeiten der Mannschaft für das ausstehende Rennen führen.

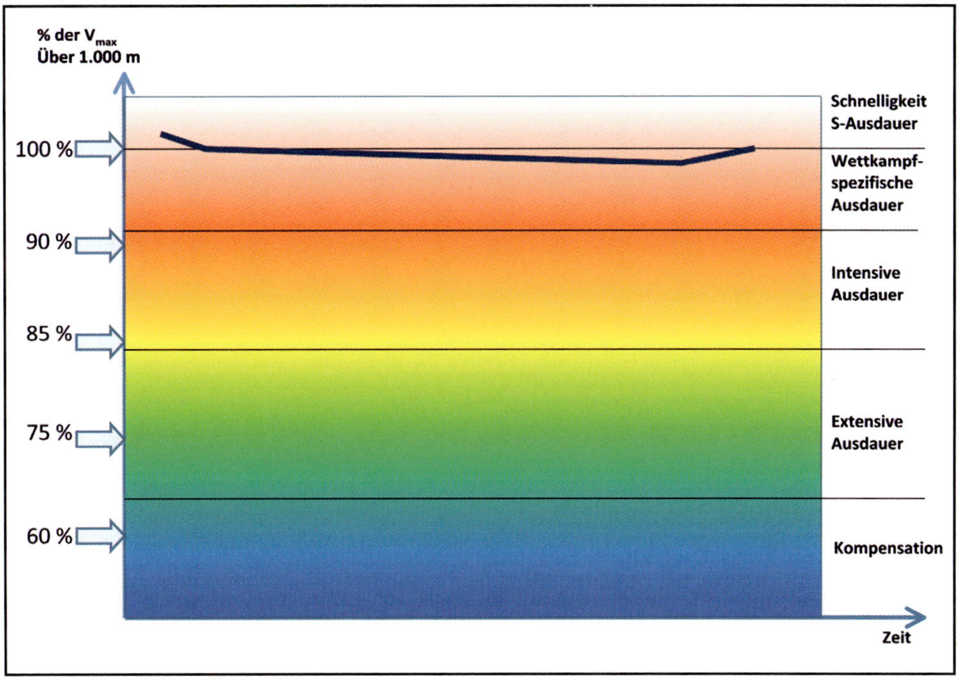

Abb. 50 : Schematische Darstellung einer Rennsimulation

Eine andere Form der Rennsimulation ist das Training gegen eine oder mehrere Mannschaften. In diesem Fall erzeugen die anderen Mannschaften eine wettkampfähnliche Situation, die zu erhöhter Adrenalinausschüttung und höherer Motivation bei den Ruderern führt, aber auch taktisches Verhalten und Steuern wie im Rennen notwendig macht. Sollten die Mannschaften in verschiedenen Bootsgattungen rudern oder verschiedenen Leistungsklassen angehören, so können diese Unterschiede durch Handicaps ausgeglichen werden. Ein Vierer, der ca. 10 s langsamer über 1.000 m ist als der Achter, wird 8 s früher auf die Strecke geschickt. Der Vierer wird dann versuchen, seinen Vorsprung so lange wie möglich zu halten, während der Achter den Vorsprung gutmachen wird, wenn er entsprechend seiner Leistungsfähigkeit fährt.

Auch diese Trainingsform ist gut trainierten Masterruderern in der Saison vorbehalten und sollte – vor allem bei häufigem Regattabesuch – nicht allzu oft Trainingsinhalt sein (maximal 1 x pro Woche).

Sprinttraining

Für jede Leistungsgruppe ist es wichtig, herauszufinden, wie hoch eine Mannschaft schlagen kann und dabei noch technisch effektiv ist. Für Freizeitruderer ist es der Spaß an der schnellen Bewegung oder einfach nur die Neugier, „wie hoch wir die Schlagfrequenz steigern können".

Für hohe Schlagfrequenzen benötigt man Kraft, etwas Schnelligkeit, Beweglichkeit und sehr hohe Koordinationsfähigkeiten. Diese Eigenschaften müssen im Gesamttrainingsaufbau berücksichtigt werden. Will eine Mannschaft z. B. eine Schlagfrequenz (Sf) von 34 Schlägen/min über die Strecke durchrudern, müssen die Mannschaftsmitglieder den erforderlichen Widerstand am Blatt erzeugen, um die Bewegungen mit dem Ruder schnell genug ausführen zu können. Dazu sind zunächst Koordinations- und Kraftübungen in das Vorbereitungstraining einzubauen. Dann muss die Schlagfrequenz Schritt für Schritt gesteigert werden. In unserem Beispiel würden sich hier Intervalle von 10-15 Schlägen anbieten, wobei die Schlagfrequenz Schritt für Schritt gesteigert wird: 24, 26, 28 etc. Erst wenn eine Frequenz technisch sauber beherrscht wird, sollte zur nächsthöheren übergegangen werden. Um im Endeffekt Sf 34 über eine längere Strecke beizubehalten, sind auch Frequenzen jenseits der 34er Marke zu beherrschen. Deshalb müssen letztendlich auch Schlagfrequenz bis zu 38 Schlägen/min angegangen werden.

Ein Sprinttraining wird generell mit großen Pausen ausgeführt. Die Streckenlängen, Anzahl der Schläge oder Dauer der Intervalle sind kurz (z. B. von 10 Schlägen oder 100 m bis gelegentlich zu 250 m). Allerdings stellt die Intensität zusammen mit der Anzahl der Wiederholungen eine große Belastung für den Ruderer dar. Diese Trainingsform wird bei Masterrennruderern sehr dosiert und nur auf hohem technischen Niveau eingesetzt.

Dabei kann auch die Frequenz bzw. die Bootsgeschwindigkeit während der Belastungsdauer angesteigert werden. Sie beginnt dann in der normalen Renngeschwindigkeit und wird z. B. über 10-15 Schläge auf maximale Bootsgeschwindigkeit gesteigert.

6.2.4 Trainingsprogramme

„Lass uns heute einmal ein wenig länger und weniger hart trainieren!"

Trainingsprogramme sind der Versuch, systematisch und mit hoher Wahrscheinlichkeit spezielle Ziele (ruderspezifische Ausdauer, Entwicklung des Renntempos) zu erreichen. Aus dem Bereich der Rudertechnik: Wird z. B. mit aufgedrehten Blättern gerudert, muss die Mannschaft automatisch besser ausheben und das Boot balancieren, um sauber zu rudern. Ebenso bereiten Startübungen auf diesen speziellen Rennabschnitt vor.

Trainer und Ruderer sollten die Übungen geschickt wählen, sodass sie den gewünschten Trainingseffekt unterstützen und gleichzeitig den hohen koordinativen Ansprüchen der Rudertechnik gerecht werden.

Zur Erreichung bestimmter Zielsetzungen im Training sollten bestimmte Parameter benutzt werden. Um Überlastungen vorzubeugen und Abwechslung in das Training zu bringen, sind für ein effektives Training folgende Rahmenbedingungen zu beachten:

- Ziel des Trainings,
- Trainingserfahrung der Ruderer,
- Trainingszustand der Ruderer,
- Einordnung in die mittel- und langfristige Planung,
- Wetterbedingungen sowie
- vorhandene Trainingsmöglichkeiten (Größe der Trainingsgruppe, Bootsmaterial, Trainingsrevier etc.).

Dazu werden Belastungsnormative (Intensität, Dauer, Umfang, Dichte der Belastung sowie die Trainingshäufigkeit) benutzt, um das Training genauer zu beschreiben.

Betrachtet man alle diese Bedingungen und Normative konkreter, so eröffnen sie eine Vielzahl von Variationsmöglichkeiten, um die detaillierten Trainingsinhalte festzulegen. Dies kann für das Masterrudern insofern genutzt werden, um das Training stets zielgerecht, systematisch und spannend zu gestalten. Insbesondere die Trainingsmethoden bieten viele Varianten.

Unter Anwendung der beschriebenen Trainingsmethoden und -formen sollen die folgenden Beispiele für unterschiedliche Trainingsintensitäten für Masterruderer dienen. Diese Beispiele ermutigen die Leser – so hoffen wir –, weitere Variationen zu erfinden, die auf die individuellen und persönlichen Gegebenheiten abgestimmt sind.

Die angegebenen Schlagfrequenzen (Sf) in den einzelnen Programmen können z. T. nur erzielt werden, wenn der Krafteinsatz pro Schlag reduziert und angepasst wird. Als Anhaltspunkt für das Erreichen einer bestimmten Intensität dient somit der angegebene Bereich der Bootsgeschwindigkeit.

HUDSON
HUDSON
HUDSON

HUDSON

Tab. 24: Trainingsprogramme – Kompensation

Trainings-intensität	Rennruderer/Wiedereinsteiger	Fortgeschrittene/Fitnesstraining 1. Mal Rennboot fahren	Gesundheit/Spaß auch in der Gig
Kompensation	Dauer insgesamt: 30-70 min > Konstante Intensität: Sf 18-21 > Intervalltraining: 4-10 Intervalle: • 1 min Sf 20-4 min Sf 18 • 500 m Sf 23-250 m Sf 19 • 5 min Sf 22-5 min Sf 18 > Fartlektraining: Sf 18-22 variabel	Dauer insgesamt: 30-60 min > Konstante Intensität: Sf 18-22 > Intervalltraining: 4-10 Intervalle: • 1 min Sf 20-4 min Sf 18 • 400 m Sf 22-200 m Sf 19 • 5 min Sf 21-5 min Sf 18 > Fartlektraining: Sf 18-22 variabel	Dauer insgesamt: 20-60 min > Konstante Intensität: Sf 18-22 > Intervalltraining: 4-10 Intervalle: • 30 s Sf 22-4 min Sf 20 • 100 m Sf 22-500 m Sf 19 • 5 min Sf 21-5 min Sf 18 > Fartlektraining: Sf 18-22 variabel
	> Spezielle Übungen: • Einbauen von speziellen Aufgaben für etwa 250 m: z. B. Rudern mit aufgedrehtem Blatt; Pause alle drei Schläge zur Balance; rudern mit einer Hand im Riemenboot; rudern mit weitem Griff; Luftschlag alle zwei Schläge. • Variation der Schlagfrequenz unter Beibehaltung der Trainingsintensität und Bootsgeschwindigkeit. • Rudern neben einer anderen Mannschaft und versuchen, durch technisch besseres Rudern, die Geschwindigkeit zu erhöhen. *LSR – Langstreckenrenntempo* *Sf – Schlagfrequenz*		

Tab. 25: Trainingsprogramme – extensive Ausdauer

Trainings-intensität	Rennruderer/Wiedereinsteiger	Fortgeschrittene/Fitnesstraining 1. Mal Rennboot fahren	Gesundheit/Spaß auch in der Gig
Extensive Ausdauer	Dauer insgesamt: 30-75 min > Konstante Intensität: Sf *18-23 > Intervalltraining: • 4-10) x 1 min Sf 24 – 4 min Sf 20; ohne Pause • 4 x 2 km Sf 21-23; 2-6 min Pause • (3-5) x 4/3/2/1 min Sf 20/22/24/26; 3 min Pause > Fartlektraining: Sf 18-26 variabel	Dauer insgesamt: 20-60 min > Konstante Intensität: Sf 18-23 > Intervalltraining: • (4-10) x 1 min Sf 24 – 4 min Sf 20; ohne Pause • 4 x 1 km Sf 21-23; 2-6 min Pause • (2-4) x 3/2/1/2/3 min Sf 21/23/24/23/21; 3 min > Fartlektraining: Sf 18-24 variabel	Dauer insgesamt: 20-40 min > Konstante Intensität: Sf 18-24 > Intervalltraining: • (3-5) x 30 s Sf 24 – 4 min Sf 20; ohne Pause • 4 x 500 m Sf 21-23; 2-6 min Pause • (1-3) x 4/3/2/1 min Sf 18/20/22/24; 3 min Pause > Fartlektraining: Sf 18-24 variabel
	> Spezielle Übungen: • Einbauen spezieller Aufgaben: z. B. 1 min Rudern mit aufgedrehtem Blatt unter Beibehaltung der Intensität und der Schlagfrequenz; Schlagfrequenzwechsel unter Beibehaltung der Intensität. • Rudern neben einer anderen Mannschaft, wobei Technikänderungen auf ihre Wirksamkeit überprüft werden können. • Rudern mit veränderten (länger oder kürzer) Außenhebeln. * Sf = Schlagfrequenz		

Tab. 26: Trainingsprogramme – intensive Ausdauer

Trainings-intensität	Rennruderer/Wiedereinsteiger	Fortgeschrittene/Fitnesstraining 1. Mal Rennboot fahren	Gesundheit/Spaß auch in der Gig
Intensive Ausdauer	> Konstante Intensität: • 10 km Langstreckenrenntempo (LSR) • 2 x 5 km-LSR; 10 min Pause > Intervalltraining: • 4 x 2 km Sf 24-28; 4 min Pause • (2-5) x 4/3/2/1 min Sf 22/24/26/28; 3 min Pause • 5/2,5/1 km Sf 24-28; 4 min Pause > Pacetraining mit 4 min Pausen: • 1-3 x 7 min LSR • (2-4) x 1.000 m LSR* • 10 x 500 m LSR • 2/1/0.5 km Sf 26-30 > Fartlektraining: Sf 18-30 variabel	> Konstante Intensität: 10-km-Rennen > Intervalltraining: • 4 x 2 km Sf 23-26; 5 min Pause • (2-5) x 4/3/2/1 min Sf 21/23/25/27; 5 min Pause • 5/2,5/1 km Sf 24-26; 5 min Pause Fartlektraining: Sf 18-28 variabel	> Konstante Intensität: 5 km erhöhtes Tempo Sf 23 > Intervalltraining: • 2 x 2 km Sf 22-24; 6 min Pause • (2-4) x 4/3/2/1 min Sf 20/21/22/23; 4 min Pause • 2/1/0,5 km Sf 22-24; 4 min Pause > Fartlektraining: Sf 18-23 variabel
	> Spezielle Übungen: • Mehrmals 20 Schläge in Langstreckenrenntempo mit unterschiedlichen Schlagfrequenzen, um die effektivste zu finden. • Einbauen spezieller Aufgaben: z. B. eine min mit aufgedrehtem Blatt rudern unter Beibehaltung der Intensität und der Schlagfrequenz. • Rudern mit veränderten (länger oder kürzer) Außenhebeln. * LSR = Langstreckenrenntempo		

Tab. 27: Trainingsprogramme – Schwellentraining

Trainings-intensität	Rennruderer/Wiedereinsteiger	Fortgeschrittene/Fitnesstraining 1. Mal Rennboot fahren	Gesundheit/Spaß auch in der Gig
Schwellentraining	> Konstante Intensität: 5-km-Rennen > Intervalltraining: • (2-4) x 2.000 m Sf 16-18 mit max. Kraft; 2 min Pause • (2-5 x) 3/2/1 min Sf 26/30/34; 3 min Pause • 2/1/0,5 km Sf 28 - 34; 4 min Pause > Pacetraining mit 4 min Pausen: Pausen: • 1-3 x 5 min Sf 28 - 32 • (2-4) x 1.000 m Sf 28-32 • 2/1/0.5 km Sf 26/29/32 > „Red Lining": 1min Sf 32 – 1 min Sf 28 für 10-30 min	> Konstante Intensität: 5-km-Rennen > Intervalltraining: • (1-3) x 2.000 m Sf 26-28; 4 min Pause • (2-5 x) 3/2/1 min Sf 26/28/30; 4 min Pause • 2/1/0,5 km Sf 26-32; 4 min Pause > „Red Lining": 1 min Sf 28 – 1 min Sf 24 für 10-30 min	Diese Trainingsintensität ist nicht anzuraten.
	> Spezielle Übungen: • Rudern mit Expandern um das Boot. • Halbe Mannschaft rudern. • Rudern mit veränderten (länger oder kürzer) Außenhebeln.		

Tab. 28: Trainingsprogramme – wettkampfspezifisch

Trainings-intensität	Rennruderer/Wiedereinsteiger	Fortgeschrittene/Fitnesstraining 1. Mal Rennboot fahren	Gesundheit/Spaß auch in der Gig
Wettkampfspezifisch	> Konstante Intensität: 1.000 m Rennen > Intervalltraining: • (2-4) x 1.000 m Rennen; 5 min Pause • (2-5 x) 2/1/0,5 min Sf 30/34/38; 3 min Pause • 30/30/40/40/50/40/30 Schläge Sf variierend zwischen 30-36 alle 10 Schläge; 2 min Pause > Pacetraining mit 4 min Pausen: • 2/1/0,5 km Sf 28-34 • 3 x 7 min Sf 30/32/34 • 4 x 500 m Renntempo > Speedtraining • 1 x 500 m Bestzeit; 4 min Pause • 2 x (10 x [30 s Start/30 s Pause]) • 4-6 x 45 s max Tempo; 2 min Pause • 10 x 100 m Sprint; 2 min Pause • 15 x 10 Schläge max Sf; 2 min Pause	> Konstante Intensität: 500-1.000-m-Rennen > Intervalltraining: • (2-4) x 500 m Rennen; 5 min Pause • (1-3 x) 2/1/0,5 min Sf 28/30/32; 3 min Pause • 30/30/40/40/50/40/30 Schläge Sf variierend zwischen 30-35 alle 10 Schläge; 2 min Pause > Pacetraining mit 5 min Pausen: • (2-4) x 500 m Renntempo • 1/0.75/0,5 km Sf 26 - 32 • 1-2 x 7 min Sf 26-30 > Speedtraining • 4 x 500 m Bestzeit; 4 min Pause • 2-4 x 30 s max Tempo; 2 min Pause • 5 x 100 m Sprint; 2 min Pause • 10 x 10 Schläge max Sf; 2 min Pause	> Konstante Intensität: 250 -500 m Rennen > Intervalltraining: • (1-3 x) 1/1/0,5 min Sf 28/30/32; 3 min Pause • 30/40/50/40/30 Schläge Sf variierend zwischen 24-30 alle 10 Schläge; 3 min Pause > Pacetraining mit 5 min Pausen: Pausen: • (1-2) x 500 m „Renntempo" • 1-2 x 3 min Sf 26-30 > Speedtraining • 2-4 x 15 s max Tempo; 2 min Pause • 3 x 100 m Sprint; 2 min Pause • 5 x 10 Schläge max Sf; 2 min Pause
	> Spezielle Übungen: • Startübungen. • Rudern mit Dose oder Expandern um das Boot. • Halbe Mannschaft rudern. • Rudern mit veränderten (länger oder kürzer) Außenhebeln.		

6.3 Generelles Fitness- und Ergänzungstraining für Masterruderer

Ergänzend zum Boots- und Wassertraining sollten Masterruderer Programme zur Verbesserung der allgemeinen Ausdauer, Kraft, Beweglichkeit und der koordinativen Fähigkeiten einsetzen. Die Verbesserung und Erhaltung ruderischer Leistungsfähigkeit wird nicht nur im Training jugendlicher Ruderer und von Leistungsmannschaften allein durch das Boots- und Wassertraining erreicht. Es müssen wechselnde Trainingsmittel eingesetzt werden, die sinnvoll aufeinander abgestimmt sind und in der Trainingsplanung entsprechend berücksichtigt werden.

Für den sportlichen Einsteiger eignet sich zunächst ein moderates Training in allen genannten motorischen Bereichen. Dabei ist auf die individuellen Bedürfnisse, Interessen und die Erfordernisse und den persönlichen Lebensstil Rücksicht zu nehmen.

Dringend empfehlenswert sind Programme in gleichgesinnten Gruppen. Gemeinsame Ziele und Erlebnisse, soziale Interaktion und Spaß bei der Ausübung des Sportprogramms sind wesentliche Voraussetzungen für den erfolgreichen Einstieg für Erwachsene und Ältere. Speziell im Rudern wird das Erlernen der Ruderbewegung und die Verbesserung der individuellen Technik in Gruppen und Mannschaften erleichtert, auch durch die Rückmeldungen eines Trainers und Übungsleiters.

Die Empfehlung für ein gut abgerundetes Fitness- und Gesundheitstraining für Ältere in den Bereichen Ausdauer, Kraft, Beweglichkeit und Koordination könnte folgendermaßen aussehen:

Tab. 29: Empfehlungen für ein gut abgerundetes Fitness- und Gesundheitstraining für Ältere

	Ausdauer	Kraft	Beweglichkeit	Koordination
Wie oft pro Woche?	5-7 x	2 oder 3 x	2-3 x	2-3 x
Intensität	Noch leicht bis etwas anstrengend	Etwas höhere Belastungen, als in der Sportart gefordert	Bis zum spürbaren Widerstand oder leichte Anstrengung	Ansteigende Schwierigkeit

Umfang	Mindestens 30 min	2-3 Sätze à 10-12 Wdh., vier Übungen obere Körperhälfte, vier Übungen untere Körperhälfte	10-30 s Dehnen der wichtigsten Muskelgruppen, bis zu 4 x wiederholen	4-10 unterschiedliche Übungen
Spezielle Informationen zu Steigerungs-möglichkeiten	Dauer erhöhen Krafteinsatz steigern	Sätze mit geringerer Pause (→ 1 min) Jeden zweiten Tag Training, Geräte variieren	In den Alltag integrieren PNF-Technik	In den Alltag integrieren. Steigende Anforderungen

Das Ergänzungstraining

- schafft z. T. erst die konditionellen und koordinativen Leistungsvoraussetzungen, um Rudern ausdauernd, kraftvoll oder bewegungsökonomisch durchzuführen;
- trägt dazu bei, die Leistung im Rudern zu steigern;
- verhindert (Trainings-)Monotonie, bietet Abwechslung und Spaß;
- kann muskuläre Dysbalancen vermeiden und damit einseitigenRuderbelastungen vorbeugen;
- kann die Gesamtbeanspruchung auf den Stütz- und Bewegungsapparat reduzieren;
- entwickelt andere Muskelfasern und kann damit zur schnelleren Regeneration nach Belastungen im Rudern und allgemein im Sport beitragen und
- eröffnet Trainings- und Bewegungsalternativen, z. B. nach Verletzungen, im Urlaub, auf Geschäftsreisen, bei schlechten Ruderbedingungen, zu Hause.

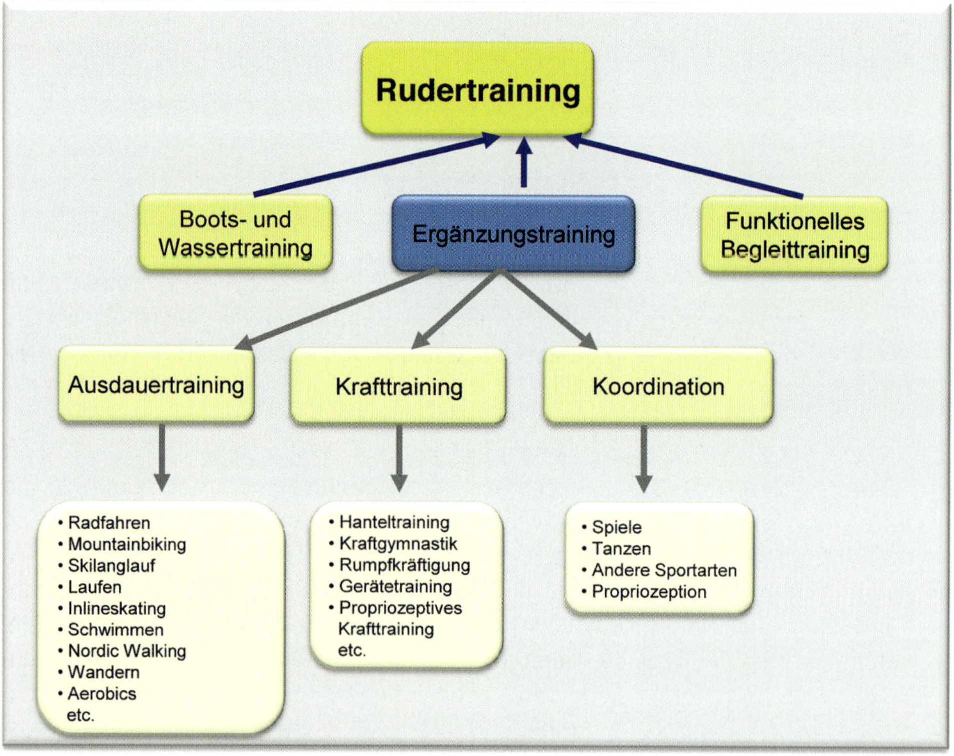

Abb. 51: Formen des Rudertrainings: Ergänzungstraining

Nicht nur jeder Wettkampfruderer, sondern auch der Gesundheits-, Fitness- und Freizeitruderer sollte sich deshalb – neben dem Rudern – weitere Sportarten und Trainingsmittel zu eigen machen und dabei die Bewegungsausführung zumindest auf ein technisch hinreichendes Niveau bringen. Damit sollen Verletzungen auf Grund von Fehlbelastungen vermieden werden und eine Steigerung der Trainingsintensität ermöglicht werden. Die unterschiedlichen koordinativen und konditionellen Beanspruchungen helfen zudem mit, altersbedingte Einbußen zu verhindern, zumindest zu verlangsamen. Dabei ist auch das Erlernen von bis dahin noch nicht oder nur wenig ausgeübten Sportarten bis ins höhere Alter sehr empfehlenswert (z. B. Skilanglauf, weitere Schwimmtechniken).

Generell ist zu beachten, dass Intensität und Umfang bei ungewohnten Ausdauerbelastungen langsam gesteigert werden müssen, damit sich der Organismus und die Muskulatur an die neuen Belastungen anpassen können.

Masterruderer sollten die Auswahl und Gestaltung des Ergänzungstrainings mit anstehenden Belastungen im Rudern abstimmen. Dabei ist nicht unerheblich, ob Ergänzungssportarten oder ergänzende Trainingsmittel zur Steigerung der Leistung oder zur Kompensation nach einseitigen (Ruder-)Belastungen durchgeführt werden. Es ist notwendig, die gemeinsamen und unterschiedlichen Anforderungen (hinsichtlich der Bewegungsökonomie, der Koordination, der Ausdauer- und Kraftentwicklung sowie der Beanspruchung des Stütz- und Bewegungssystems) mit dem Rudern zu vergleichen.

Der Einfluss unterschiedlicher Trainingsmittel und Ergänzungssportarten auf das Leistungsniveau von Rennruderern ist in der speziellen Trainingslehre des Ruderns noch nicht eindeutig geklärt. Viele Masterwettkampfruderer legen den Großteil des Ergänzungstrainings vielfach auf die wettkampflose Zeit. Dabei sollte ein Ergänzungstraining gerade bei Masterruderern parallel das ganze Jahr hindurch praktiziert werden, vor allem um den einseitigen Belastungen, die sich durch das Bootstraining zwangsläufig ergeben, entgegenzuwirken.

Die Technik der Ruderbewegung ist sehr eng mit der Bewegungsökonomie verknüpft und optimiert sich in gewissen Grenzen über die Anzahl der geruderten Kilometer und über die Jahre des Trainings hinweg. Die Überlegung, die zur Verfügung stehende Zeit weitgehend für das Bootstraining zu nutzen, muss (nicht nur für das Masterrudern) relativiert werden. So kann trotz eines eingeschränkten Zeitbudgets auch das Radfahren, das Laufen oder der Skilanglauf ein sinnvolles Trainingsmittel für den Masterruderer sein. Der positive Effekt der genannten Trainingsmittel besteht in der energetischen Beanspruchung bei gleichzeitiger Entlastung der ruderspezifischen Stütz- und Bewegungssysteme und der veränderten intramuskulären Koordination der Belastungsform. Es entstehen neue muskuläre und koordinative Trainingsreize, die teils einseitig beanspruchte Muskulatur der Ruderbewegung entlasten, andererseits neue Muskelgruppen entwickeln helfen.

Es bleibt die Empfehlung, dass erwachsene Ruderer – unabhängig von der Zielsetzung, der Motivation, des Trainingsaufwandes und der zur Verfügung stehenden Zeit – ganzjährig ein ergänzendes Training durchführen, um die Qualität ihrer ruderischen Fähigkeiten zu erhöhen, Abwechslung für das sportliche Treiben, Entlastung für den Bewegungs- und Stützapparat zu bieten und um den altersbedingten Leistungsabfall zu verlangsamen.

6.3.1 Ergänzendes Krafttraining für Ruderer ab 40

Warum zusätzlich Krafttraining für Ruderer ab 40?
Mit zunehmendem Alter geht bei Trainierten wie bei Untrainierten die Maximalkraft wie auch die Kraftausdauer zurück (vgl. Abb. 52). Im Rennrudern der Master ist auf Grund der Streckenlänge und damit der verkürzten Rennzeit (1.000 m im Vergleich zu 2.000 m der Junior-, Senior- und Eliteruderer) der Anteil der Kraft an der Gesamtleistung naturgemäß größer.

Zusätzlich kommt es zu altersbedingten Veränderungen des nervalen Systems, das für die Informationsweiterleitung und die Aktivierung der Muskulatur verantwortlich ist. Dies erklärt, weshalb einfache und komplizierte Bewegungen mit zunehmendem Alter langsamer ausgeführt werden können. Körperlich aktive ältere Menschen sind dagegen nur geringfügig langsamer als junge, aktive Personen. Wie viele ältere Ruderer tun sich z. B. sehr schwer beim Ein- und Ausstieg in das Rennboot und die Gig?

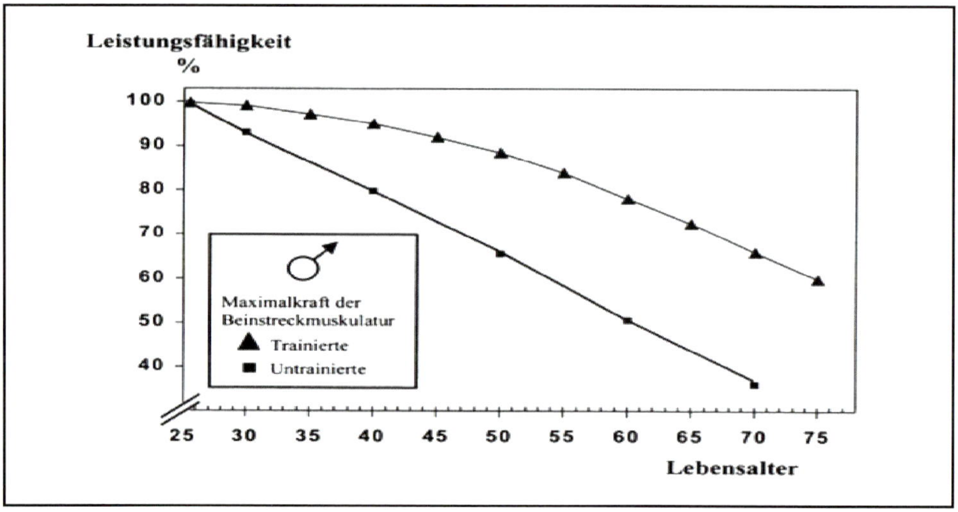

Abb. 52: Rückgang der Beinstreckermuskulatur in Abhängigkeit von sportlicher Aktivität bei Männern (nach Schmidtbleicher, 1994, S. 150)

Kraft ist wichtig für Ruderer. Krafttraining ist noch wichtiger für Masterruderer!

Die Trainierbarkeit der Kraft lässt zwar ab dem 25. Lebensjahr sowohl bei Frauen wie auch bei Männern nach, bleibt aber bis ins hohe Alter erhalten, wobei sich die Trainierbarkeit der Kraft anteilig an der maximalen Trainierbarkeit zwischen Männern und Frauen in zunehmendem Alter angleicht.

Ist Krafttraining für ältere Ruderer bedeutsam, die keine leistungssportlichen Ambitionen haben?

Auch der freizeit-, gesundheits- und fitnessorientierte Ruderer profitiert von einer gut ausgeprägten Muskulatur. Krafttraining ist u. a. eine sichere Investition gegen den Verlust von Muskelfunktionen und gegen die Verschlechterung von Muskelstrukturen im zunehmenden Alter. Es beeinflusst positiv die Ausdauerleistung, bewirkt eine Normalisierung des Blutdrucks und verringert den Gesamtfettanteil wie auch das intraabdominale Fett.

Mit relativ geringem Aufwand lässt sich der Muskelabbau deutlich verringern. Dies hat, neben den positiven Folgen in der Ausübung der Sportart, auch Effekte für die Qualität der Alltagsbewältigung (Treppen steigen, Lasten tragen ...).

Ein ergänzendes Krafttraining ist fester Bestandteil des Trainingsprozesses in fast jeder Sportart, auch im Ausdauersport. Die Diskussion, ob Ausdauersportler überhaupt ein Krafttraining absolvieren sollen, weil möglicherweise die Ausdauerleistungsfähigkeit eingeschränkt werden könnte oder die Bewegungstechnik leidet, ist obsolet, sofern bestimmte methodische Prinzipien eingehalten werden.

Auch bei Ausdauerleistungen benötigt man Kraft (geringerer Kraftaufwand über längeren oder langen Zeitraum). Im Folgenden wollen wir Kraft als eine Fähigkeit verstehen, eine Masse (den eigenen Körper, ein Boot) zu bewegen und einem Widerstand durch Muskelarbeit entgegenzuwirken. Im Spitzenrudern wird z. B. ein Kraftaufwand von ca. 50-70 kp über etwa 240 Ruderschläge erforderlich, einem Wanderruderer genügen vielleicht 15-25 kp/Ruderschlag, dies allerdings über mehrere Stunden.

Welche Zielsetzungen sind für Masterruderer für ein Krafttraining bedeutsam?

Allgemein lässt sich das Krafttraining mit zwei wesentlichen Zielsetzungen beschreiben:

1. Verbesserung des Innervationspotenzials der Muskulatur und
2. Erweiterung des Energiepotenzials der Muskulatur.

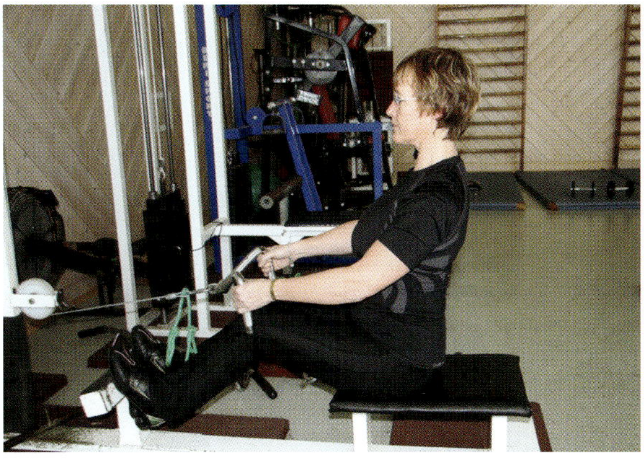

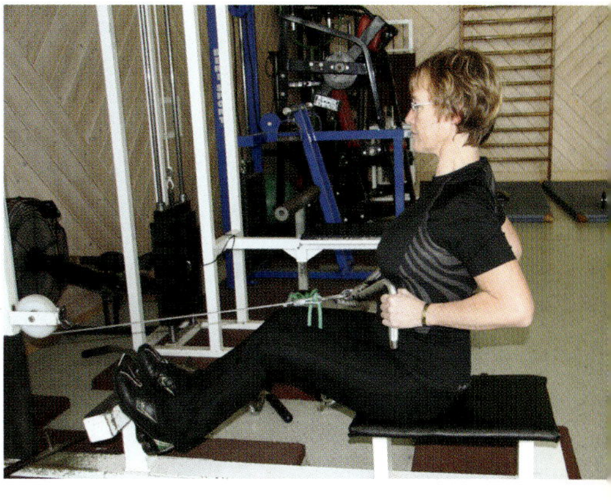

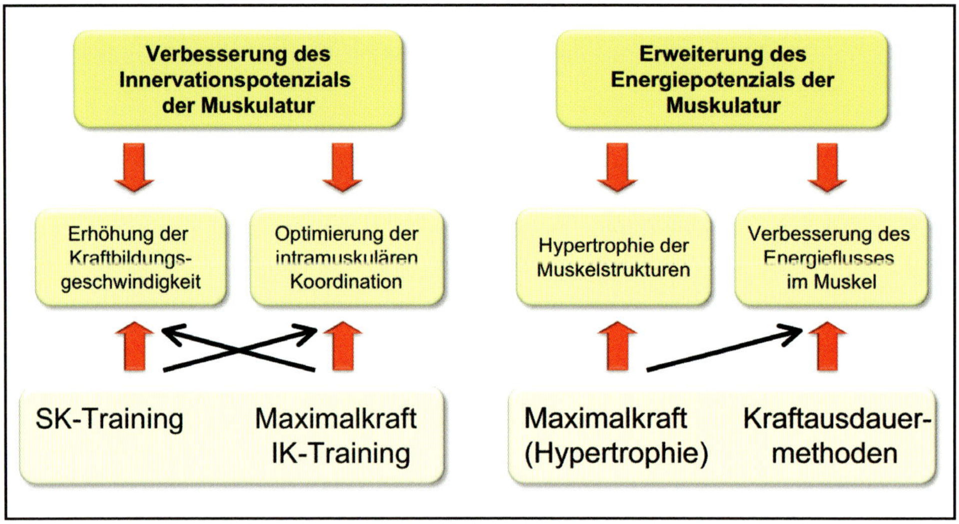

Abb. 53: Zusammenhang von Zielen und Methoden des Krafttrainings (mod. nach Martin, Carl und Lehnertz, 2001)

Kraft und Leistungsfähigkeit der Muskulatur lassen sich über mehrere Wege steigern:

- Die Kraftbildungsgeschwindigkeit wird durch spezielle Anforderungen im Dehnungsverkürzungszyklus optimiert (Reaktivtraining).
- Optimierung der inter- und intramuskulären Koordination. Intramuskulär: Verbesserung des Zusammenwirkens der Muskelfasern, intermuskulär: Beteiligung möglichst vieler Fasern verschiedener Muskeln. Dies führt zu einer verbesserten Bewegungskopplung und ist somit sehr bedeutsam für das Rudern und das allgemeine und spezielle Krafttraining im Rudern.
- Erhöhung der Muskelmasse (des Muskelquerschnitts) führt zur Steigerung der Maximalkraft.
- Verbesserung des Energieflusses wird durch ein Kraftausdauertraining erreicht.

Im Vordergrund steht aus unserer Sicht für Ruderer ab 40 vor allem die Verbesserung des Energieflusses im Muskel, aber auch eine gewisse Optimierung der intramuskulären Koordination. Präventiv wirkt natürlich ein gut ausgeprägtes Muskelkorsett. Methodisch soll diese Zielsetzung mithilfe der Organisationsformen Circuit- oder Kreistraining sowie durch das Stationentraining erreicht werden.

Ein zentrales Unterscheidungsmerkmal für das Krafttraining (vgl. Abb. 54) bezieht sich auf die Auswahl der Übungen und Belastungen. So wird in ein **allgemeines** und **spezielles** Krafttraining unterschieden. Das allgemeine Krafttraining, für unsere Zwecke im Weiteren **„allgemeine Kräftigung"** genannt, dient zur Verbesserung und zum Erhalt der körperlichen Leistungsfähigkeit sowie zur nötigen Belastbarkeit des

Haltungs-, Stütz- und Bewegungsapparats. Es werden alle Muskelgruppen trainiert, unabhängig davon, ob die Muskulatur für die ausgeübte Sportart leistungsbestimmend ist. Diese Kräftigung kann mit oder ohne Geräte stattfinden und als Circuittraining, Stationentraining, Einsatztraining und auch in Form eines propriozeptiven Trainings durchgeführt werden.

Das **spezielle Krafttraining** dient dem Leistungsaufbau in der jeweiligen Sportart und soll die am Rudern beteiligten und vernachlässigten Muskelgruppen in ihrer Leistungsfähigkeit für die (renn-)ruderischen Anforderungen entwickeln. Hierfür eignen sich im Besonderen das Stationentraining und das Kraftausdauertraining im Boot, was auf geringerem Leistungsniveau und unter extensiven bzw. aeroben Gesichtspunkten durch zügiges Rudern selbst hinreichend verbessert wird.

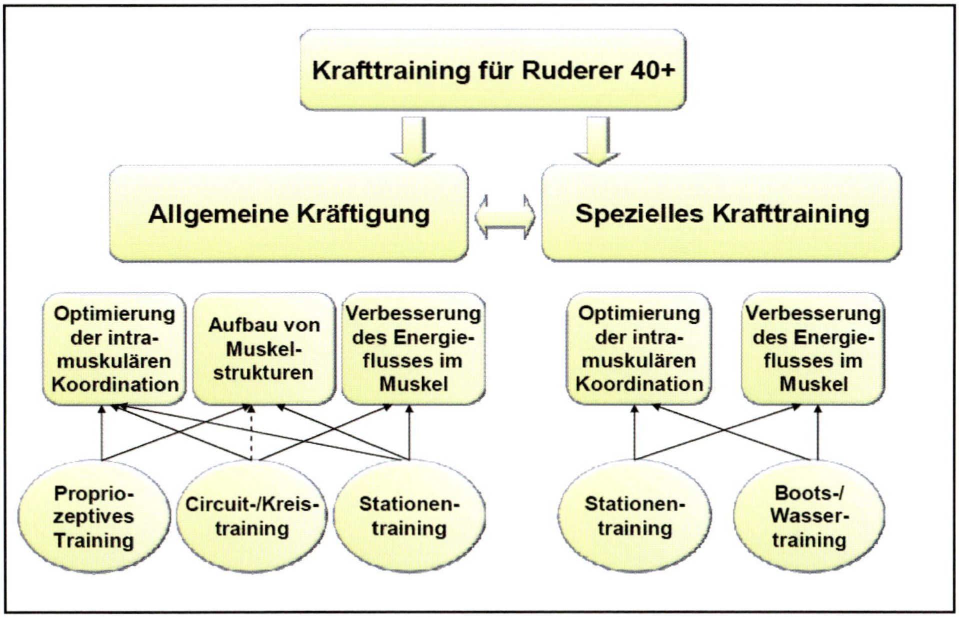

Abb. 54: Krafttraining für Ruderer 40+

Beide Formen des Krafttrainings beeinflussen sich gegenseitig. Das bedeutet, dass ein spezielles Krafttraining für Ruderer natürlich auch die allgemeine Kräftigung beinhaltet und umgekehrt. Dies hängt natürlich mit der großen Anzahl der im Rudern eingesetzten Muskelgruppen zusammen, deren Entwicklung auch eine allgemeine Kräftigung abdeckt. Unabhängig davon, ob wettkampfsportliche Ambitionen vorliegen – Krafttraining steigert den Wirkungsgrad der Rudertechnik und die Bewegungsökonomie. Speziell im Rudern sind bewegungstechnische Anforderungen (z. B. der Einsatz der Schultern und Arme im Endzug oder die Stabilität der Bewegungsausführung über einen längeren Zeitraum) nicht ohne eine gut ausgebildete Rumpfmuskulatur möglich, die eine bessere Übertragung der Beinkraft auf den gesamten Bewegungszyklus ermöglicht. Davon abgesehen, wirkt ein Krafttraining präventiv gegen Verletzungen und Schädigungen und leistet in der Rehabilitation nach Verletzungen, Krankheiten und Operationen große Dienste.

Kraft ist deshalb nie allein zu betrachten, sondern immer in Verbindung mit koordinativen (bewegungstechnischen) Anforderungen, im Rudern zudem mit der Ausdauer und Bewegungsökonomie. Abb. 55 versucht, die Zusammenhänge verschiedener Trainingsziele und Organisationsformen eines Krafttrainings im Rudern zu verdeutlichen. Damit werden die Hauptziele mit ihren Schwerpunktsetzungen (Kraftausdauer, Muskelaufbau und die Optimierung der intramuskulären Koordination) beschrieben.

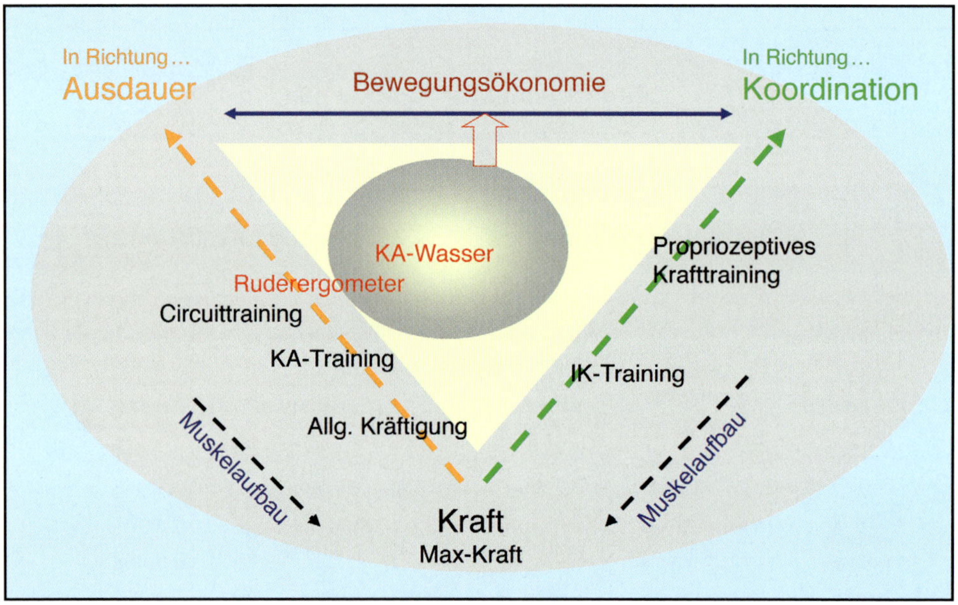

Abb. 55: Training allgemeiner und spezifischer Kraftfähigkeiten im Rudern mit unterschiedlichen Schwerpunktsetzungen

Möchte ein Masterruderer in erster Linie seine Kraftausdauer (Energiefluss in der Muskulatur) verbessern, so wählt er als allgemeine Trainingsform z. B. das Circuittraining und – schon als spezifisches Training – den Ruderergometer. Beim spezifischen Krafttraining, dem Training, in dem neben den Kraftausdauerfähigkeiten auch rudertechnische (koordinative) Anforderungen gestellt werden, wird er sinnvollerweise ein KA-Training im Boot auswählen.

Ist allgemeine Koordination mit der Optimierung der intramuskulären Koordination vorgesehen, kann das propriozeptive Krafttraining oder das IK-Training gute Dienste leisten.

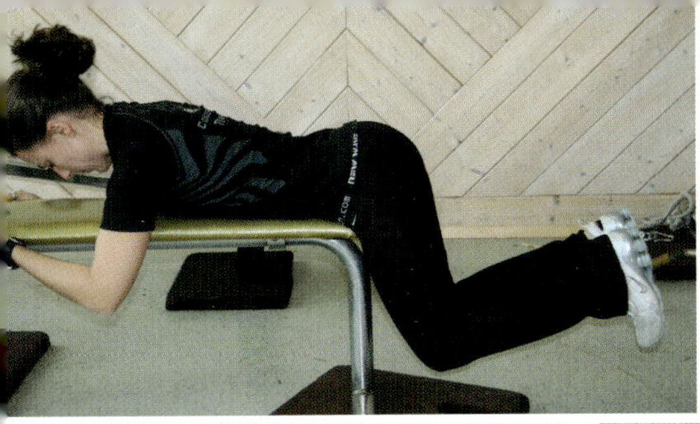
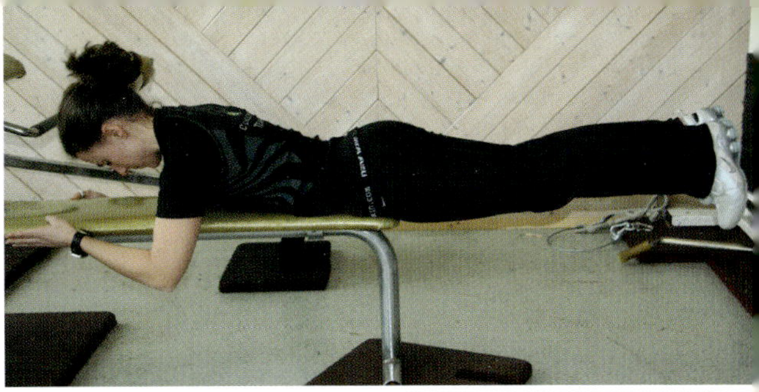

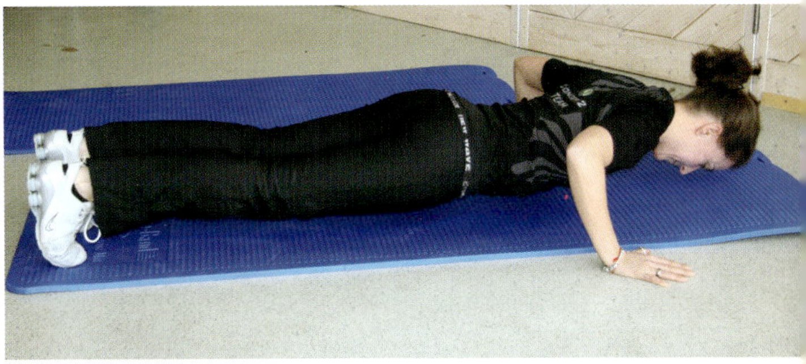

Wie kann das Krafttraining für Masterruderer gestaltet werden?
Für die Auswahl und die Gestaltung des Krafttrainings und einer allgemeinen Kräftigung mit Älteren und in zunehmendem Alter sollen folgende Grundsätze zugrunde gelegt werden:

1. Ein ergänzendes Krafttraining im Rudern soll nicht primär der Erhöhung der Muskelmasse, sondern der Verbesserung der Qualität der Muskulatur (in Bezug auf die Ruderleistung) dienen.

2. Das ergänzende Krafttraining sollte effektiv und ökonomisch gestaltet werden, d. h., auch für leistungsambitionierte Ruderer mit ca. 40 min Dauer und maximal 2 x/Woche angesetzt werden.

3. Vorrang haben Rumpf- und Schultermuskulatur.

4. Für jede Muskelgruppe sollte dem Ruderer eine große Anzahl alternativer Übungen (mit und ohne Gerät) zur Verfügung stehen.

Tab. 30 gibt eine Übersicht über die Möglichkeiten für das allgemeine und spezielle Krafttraining und für den Einsatz in unterschiedlichen Zielgruppen (**R**ennruderer, **F**itness, **G**esundheit, **K**ompensation).

Tab. 30: Trainingsformen und Übungsauswahl für das allgemeine und spezielle Krafttraining im Rudern

Trainingsmittel	Belastungsempfehlung	Zielgruppe R	F	G	K	Anmerkungen
Allgemeine Kräftigung	20-40 min Maximal 2 x/Woche					Vielseitige und umfassende Übungen, insbesondere zur Kräftigung der Rumpfmuskulatur!
Circuittraining	2-4 Runden, ca. 8-12 Stationen, 30-60 s Belastung, 30-40 % des 1er Maximums	X	X	(X)		Die allgemeine Kräftigung sollte bis ins höhere Alter ganzjährig regelmäßig durchgeführt werden.
Stationentraining	1-3 Runden, ca. 8-10 Stationen, 3 x 10-15 Wh. mit 20 s Pause und ca. 50-65 % des 1er Maximums	X	X	X	(X)	
(Ruder-)spezifische Kräftigung	20-40 min Maximal 2 x/Woche					Die (ruder-)spezifische Kräftigung sollte den Rennruderern vorbehalten bleiben und im höheren Alter zugunsten der allgemeinen Kräftigung reduziert werden.
Stationentraining	2-3 Runden, 6-8 Stationen, 3 x 25-30 Wh. mit jeweils 20-30 s Pause dazwischen und ca. 50-60 % des 1er Maximums	X				
Propriozeptives Training	20-30 min 1-3 x/Woche	X	X	X	X	Ein absolutes „Muss" bis ins hohe Alter für alle Zielgruppen. Lässt sich ohne Probleme auch zu Hause durchführen.
Gymnastik Beweglichkeit Stretching	10-30 min 2-4 x/Woche	X	X	X	X	Für alle Zielgruppen eine sinnvolle Ergänzung nach dem Rudern und der sportlichen Aktivität. Ist überall durchführbar.

Beispiele zur Kräftigung und Kraftübungen

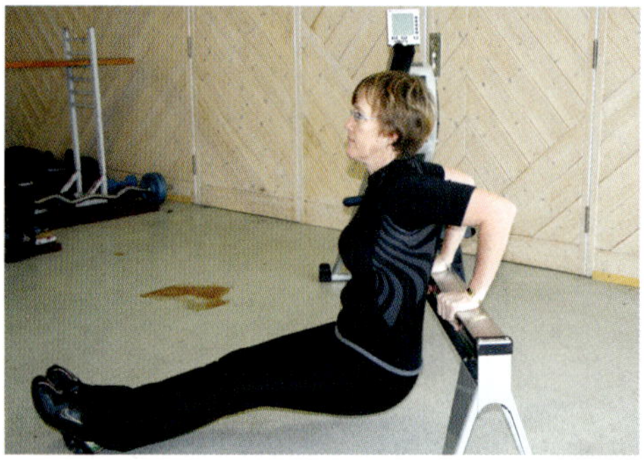

Wichtigste Komponente der Belastungsstruktur im Krafttraining ist die **Belastungsintensität**. Zur Vereinfachung hat sich das Verfahren durchgesetzt, bei einer bestimmten Übungsform das erreichbare Lastmaximum (in kg) als 100 % der Intensität festzulegen. Die weiteren Abstufungen werden dann in Prozent der maximalen Intensität vorgenommen. Diese Festlegung hilft vor allem, wenn es um Zielsetzungen geht, die der Erweiterung des Energiepotenzials der Muskulatur dienen.

Der **Belastungsumfang** wird berechnet aus der Anzahl der Wiederholungen, die zu Serien zusammengefasst werden, bei Übungen mit Geräten multipliziert mit der dabei bewegten Last (kg). Die **Belastungsdichte** umfasst die Pausenlänge zwischen den einzelnen Wiederholungen und zwischen den Serien. Die Pausengestaltung zwischen den Übungen und Serien ist nicht unerheblich für die Erreichung bestimmter Krafttrainingsziele. So sollten beim Kraftausdauertraining die Wiederholungen nahezu ohne Pausen durchgeführt werden, zur Verbesserung des Muskelquerschnitts genügen Wiederholungspausen von 4-8 s, während zur Optimierung der intermuskulären Koordination mehr als 10 s benötigt werden. Serienpausen haben in der Regel eine Dauer von 3-4 min.

Für ein gesundheitsorientiertes Fitnesskrafttraining (Boeckh-Behrens & Buskies, 2002) soll der Einfachheit halber nur die kraftausdauerorientierte der muskelaufbauorientierten Variante gegenübergestellt werden (Tab. 31). Neben der Entwicklung der Kraftausdauer und dem Aufbau von Muskulatur zielt dieses Training auch auf Körperformung und Fettreduktion ab. Auf Grund der geringeren Wiederholungszahlen wird in der muskelaufbauorientierten Variante mit höheren Intensitäten (Widerständen, Gewichtsbelastungen) trainiert.

Tab. 31: Gesundheitsorientiertes Fitnesskrafttraining

Belastungs-dosierung	Kraftausdauerorientierte Variante	Muskelaufbauorientierte Variante
Wiederholungen/ Intensität	• Ca. 15-20 und mehr • Der Satz kann zielgruppenspezifisch bei einem subjektiven Belastungsempfinden „mittel" bis „schwer" beendet werden.	• 8-10 • Der Satz kann zielgruppenspezifisch bei einem subjektiven Belastungsempfinden „mittel" bis „schwer" beendet werden.
Sätze (Serien)/ Umfang	• Anfänger: Ca. 1-3 • Fortgeschrittene: Ca. 3-5 und mehr	• Anfänger: Ca. 2-3 (wird erst nach mehrwöchigem Training der kraftausdauerorientierten Variante empfohlen) • Fortgeschrittene: Ca. 3-4 und mehr

Pause zwischen den Sätzen	• Nach subjektivem Empfinden (ca. 1-2 Minuten)	• Nach subjektivem Empfingen (ca. 1-3 Minuten)
Bewegungsausführung/ Krafteinsatz	• Technisch korrekt • Kontinuierlich, ruhig • Regelmäßige Atmung	• Technisch korrekt • Kontinuierlich, ruhig • Regelmäßige Atmung
Trainingshäufigkeit	• Mindestens 1 x pro Woche (Untrainierte) • 2-4 x pro Woche (je nach Trainingszustand und Trainingsziel)	• Mindestens 1-2 x pro Woche (Untrainierte) • 2-4 x pro Woche (je nach Trainingszustand und Trainingsziel)
Trainingseffekte	• Verbesserung der Kraftausdauer • Fettabbau • Körperformung • Muskelaufbau/Zunahme der Muskelmasse (geringer) • Verbesserung der Maximalkraft (geringer)	• Muskelaufbau/Zunahme der Muskelmasse (stärker) • Verbesserung der Maximalkraft (stärker) • Körperformung • Fettabbau • Verbesserung der Kraftausdauer

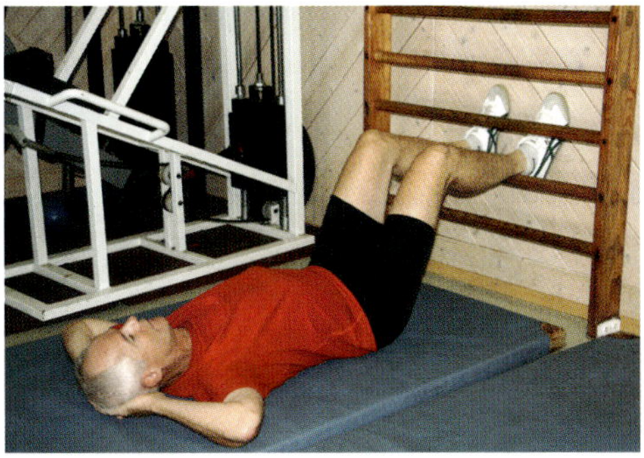

Kraftmaschinen oder freie Hanteln?

Das Krafttraining an Maschinen, die natürlich eine gewisse Sicherheit für eine korrekte Bewegungsausführung garantieren, ist mittlerweile sehr beliebt. Viele Ruderklubs sind in dieser Hinsicht sehr gut ausgestattet. Der Bewegungsablauf ist fixiert, was jedoch auch bedeutet, dass die Muskeln während der Bewegungsausführung kaum oder keine Stabilisierungsarbeit leisten müssen. So wird das Training vieler kleiner Muskeln vernachlässigt, die im Boot zum Gleichgewicht und zur Stabilität (und damit auch zur Bewegungskoordination und Rudertechnik) beitragen.

Es ist verständlich, dass vielerorts das Angebot der Kraftmaschinen genutzt wird, hat dies zudem auch den Grund, dass ein Krafttraining relativ sicher und allein durchgeführt werden kann. Die Dosierung lässt sich sehr genau bestimmen, die Verletzungsgefahr ist während der Kraftarbeit relativ gering.

Das Training an der freien Hantel und mit freien Gewichten hingegen ist in vielerlei Hinsicht effektiver, bedarf aber unbedingt der korrekten Bewegungsausführung und einer weiteren Person zur Aufsicht und Unterstützung. Das Krafttraining mit einer gleichzeitigen Verbesserung des Balancevermögens, der Athletik und Verringerung der Verletzungsanfälligkeit in der Ausübung des Rudersports findet hierbei eine weit effektivere Form.

Die Organisationsformen, speziell unter dem Gesichtspunkt des allgemeinen und speziellen Krafttrainings im Rudern für Ältere, sind nicht nur unter den äußeren Gegebenheiten (Räumlichkeit, Sicherheit, Übungsauswahl) zu sehen, sondern implizieren auch inhaltliche Aspekte und bestimmte Zielsetzungen. Folgende Auswahl dient vor allem für ein effektives und zeitlich beschränktes Krafttraining mit älteren Ruderern und Ruderinnen.

Für das **Krafttraining an Geräten** sollten folgende Hinweise beachtet werden (in Anlehnung an Hottenrott und Zülch, 1998):

1. Immer mit Partner trainieren.
2. Aktuelle Belastbarkeit berücksichtigen (nicht immer an Bestleistung orientieren).
3. Vor dem Krafttraining: Allgemeines Aufwärmen und Übungen zur Rumpfkräftigung.
4. Nach dem Krafttraining beanspruchte Muskelgruppen dehnen.
5. Auf achsengerechte Ausführung der Übungen achten.
6. Während der Ausführung auf ruhige und gleichmäßige Atmung achten.
7. Keine maximalen Gelenkstellungen eingehen.
8. Keine Rundrücken- oder Hohlkreuzhaltung.
9. Vermeide muskuläre Dysbalancen.
10. Kein Krafttraining nach ermüdendem Ausdauertraining.
11. Wirkrichtung des Krafttrainings beachten: Nach einer Krafttrainingseinheit ist der Krafttrainingsreiz am stärksten, wenn eine passive Regenerationsphase folgt. Wenn ein kurzes Wasser- oder Lauftraining folgt, kann es zu positiven Transfereffekten kommen, dass die Bewegungskoordination/Technik durch den Kraftreiz nicht negativ beeinflusst wird.

Tab. 32: Organisationsformen des Krafttrainings im Rudern für Ältere

Organisations-form	Merkmal	Besondere Eignung	Beispiele
Stationen-training	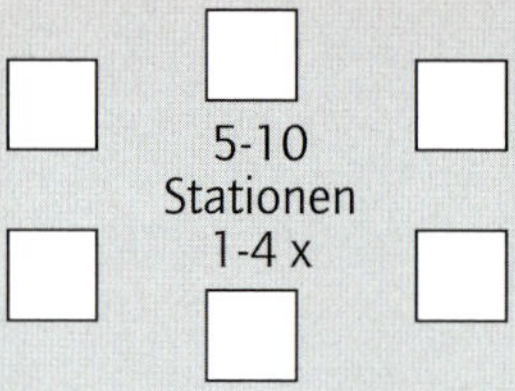	Allgemeine Kräftigung Kraftausdauer allgemein	
Circuit-training	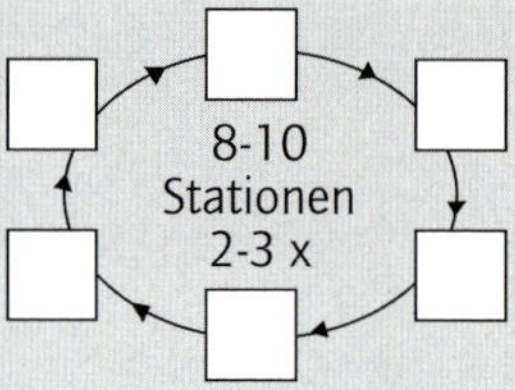	Kraftausdauer allgemein Allgemeine Kräftigung	
Propriozeption		Muskelaufbau Koordination Funktionelle Gelenkstabilität Neuromuskuläre Reaktionsf.	
Boot/ Ergo	10 – 20 – 30 – 20 –10 Schläge mit Sf 16-20	Kraftausdauer speziell	

Beim **Stationentraining** durchlaufen Sportler eine festgelegte Reihenfolge von Übungsformen an dafür ausgesuchten Geräten. Wenn genügend Geräte vorhanden sind, können auch immer zwei und mehr Sportler an einer Station trainieren. Diese Organisationsform eignet sich gleichermaßen zur Verbesserung der Kraftausdauer wie auch zur allgemeinen Kräftigung, vor allem dann, wenn die Belastungszeit an den Stationen unterschiedlich lang ausfällt. Die Stationen können 1 x oder mehrmals durchlaufen werden; denkbar ist auch die Kombination von jeweils zwei Stationen untereinander, sodass die Partner sich in den Übungen abwechseln können (z. B. mit einer Übung für die Bauch- und Rückenmuskulatur), wodurch eine Steigerung der Intensität des Trainings erreicht wird.

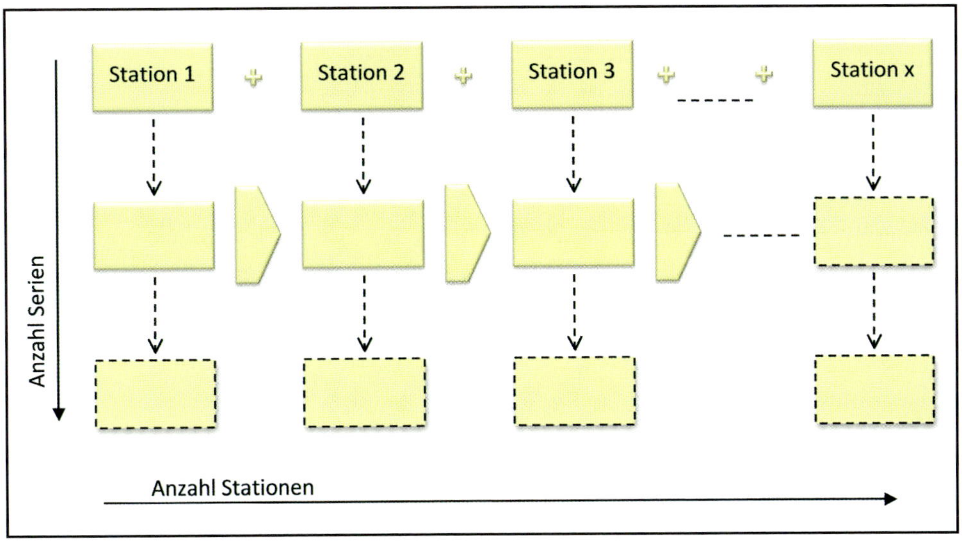

Abb. 56: Darstellung des Stationentrainings

Das **Circuit- oder Zirkeltraining** ist ein beliebtes Verfahren zur Verbesserung der Fitness. Es dient vor allem zur Verbesserung der Kraftausdauer, aber auch zur allgemeinen Kräftigung. Der Trainierende durchläuft in einer bestimmten Reihenfolge mehrere Stationen mit unterschiedlichen Übungen. Dabei ist darauf zu achten, dass eine systematische Belastung der wesentlichen Muskelgruppen (z. B. Arm-, Schulter-, Bein-, Bauch-, Rückenmuskulatur) erfolgt.

Propriozeptives Training

Ursprünglich als Methode in der Rehabilitation eingesetzt, sollte das propriozeptive Training als schonendes Mittel die Wiederherstellung der koordinativen Fähigkeiten und der Kraft nach Operationen und Verletzungen bewirken. Mittlerweile wird das propriozeptive Training in seinen unterschiedlichen Varianten in vielen Sportarten von Spitzensportlern genutzt, um eine positive Wechselwirkung der Koordination auf Kraft und Ausdauer zu erzielen. Mithilfe von instabilen Unterlagen (Pezzibälle, Wackelbretter, Airex-Kissen®, Weichbodenmatten etc.), auf denen balanciert oder Kräftigungsübungen durchgeführt werden, ist es möglich, Muskulatur aufzubauen, ohne den Gewichtsbelastungen eines herkömmlichen Krafttrainings mit Geräten ausgesetzt zu sein. Gleichzeitig wird die für das Rudern und für die im Alter enorm wichtige Koordination und Gleichgewichtsfähigkeit geschult sowie eine Verbesserung des Körperempfindens erzielt. Der z. T. sehr geringe Geräteaufwand macht diese Trainingsform auch zu Hause und auf Reisen in einfacher Weise durchführbar.

Besonders geeignet ist das propriozeptive Training zur Verbesserung der funktionellen Gelenkstabilität, als wichtiger Schutzmechanismus für die Gelenke (Fuß-, Kniegelenk) sowie zur Kontrolle und beim Erlernen von Bewegungsmustern. Gerade im Alterssport ist die Verbesserung der neuromuskulären Reaktionsbereitschaft als Schutzmechanismus bedeutsam und trägt erheblich zur Verletzungsprophylaxe bei, hat muskelaufbauende Wirkungen und ökonomisiert den Krafteinsatz bei Alltags- und Sportbelastungen.

Beispiele für das Krafttraining der Masterruderer
Folgende Übersicht beschreibt verschiedene Zielsetzungen und Methoden eines allgemeinen Krafttrainings für Masterruderer. Dabei wird von einem guten bis sehr guten Leistungsstand ausgegangen. Die Gewichtsbelastungen sind so zu wählen, dass auch noch die letzten Wiederholungen der Sets zu bewältigen sind.

Tab. 33: Übersicht über das allgemeine Krafttraining für Masterruderer

	Kraftaufbau	Kraftausdauer	Kraft-Koordination
Ziel	Aufbau von Muskelstrukturen	Verbesserung des Energieflusses	Allgemeine Kräftigung
Mögliche Trainingsformen	Stationentraining	Circuittraining Stationentraining	Propriozeption Circuittraining
Stationen (Übungen)	6-8	8-10	8-12
Durchgänge (Sets)/ Pause zw. Sets	2-3/P 90-120 s	2-3/P 15-30 s	2-3/P 30-60 s
Wiederholungen	6-8	15-20	8-12

Übungsbeispiele:

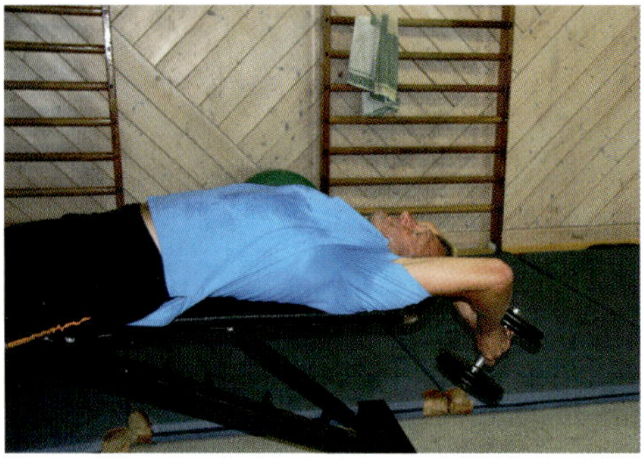

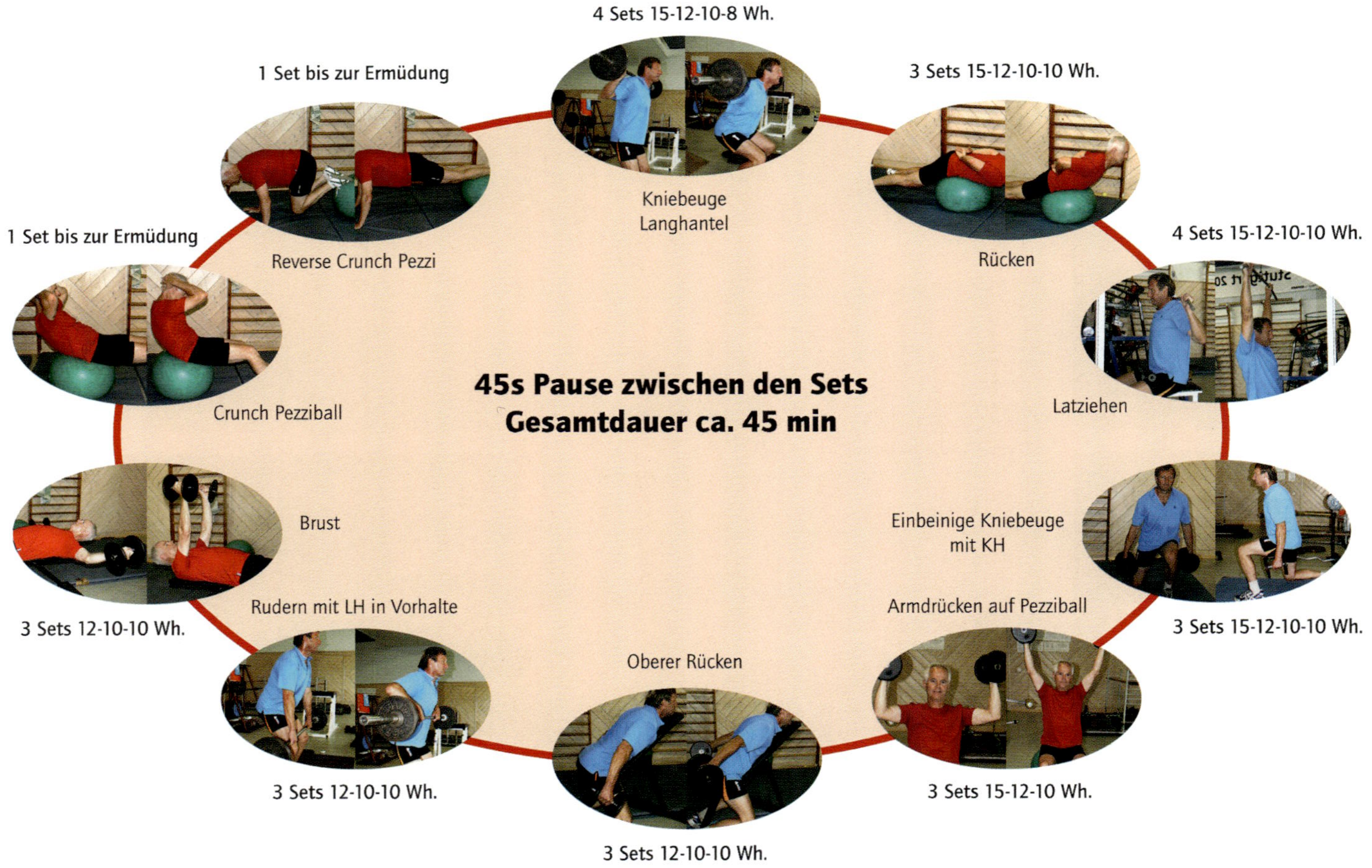

Abb. 57: Beispiel für ein allgemeines Kräftigungsprogramm

Abb. 58: Beispiel für ein allgemeines Muskelaufbauprogramm

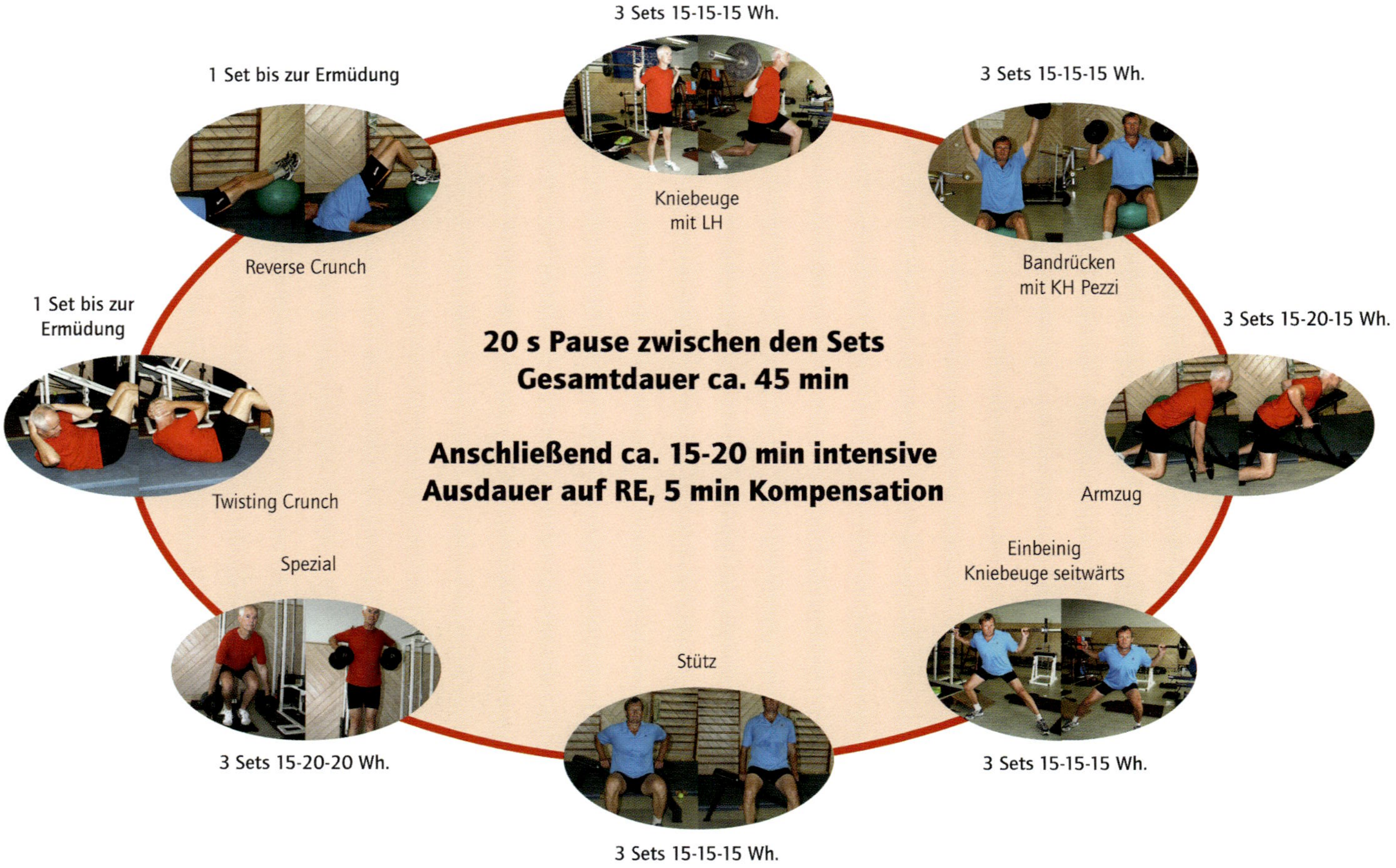

Abb. 59: Beispiel für ein allgemeines Kraftausdauertraining

Für Einsteiger oder weniger gut trainierte Masterruderer sind die Übungen zu variieren und sowohl die Anzahl der Sets als auch die der Übungen etwas zu reduzieren.

Spezielles Krafttraining im Boot und auf dem Ruderergometer
Ein spezielles Krafttraining im Rudern sollte folgende Merkmale haben:

- Die kinematischen Parameter sollten mit der Ruderbewegung identisch sein.
- Die vom Ruderer aufzubringende Kraft sollte einen Trainingseffekt auf die Kraftausdauer erzielen.

Letztere Forderung kann erfüllt werden durch die Öffnung der Klappe (Ruderergometer – vgl. Kap. 6.3.2), durch erhöhte Widerstände im Boot, z. B. Blattgröße, Innenhebeleinstellung, Expander, Halbmannschaftsrudern, Handtuch/Lappen. Zu beachten ist, dass die Schlagfrequenzen bei einem speziellen Kraftausdauertraining deutlich reduziert werden, z. T. auch unter die Frequenzen eines extensiven Ausdauertrainings fallen.

Eine Kombination zwischen wettkampfspezifischer Rudertechnik und hohen Kraftanteilen stellt natürlich auch ein entsprechendes Schnellkrafttraining im Boot dar. Hier können 5-8 Schläge mit maximalem Krafteinsatz und maximal schneller Ausführung bei voller Schlaglänge aus der Fahrt heraus (und/oder mit halber Mannschaft) oder z. B. 10 Schläge mit maximalem Krafteinsatz in Rennfrequenz und mit voller Schlaglänge aus dem Stand heraus eingesetzt werden.

Für das Training ambitionierter Masterruderer und unter Anbetracht organisatorischer Aspekte sei das Halbmannschaftsrudern empfohlen, das gleichzeitig auch als eine Form des Techniktrainings genutzt werden kann, z. B. indem der/die Partner ihre Blätter vom Wasser nehmen und somit neben dem Krafttrainingseffekt auch eine hohe Anforderung an das Gleichgewicht gestellt wird. Oftmals ist es gerade die Verbindung einer kraftbetonten Bewegungsausführung mit hohen koordinativen Anforderungen, die besondere Effekte erzielen (vgl. propriozeptives Training). Viele Ruderer und Trainer sind deshalb auch der Überzeugung, dass ein mit hohen Ansprüchen an die Koordination durchgeführtes Kraftausdauertraining im Boot als spezifisches Kraftausdauertraining ausreichend ist und somit an Land vornehmlich ein allgemeines Krafttraining notwendig ist. Insbesondere für den älteren Rennruderer ist damit nicht zuletzt auf Grund der Zeitökonomie eine Konzentration auf die Entwicklung der allgemeinen Kräftigung an Land möglich.

Krafttrainingsziele für Masterruderer
McNeely (o. J.) hat eine Tabelle erstellt, die auf idealen Kraftwerten jüngerer Rennruderer basiert und hat sie mithilfe von Faktoren für unterschiedliche Altersklassen der Masterruderer umgerechnet. Sie bietet einen Anhaltspunkt für ambitionierte Masterruderer,

inwieweit ein verstärktes Krafttraining erforderlich ist bzw. ob nicht andere Leistungsfaktoren (z. B. Koordination/Technik, Ausdauer) bevorzugt trainiert werden sollten.

Der Gebrauch der Tabelle ist einfach:

Das eigene Körpergewicht wird mit dem Faktor der Altersklasse multipliziert und man hat die „Soll-Leistung" in der jeweiligen Übung.

Berechnung:

Körpergewicht * Kraftfaktor = 1RM (Repetition Maximum)

Beispiele:

Wie viel Gewicht sollte ein 79 kg schwerer Ruderer mit 59 Jahren (= Faktor 1,03) in der Kniebeuge bewältigen können? → 79 kg * 1,03 = ca. 81,5 kg

Wie viel Gewicht sollte eine 63 kg schwere Ruderin mit 46 Jahren (= Faktor 0,82) beim Bankziehen bewältigen können? → 63 kg * 0,82 = ca. 52 kg

Tab. 34: Krafttrainingsziele für Masterruderer

Männer								
Alter	**35-39**	**40-44**	**45-49**	**50-54**	**55-59**	**60-64**	**65-69**	**70+**
Kniebeuge	1,37	1,30	1,20	1,15	1,03	0,95	0,82	0,60
Kreuzheben	1,37	1,30	1,20	1,15	1,03	0,95	0,82	0,60
Bankziehen	1,02	0,98	0,94	0,88	0,78	0,71	0,62	0,45
Frauen								
Alter	**35-39**	**40-44**	**45-49**	**50-54**	**55-59**	**60-64**	**65-69**	**70+**
Kniebeuge	1,22	1,16	1,08	1,00	0,91	0,80	0,72	0,50
Kreuzheben	1,22	1,16	1,08	1,00	0,91	0,80	0,72	0,50
Bankziehen	0,93	0,88	0,82	0,76	0,69	0,60	0,55	0,38

Krafttraining für Masterruderer sollte das ganze Jahr über stattfinden. Die Empfehlung gilt nicht nur für jene Master, die ihre Zeiten verbessern möchten, Rennen fahren und gewinnen wollen. Auch Freizeit- und Wanderruderer profitieren von einem erhaltenden Krafttraining 1 x die Woche. Der Masterrennruderer, der über die Wintermonate systematisch und regelmäßig seine Kraft gesteigert hat, verliert diese mühsam erworbenen Fähigkeiten binnen weniger Monate, wenn er sich lediglich dem Training im Boot widmet. Es genügen 1-2 Krafteinheiten (eventuell mit reduziertem Programm) pro Woche, um das erworbene und vorhandene Kraftniveau zu erhalten.

Grundsätze zur Durchführung des Krafttrainings mit Älteren

Durchführung

- Aufwärmen, Gewöhnungsübungen.
- Auswahl der Übungen nach Können.
- Agonisten – Antagonisten; muskuläre Dysbalancen vermeiden.
- Aktuelle Belastbarkeit beachten.
- Nach dem Training dehnen.
- Keine maximalen Gelenkstellungen.
- Atmung.
- Kein Rund-/Hohlrücken.
- Krafttraining immer mit mehreren, mindestens einem Partner.

Generell

- Optimale Trainingshäufigkeit: 2 x/Woche.
- Ganzjährig für alle Zielgruppen; Schwerpunktsetzungen für Rennruderer.
- Maximal 45-60 min/Einheit (ohne Aufwärmen und Gymnastik danach).
- Kein Gerätetraining nach ermüdendem Ausdauertraining.

6.3.2 Training auf dem Ruderergometer

Training auf dem Ruderergometer wird oft falsch verstanden und nicht optimal eingesetzt. Auf der einen Seite wird es gelobt als Trainingsmittel, mit dessen Hilfe sogar die Rudertechnik verbessert wird, weil man ja unmittelbar „eingreifen" und „korrigieren" kann. Auf der anderen Seite wird es oft als „Martergerät" beschrieben, auf dem man es nicht länger als 20 min aushält.

Ruderergometer haben ihren Ursprung bereits in den Anfängen der Ruderei. Einerseits wurde eine Nachbildung des Ruderplatzes gesucht, auf dem Anfänger die Ruderbewegung einfach und sicher erlernen konnten, zum anderen wurde es als Trainingsgerät eingesetzt, das die Ruderbewegung weitestgehend nachahmen und auf diese Weise die gleichen Muskelgruppen belasten sollte. Die ersten brauchbaren Geräte bestanden aus hydraulischen Widerständen, verbunden mit einem Innenhebel, der ähnlich wie beim Riemenrudern bewegt werden konnte. Solche Geräte waren z. B. auch im Trainingsraum der „Titanic" eingebaut und kurz in dem gleichnamigen Hollywoodfilm zu sehen. Man war fest davon überzeugt, dass man die Ruderbewegung auf solchen Geräten erlernen konnte.

Weiterentwicklungen simulierten die Ruderbewegung immer besser und ermöglichten zudem „objektive" Leistungsmessungen. Die Ergometer waren jedoch noch zu teuer, benötigten viel Platz und erforderten ständige Wartungsarbeiten.

Es dauerte bis Ende der 80er Jahre des vorigen Jahrhunderts, als die Gebrüder Dreisigacker aus dem kleinen Örtchen Morrisville (Vermont) mit vielen der bisherigen Nachteile aufräumten. Sie brachten eine Entwicklung in Gang, die den Rudersport nachhaltig veränderte. Als Abschlussarbeit Ihres Universitätsstudiums mussten sie eine Geschäftsidee ausarbeiten, im Englischen ein „Concept" genannt. Als Ruderer wählten sie ein Thema aus ihrem Sport und entwarfen eine Idee für eine Rudergerätefirma. Die Vision, die die Brüder zu Papier brachten, sollte Rudern für mehr Menschen zugänglich machen, basierend auf der Entwicklung neuer Rudergeräte, die für jeden erschwinglich waren. Dies war nur möglich, wenn die Geräte einfach, robust und in großen Stückzahlen herstellbar waren.

Nach erfolgreichem Abschluss des Studiums gründeten die Brüder eine Firma, die sie nach ihrer Abschlussarbeit benannten: *Concept2*. Eines der Geräte, das sie, auf dieser Geschäftsidee basierend, entwickelten, war ihr Ruderergometer. Es sollte die Bewegung und den Widerstand des Ruderschlags möglichst simulieren, robust und wartungsfrei sein, darüber hinaus Rückmeldung über Trainingszeit, Schlagfrequenz und Leistung geben und vor allem sehr preisgünstig sein. Mittlerweile sind sie absoluter Marktführer und ihre Ergometer zigtausendfach in Gebrauch. Der Mechanismus ermöglicht eine weitgehende Simulation der Ruderbewegung und der Widerstandsmechanismus ist so gestaltet, dass der Kraftverlauf dem im Boot entspricht. Damit ist es möglich, jedes Wassertraining nachzuahmen, auch jedes Renntraining.

Es gibt also keinen Grund mehr für Masterruderer, auf ein spezielles Rudertraining an Land zu verzichten. Weder Hochwasser oder Winterstürme, tropische Hitze oder einfach das Nichtvorhandensein eines Ruderbootes können heute Ruderer daran hindern, ein spezifisches Training unter bestmöglicher Kontrolle durchzuführen. Das *Concept2* Ruderergometer ist jederzeit und überall einsatzbereit, denn man findet es in jedem Ruderverein und Fitnessklub in der Welt.

concept2

concept2

concept2

concept2

concept2

concept2

concept2

Der Monitor, der die Ruderleistung misst, ist darüber hinaus so gut und verlässlich, dass verschiedene Ruderer genau miteinander verglichen werden können. Deshalb ist es möglich, international anerkannte Ranglisten aufzustellen und so ist es nicht verwunderlich, dass auf diesem Gerät sogar nationale und internationale Meisterschaften ausgefahren werden. Das heißt aber auch, dass mit diesem Ergometer eine genaue und individuelle Trainingskontrolle möglich ist, die einen ganzjährigen effektiven Trainingsprozess ermöglicht. Kein Wunder, dass die Entwicklung dieses Rudergeräts einen bedeutenden Anteil zur Leistungsanhebung in unserem Sport beigetragen hat, insbesondere im Masterrudern.

Das Ruderergometer hat einen zentralen Stellenwert im Training vieler Master. Hier sind einige Gründe dafür:

- Das Ruderergometer ermöglicht die Ausübung unseres Sports zu jeder Zeit, bei jedem Wetter und wenn mal keine Rudermöglichkeit auf dem Wasser zur Verfügung steht.
- Das Ruderergometer ist einfach zu bedienen und zu benutzen – man kann die Funktionen des Geräts (Monitor und Luftklappe) wie auch die Handhabung in wenigen Minuten erlernen.
- Solange der Ruderer eine gute Körperhaltung beibehält und die Luftklappe nicht vollends geöffnet wird, ist die Verletzungsgefahr auf dem Ruderergometer äußerst gering.
- Jeder kann das Ruderergometer benutzen, unabhängig von Körpergröße und Gewicht. Selbst Gelenkveränderungen, die eine Einschränkung des Bewegungsspielraums mit sich ziehen, erlauben eine sinnvolle Nutzung des Trainingsgeräts.
- Jeder, selbst ein ungeübter Ruderer, kann Trainingseinheiten jeder beliebigen Intensität absolvieren. Von Ausdauer- bis Rennbelastung, von lockerem Rudern bis hin zum Krafttraining, von kontinuierlichem bis Intervalltraining, jede Trainingsform und -intensität kann durchgeführt werden. Dies ist wichtig für Sportler, die das Rudern auf dem Wasser noch nicht so weit beherrschen, dass sie jede Trainingsintensität auf dem Wasser erzielen können. Man kann sich auf dem Ergometer körperlich fit machen, sodass sie dann das Rudern auf dem Wasser besser genießen und ausnutzen können.
- Das Training auf dem Ruderergometer ist höchst zeiteffektiv – es ist keine Vor- (Boot zum Wasser bringen, Stemmbrett einstellen etc.) oder Nachbereitungszeit (Boot zurück ins Bootshaus bringen, putzen etc.) notwendig. Jede zur Verfügung stehende Minute kann zum Training genutzt werden. Hinzu kommt, dass man Trainingsformen wählen kann, die in kürzester Zeit maximalen Trainingsreiz erzeugen.
- Man kann sowohl alleine als auch in der Gruppe effektiv trainieren. Es ist sogar möglich, mehrere Geräte elektronisch miteinander zu verbinden und die Ergebnisse von allen angeschlossenen Ergometern Schlag für Schlag auf einen Bildschirm oder

eine Leinwand zu projizieren, sodass gemeinsame, kontrollierte Trainingseinheiten oder Rennen möglich sind. Eine solche Zusammenschaltung ist höchst motivierend.

- Ebenso können Hilfsmittel, wie die sogenannten „Slides", benutzt werden, wobei mehrere Ergometer auf beweglichen Rollen miteinander verbunden werden. Ruderer müssen ihre Bewegungen ähnlich wie im Boot koordinieren.
- Insgesamt ist das Ruderergometer ein höchst effektives und enorm wichtiges Trainingsgerät für Ruderer jeden Alters!

Natürlich hat das Training auf dem Ruderergometer auch Grenzen und Nachteile:

Die Ausübung unseres Sports in freier Natur, auf dem Wasser und in einer Mannschaft ist viel reizvoller, erfordert weitaus größere koordinative Möglichkeiten. Das Ergometertraining wird schnell als langweilig oder demotivierend empfunden. Vor allem das Erlebnis, als Vierer- oder Achtermannschaft in einem Boot zusammen zu rudern, kann durch dieses Trainingsgerät nicht ersetzt werden.

Eine positive Einstellung zum Trockenrudern hilft, das Training möglichst entspannt, gewinnbringend und oftmals sogar interessant zu gestalten. Hierbei sollten viele Variationen angewandt und die Gefahr von Überbelastung vermieden werden. Hier ein paar Tipps:

- **Freue dich auf das Training!** Wer das Ergometer richtig nutzt, kann enorme Trainingsfortschritte machen und sich an seiner Leistung erfreuen.
- **Wähle eine angemessene Trainingsdauer!** Masterruderer, die im Aufbautraining sind, sollten sich auf 15-20 min beschränken; gut trainierte Sportler können 60 min (und mehr) auf dem Ergometer rudern.

- **Variiere das Training!** Es ist nicht jedermanns Sache, 45 min konstant auf dem Ergometer durchzurudern. Die Gesamtzeit kann aufgesplittet werden (vgl. Trainingsvorschläge). Weitere Variationsmöglichkeiten bestehen in der Schlaglänge, Griffhaltung, Kraftverlauf, dem Rudern mit Schuhen aus den Schlaufen, Mannschaftstraining, bei dem sich z. B. zwei Ruderer auf einem Gerät abwechseln, Technikvariationen (z. B. Pause im Finish, betonter Durchzug und langsames Vorrollen, Schläge nur mit Beinbewegung ohne Arme- und Rückeneinsatz).
- **Wähle die richtige Intensität!** Zahlreiche Masterruderer neigen dazu, die Intensität zu hoch zu „schrauben". Plant man, 20 min durchzurudern und fängt mit einer relativ hohen Leistung an, dann werden einem die Minuten auf dem Gerät wesentlich länger vorkommen und man wird vielleicht sogar gezwungen sein, mit zunehmender Belastungsdauer die Leistung zu reduzieren. Durch die Anzeige auf dem Display, die dann unweigerlich die abfallende Leistung anzeigt, wird der Ruderer schnell frustriert. Die Intensität muss zur individuellen Leistungsfähigkeit passen. Lange Trainingseinheiten sollten locker und entspannt durchgefahren werden und wenn man „richtig Gas geben will", werden kurze Intervalle mit langen Pausen gewählt.
- **Trainiere in der Gruppe!** Es ist motivierender, ein Ergometertraining mit einer Gruppe durchzuziehen. Lasse für jedes Intervall einen anderen Ruderer die konkrete Trainingsausführung wählen: Einer nach dem anderen gibt für das nächste Intervall die Schlagfrequenz, Luftklappeneinstellung, Technikaufgabe und Intensität an. Alle Ruderer sind in die Trainingsgestaltung einbezogen, viele Variationen werden ermöglicht und andere Zielsetzungen angesprochen.
- **Integriere auch Rennen in das Training!** Dazu wird die richtige Streckenlänge oder Testdauer gewählt: Für die Ausdauer kann man z. B. 5-km oder 20-min-Rennen fahren; zur Rennvorbereitung können 1-min-Intervalle angesetzt werden. Sind große Leistungsunterschiede in einer Trainingsgruppe vorhanden, können Handicaps eingebaut werden. So kann z. B. der eine Ruderer 1.000 m für das Rennen einstellen, während der stärkere Ruderer 1.100 m einstellen muss.

Selbstverständlich nimmt die Leistung – auch die eines Masterruderers – über die Jahre hinweg ab. Man sollte auch nicht täglich neue Topleistungswerte erwarten.

Merke! Es ist nicht möglich, auf dem Ergometer die Rudertechnik zu erlernen, die im Boot gebraucht wird. Rudern auf dem Ergometer ist im Grunde genommen etwas total anderes als Rudern auf dem Wasser. Es fehlt eben die Balance, die Handhabung der Ruder und die Anpassung an Wind und Wellen.

Ein eventuelles „Technik"-Training auf dem Ergometer ist darauf zu beschränken, dass Bewegungen verhindert werden, die Schädigungen begünstigen und dass die Bewegungen richtig „gekoppelt" werden. Beispiel: Handhaltung am Rudergriff (z. B. flacher Handrücken, entspannte Fingerhaltung). Es macht aber auch keinen Sinn, unnötig Zeit und Nerven daran zu verschwenden, das Herunterdrücken zum Vorrollen zu erlernen. Allerdings wäre es falsch, wenn der Griff auf einer höheren Ebene zurückgeführt wird als beim Durchzug. Die Rudertechnik auf dem Ergometer sollte einfach und gesund sein.

Die Festlegung der Trainingsintensität wird durch den Monitor erleichtert. Die geläufigste Anzeige, die auch eine Verbindung zum Rudern auf dem Wasser herstellt, ist die „500-m-Splitzeit". Diese Anzeige zeigt an, wie schnell ein Ruderer 500 m im Vierer ohne Steuermann zurücklegen würde, wenn er mit der jeweiligen Intensität arbeiten würde. Diese Einheit ist der Angabe nachempfunden, die in Rennen oft genutzt wird. Viele Ruderer haben für diese Einheit ein Gefühl entwickelt und es ist deshalb motivierend, mit dieser Angabe auf dem Ergometer zu rudern.

Die Splitzeiten, die ein Ruderer für die verschiedenen Trainingsintensitäten einhalten kann, stehen in einem recht engen Zusammenhang. Der stärkere Athlet kann natürlich für jede Trainingsintensität schneller rudern, aber die Intensitätsunterschiede sind für jeden Ruderer etwa ähnlich. Berechnungen zeigen, dass man 11 s pro 500 m schneller für eine Trainingsintensität an der anaeroben Schwelle oder 23 s schneller für eine 1.000-m-Rennintensität als die Intensität für den Grundlagenausdauerbereich ist (vgl. Tab. 35 zu den Unterschieden in den verschiedenen Trainingsintensitäten). Ein Ruderer braucht also nur die Splits für eine Intensität zu kennen, um alle anderen Intensitäten davon abzuleiten. Um nun die individuelle Belastungsintensität festzustellen, muss der Ruderer einen der folgenden Tests absolvieren.

Tab. 35: Zusammenhang der Splitzeiten für die einzelnen Intensitäten und der notwendigen Tests, um die individuelle Leistungsfähigkeit festzustellen

Trainings-intensität	Zeitunterschied in s für 500-m-Split im Vergleich zu Grundlagenausdauer	Tests zur Feststellung der 500-m-Splitzeit für Trainingsintensität
1.000-m-Renntempo	23	1.000-m-Rennen
2.000-m-Renntempo	19	2.000-m-Rennen
Anaerobe Schwelle	11	10.000-m-Rennen
Intensive Ausdauer	6	15.000-m-Rennen
Grundlagen-ausdauer	0	Intensität, bei der man sich gerade noch unterhalten kann

Beispiel 1: Ein Ruderer rudert 1.000 m mit maximaler Intensität und erreicht 4:04 min. Die durchschnittliche Splitzeit, die am Monitor abgelesen werden kann, ist dann 2:02 min. Wenn er für sein Training z. B. 6 x 250-m-Intervalle in dieser Intensität rudern will, sollte er diese mit eben 2:02-min-Splits absolvieren. Bei einem kontinuierlichen Grundlagenausdauertraining über 45-60 min müsste er 2:25-min-Splits einhalten (2:02 min + 23 s = 2:25 min). Diese – zugegebenermaßen grobe Berechnung der Intensitäten – stellt auf dem Niveau eine gute und hinreichende Intensitätsberechnung dar.

Beispiel 2: Wenn derselbe Ruderer anstatt der 1.000 m lieber einen längeren Test machen möchte, z. B. 10.000 m auf Bestzeit rudern, und eine Gesamtzeit von 44:40 min benötigt (entspricht einer Splitzeit von 2:14 min), sollte er für sein 60-min-Ausdauertraining 2:14 min + 11 s = 2:25 min einhalten oder für seine 6 x 250-m-Intervalle 2:14 min – 12 s = 2:02-min-Splitzeiten rudern.

Tab. 36 gibt eine Übersicht über diese Zusammenhänge. Vertikal sind die Splitzeiten für Sportler mit unterschiedlichen Leistungsfähigkeiten angegeben. Die angegebenen Splitzeiten sind brauchbare Annäherungen, die Beibehaltung der Trainingsintensität ist von der Tagesform abhängig. Dafür muss der Masterruderer ein Gefühl entwickeln, um vor allem Überlastungen zu vermeiden. Wenn z. B. eine 2:00-min-Splitzeit als individuelles Maß für eine bestimmte Intensität gefunden wurde, so kann es sein, dass nach einem stressvollen Tag besser mit 2:02-min-Splits trainiert wird. Auch ist darauf zu achten, dass Trainingserfolge erzielt werden. Nach einigen Wochen effektiven Trainings kann die Zeit auf 1:59 min angehoben werden, um denselben Trainingseffekt zu erzielen.

Tab. 36: Splitzeiten für Ruderer unterschiedlicher Leistungsfähigkeit für einzelne Trainingsintensitäten

Trainings-intensität	LEISTUNGSBEREICHE (500-m-Splitzeit für Trainingsintensität)								
1.000-m-Renntempo	2:07	2:02	1:57	1:52	1:47	1:42	1:37	1:32	1:27
2.000-m-Renntempo	2:11	2:06	2:01	1:56	1:51	1:46	1:41	1:36	1:31
Anaerobe Schwelle	2:19	2:14	2:09	2:04	1:59	1:54	1:49	1:44	1:39
Intensive Ausdauer	2:24	2:19	2:14	2:09	2:04	1:59	1:54	1:49	1:44
Grundlagen-ausdauer	2:30	2:25	2:20	2:15	2:10	2:05	2:00	1:55	1:50

Am Concept2-Ergometer kann die Luftklappe variiert werden. Dadurch lässt sich der Luftdurchfluss am Windrad regulieren. Stellung 1 entspricht dem geringsten Luftdurchfluss und erzeugt somit den geringsten Widerstand, während Stellung 10 den höchsten Widerstand bedeutet. Stellung 2-3 entspricht etwa der Hebeleinstellung in einem Rennen. Stellung 10 kann man mit einer Trainingseinheit mit Dose vergleichen, die, am Boot befestigt, hinterhergezogen wird oder mit „halber Mannschaft rudern". Eine normale Trainingseinheit sollte deshalb möglichst mit der Klappeneinstellung zwischen 2-3 absolviert werden.

Der Widerstand, den das Windrad der Zugbewegung entgegensetzt, kann durch die Verschmutzung (Staub am Windradgitter) beeinflusst werden. Deshalb sollte das Ergometer regelmäßig gereinigt werden, indem man das Windradgitter abnimmt und mit einem Staubsauger reinigt. Je nach Verschmutzungsgrad kann die Klappenstellung falsch sein und somit zu unterschiedlichen Widerständen führen. Zwar ist die Messgenauigkeit des Ergometers nicht beeinflusst, da der Computermonitor den korrekten Widerstand für jeden Schlag berechnet. Die Belastung des Ruderers auf verschiedenen Ergometern kann jedoch unterschiedlich sein.

Bei regelmäßig gewarteten und gesäuberten Ergometern ist die Klappeneinstellung zwischen den Ergometern vergleichbar. Mit der Funktion „Dragfactor" (Widerstands-Faktor) ist der Widerstand genau einstellbar und kann mit einer bestimmten Tastenkombination gefunden werden (siehe Gebrauchsanleitung). Der Widerstand, der einer normalen Booteinstellung nahekommt, erzeugt einen Dragfactor von 115-130, mit dem das normale Training oder die Rennbelastung ausgeführt werden sollte. Möchte ein Masterruderer seinen Rücken schonen, sollte er einen Dragfactor von 100-110 einstellen. Wird ein Dragfactor von 120 mit einer Klappeneinstellung von vier oder mehr erreicht, muss das Windrad geöffnet und gereinigt werden.

Zusammenfassend sollen hier nun einige Ideen für Trainingseinheiten auf dem Ergometer gegeben werden:

Tab. 37: Effektiv, kurzweilig und gesund Trainieren auf dem Ruderergometer

TRAININGS-ZIEL	IDEEN FÜR TRAININGS-VARIATIONEN	DARAUF SOLLTE GEACHTET WERDEN
Grundlagen-ausdauer	• Kontinuierliches Training beliebiger Länge (15 min bis zu über 120 min) > Konstante Schlagfrequenz > Variation in Schlagfrequenz > Variation in Luftklappeneinstellung • 30/20/10 min mit 3 min Pause • 1-4 x (4/3/2/1/2/3/4 min mit 5 min Pause und unterschiedlichen Schlagfrequenzen) • 2-6 x (4/3/2/1 min mit 2 min Pause und unterschiedlichen Schlagfrequenzen) • 4-20 x 5 min mit 1 min Pause	• Luftklappenstellungen 1-4 bevorzugen. • Einhaltung der individuellen Splitzeit. • Ruderer sollten sich noch unterhalten können. • Fange mit kürzeren Einheiten an und verlängere Schritt für Schritt. • Achte auf „gesunde" Technik. • Trinke genügend bei längeren Einheiten.

Intensive Ausdauer	• Kontinuierliches Training beliebiger Länge (10 min bis 60 min oder 2,5-12 km) > Konstante Schlagfrequenz > Variation in Schlagfrequenz > Variation in Luftklappeneinstellung • 20/15/10/5 min mit 5 min Pause • 1-3 x (4/3/2/1/2/3 min mit 5 min Pause und unterschiedlichen Schlagfrequenzen) • 2-4 x (3/2/1/2/3 min mit 4 min Pause und unterschiedlichen Schlagfrequenzen) • 4-10 x 5 min mit 1 min Pause	• Luftklappenstellungen 1-4 bevorzugen. • Einhaltung der individuellen Splitzeit. • Bei niedrigen Schlagfrequenzen muss auf gute Kraftentfaltung geachtet werden. • Bei höheren Schlagfrequenzen locker bleiben. • Training fühlt sich am Anfang zu leicht an, wird anstrengender zum Ende hin.
Anaerobe Schwelle	• 10 km oder 5 km auf Zeit • 40 min nonstop – 3 min mit 3 s Split langsamer/2 min mit 1 s Split schneller als individuelle Splitzeit • 2-5 x 2 km mit 4 min Pause • 15/10/5 min mit 3 min Pause • 2-4 x 7 min mit 4 min Pause • 10 x 3 min mit 2 min Pause	• Luftklappenstellungen 1-4 bevorzugen. • Intensität der individuellen Splitzeit beibehalten. • Training ist anstrengend und man muss motiviert herangehen. • Training in der Gruppe hilft.
Kraft-ausdauer	• 5-10 x 10 Schläge volle Kraft Schlagfrequenz 20 mit 3 min Pause • 5-10 x 100 m auf Bestzeit mit 3 min Pause • 1-3 x kontinuierlich 20 min locker mit 10 Schlägen volle Kraft alle 4 min • 1-10 min volle Kraft mit Schlagfrequenz 18 • 5 km auf Bestzeit mit Schlagfrequenz 19 • 5-10 x 1 min ohne Rollbahnbenutzung (also nur Oberkörper und Arme)	• Luftklappenstellungen kann bis 10 gewählt werden, jedoch besonderes Augenmerk auf gute Rückenhaltung. • Sehr ruhige Schlagfrequenzen bevorzugen. • Sehr ruhige Schlagfrequenzen bevorzugen. • Volle Entspannung beim. Vorrollen und maximaler Einsatz beim Durchzug.
Langstrecken-rennen	• 42,195 km Marathon • 20 km • 10 km • 5 km	• Luftklappenstellungen 1-4 bevorzugen. • Schlagfrequenzen locker und entspannt hochhalten. • Mit möglichst konstanter Intensität duchrudern. • Genügend trinken bei Tests über 60 min Länge. • Test in der Gruppe hilft.

1.000-m-Rennen	• 1.000 m maximale Leistung – Rennprofil sollte angestrebt werden mit höchster Intensität am Anfang, abfallenden Splits in der Mitte und Sprint auf den letzten 200 m. • Luftklappenstellungen 1-4 bevorzugen.	• Luftklappenstellungen 1-4 bevorzugen. • Gut einrudern. • Volle Konzentration und Motivation.

Sicherheit und Wohlergehen sollten auch beim Training auf dem Ruderergometer an erster Stelle stehen. Deshalb

Vor dem Training:
- Griff, Sitz, Schiene und Stemmbretter auf Sauberkeit prüfen,
- Luftklappe auf gewünschte Position einstellen,
- Fußhalterung entsprechend der Schuhgröße und Beweglichkeit einstellen,
- Gurte festziehen.

Während des Trainings:
- Griffe nicht unkontrolliert loslassen,
- Kette nicht verdrehen,
- Immer mit beiden Händen rudern.

Nach dem Training:
- Griff am Windrad ablegen,
- Sitze, Griff, Monitor, Stemmbrett und Schiene abwischen.

Bewährt hat sich bequeme, eher eng anliegende Kleidung. Es sollte auf keinen Fall ein Kleidungsstück vom Sitz herabhängen, da es sonst vom Rollsitz erfasst werden kann. Ein Training mit Sportschuhen empfiehlt sich; sie sollten jedoch nicht zu breite Sohlen haben (keine Laufschuhe!).

6.3.3 Allgemeines und ergänzendes Ausdauertraining für Masterruderer

Auf die Bedeutung der Ausübung zusätzlicher Sportarten und allgemeiner Trainingsformen über das Rudern hinaus wurde für die unterschiedlichen Zielgruppen der Masterruderer bereits hingewiesen. Neben einem zusätzlichen Krafttraining hat ein ergänzendes Ausdauertraining nicht nur eine positive Transferwirkung zur ruderischen Leistungsfähigkeit insgesamt, die Durchführung weiterer Sportarten erweitert das Bewegungsangebot, bietet Alternativen unter Zeitknappheit, spezifischen Verletzungen, muskulärer Überbeanspruchung und lässt sich in die Urlaubs- und Ferienplanung unter verschiedenen klimatischen wie geografischen Bedingungen einbauen.

Ausdauer wird auch als Ermüdungswiderstandsfähigkeit bei Bewegungsaktivität großer Muskelgruppen bezeichnet. Durch das Ausdauertraining soll erreicht werden, dass eine Belastung über einen möglichst langen Zeitraum ohne Ermüdungserscheinungen ausgehalten wird. Bereits nach wenigen Ausdauereinheiten verbessert sich die Leistungsfähigkeit und das körperliche Wohlbefinden wird gesteigert.

Als Maß für die Ausdauerleistungsfähigkeit gilt die maximale Sauerstoffaufnahme/min (VO_2max/min). Da in der zweiten Lebenshälfte z. B. infolge der Veränderungen des Herz-Kreislauf-, des Gefäß- und des Atemsystems die Ausdauerfähigkeit abnimmt, sollte dieser Entwicklung mit sportlicher Aktivität begegnet werden, um das Leistungsniveau möglichst lange aufrechtzuerhalten. Die Ausdauerfähigkeit ist während der gesamten Lebensspanne trainierbar und wird daher als entwicklungsneutral bezeichnet.

Ähnlich der Einteilung im Krafttraining lässt sich das Ausdauertraining hinsichtlich der Bedeutung für ein sportartspezifisches Leistungsvermögen in eine **allgemeine** und **spezielle Ausdauer** einteilen. Das allgemeine Ausdauertraining wird im Rennrudertraining auch als Basisvermögen für die ruderische Leistungsfähigkeit angesehen, während die spezielle Ausdauer das an die Belastungsstruktur des Ruderns angepasste Ausdauervermögen darstellt (z. B. die Entwicklung der Grundlagenausdauer oder der wettkampfspezifischen Ausdauer im Boot).

Ein Ausdauertraining steigert – ob im Rudern oder in einer anderen Sportart – sowohl die Lebenserwartung als auch die Lebensqualität. Es kommt zu einer vegetativen Umstellung des Organismus, die ökonomisierende und schonende Konsequenzen für das Herz-Kreislauf-System hat (vgl. Abb. 61). Voraussetzung ist ein Ausdauertraining unter ausreichendem Sauerstoffangebot (aerobes Ausdauertraining), mit einer Mindesbelastungsdauer von 15-20 min und einem Einsatz von mindestens der Hälfte der Muskulatur.

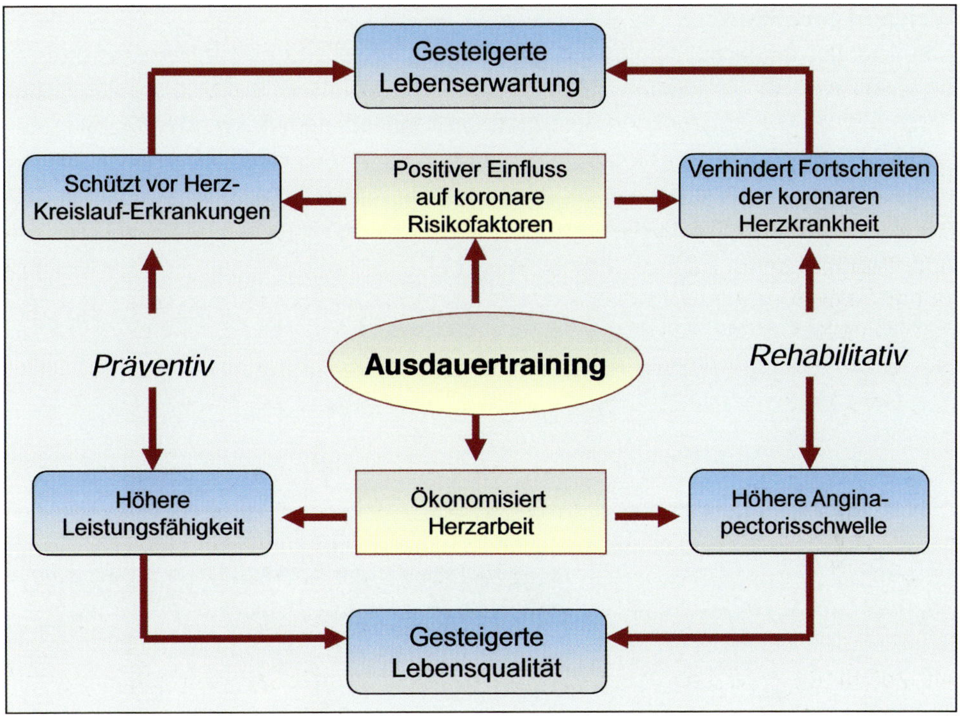

Abb. 60: Wirkungen des Ausdauertrainings (mod. nach Feldt, 1999)

Die Ursachen für die Ökonomisierung des Herz-Kreislauf-Systems sind in den Anpassungsreaktionen der trainierten Muskulatur zu suchen (Feldt, 1999):

- Vergrößerung und Vermehrung der Mitochondrien (sog. „Kraftwerke" der Muskelzelle. In ihnen laufen nur mithilfe von Sauerstoff die aeroben Stoffwechselvorgänge ab).
- Verbesserte Auffüllung der Zuckerdepots in der Muskulatur und Leber.
- Erhöhte Teilnahme der Fettverbrennung und damit Schonung des Zuckerstoffwechsels.
- Optimierung der Blutverteilung während der Belastung zwischen aktiver und passiver Muskulatur.
- Zunahme der Kapillarisierung, was eine bessere Sauerstoffausnutzung des Blutes zur Folge hat.

Welche Sportarten?

Das Angebot möglicher Sportarten und Bewegungsaktivitäten zur Verbesserung der aeroben Ausdauer der Masterruderer ist enorm groß. Generell kommen die sportlichen Aktivitäten in Frage, bei denen die Muskulatur immer wiederkehrende (zyklische) Bewegungen durchführt. Da Rudern eine Sportart ist, wo das Herz viel Blutvolumen mit relativ hohem Druck pumpen muss, bieten sich für Masterruderer vor allem unter dem Aspekt des Gesundheitssports Sportarten an, die eine geringere Druckarbeit des Herzens erfordern, wie z. B.

- schnelles Gehen/Walken,
- Bergwandern,
- Laufen,
- Schwimmen,
- Radfahren oder
- Skilanglauf.

Ein Ausdauertraining, das sich auch als Alternative zum Training der Masterrennruderer eignet, bietet: Mountainbiken, Spinning, ein Ausdauerzirkel oder Bergtouren. Hier wird der Kraftanteil deutlich höher. Für Trainingseinsteiger und unter gesundheitlichen Gesichtspunkten ist bei diesen Aktivitäten jedoch darauf zu achten, dass die Gefahr einer Übersäuerung der Muskulatur nicht zu groß wird.

Tab. 38: Geeignete Sportarten zum ergänzenden Ausdauertraining für Master

Sportart	Belastungs-empfehlung	Zielgruppe R	F	G	K	Vorteile	Nachteile	Anmerkung
Ruder-ergometer	20-60 min; extensive Ausdauer – Wettkampf V-II	X	X	X		• Genaue Dosierung • Fast wie Rudern • Witterungsunabhängig • Gute Vergleichsmöglichkeiten • Wettbewerbe • Ganzkörperkräftigung	• Gefahr von Langeweile • Größerer Raum nötig • Kann Rudertechnik negativ beeinflussen	Bis ins späte Erwachsenenalter möglich. Als Alternative zum (nicht möglichen) Bootstraining oder als Heimtraining
Laufen	20-80 min; extensive + intensive Ausdauer V-IV	X	X	X	X	• Jederzeit und fast überall durchführbar • Unabhängigkeit von Sportgerät • Einfache Bewegungsstruktur	• Überlastungsgefahr für Gelenke, insbesondere für schwerere Läufer	
(Berg-) Wandern	60-300 min; extensive Ausdauer VI-V	X	X	X	X	• Einfache Bewegung • Naturerlebnis • Gruppenerlebnis • Großer Umfang möglich	• Z. T. Anfahrt erforderlich • Witterungsabhängig • Gelenkbelastung	Für alle Altersgruppen sinnvoll und möglich
Nordic Walking	45-90 min; regenerativ, extensive Ausdauer VI-V			X	X	• Sehr schonendes Ganzkörpertraining auf geringerem Niveau • Einfache Bewegungstechnik • Natur und Kommunikation		
Schwimmen	20-60 min; Regenerativ, ext.-intensive Ausdauer VI-IV	X	X	X	X	• Kräftigung der Rumpf- und Schulter-muskulatur • Gelenkschonend • Physikalische Reize • Abhärtung des Körpers	• Technik z. T. schwierig • Muskulatur ermüdet bei Ungeübten schnell • Infektionsgefahr • Überfüllte Bäder	Bis ins späte Erwachsenenalter möglich, sollte fester Bestandteil des Ergänzungstrainings (z. B. 1 x/Woche) sein

Sportart	Belastungsempfehlung	Zielgruppe R	F	G	K	Vorteile	Nachteile	Anmerkung
Aquajogging	20-40 min; extensive – intensive Ausdauer V-IV	X	X			• Gelenkschonend • Entlastung der Wirbelsäule • Aktive Entspannung der Muskulatur • Physikalische Reize • Geringe Technikanforderungen • Alternative zum Schwimmen • Leicht zu erlernen, sofort durchführbar	• Platz im Schwimmbad • Organisation	
Rennrad MTB Radwandern	30-200 min; VI-IVI					• Gelenkschonend • Hohe Umfänge möglich • Beinkraftentwicklung	• Straßenverkehr • Unfallgefahr • Z. T. teure Ausrüstung	Sollte auf dem Rennrad und in verkehrsreichen Gegenden den bis max. 55-60-Jährigen vorbehalten bleiben.
	30-120 min; VI-IV	X	X			• Rennrad besonders geeignet für gleichmäßige Belastungen	• Wetterabhängig	
	60-360 min; VI-V	X	X	X		• MTB unabhängig von Verkehrswegen, koordinative Anforderungen erhöhen Reiz; Fahrten im Gelände	• Höhere koordinative Anforderungen • Sturzgefahr • Gefahr der Überforderung durch Gelände	Nicht allzu lange Steigungen im Mountainbiken ab dem Alter von 55-60 Jahren.
	Regenerativ, extensive + intensive Ausdauer	X	X	X	X			
Spinning (Radergometer)	20-40 min; V-VI Extensive + intensive Ausdauer	X	X	X	X	• Radergometer: Wetterunabhängig, einfache und individuelle Leistungsdosierung	• Gefahr der Überforderung • Langeweile	

Sportart	Belastungs-empfehlung	Zielgruppe R	F	G	K	Vorteile	Nachteile	Anmerkung
Inline-Skating	15-100 min; VI-V Regenerativ, extensive Ausdauer	X	X	X		• Schonende Beanspruchung von Muskeln und Gelenken • Gleichgewichtsschulung • Rhythmusschulung • Längere Strecken möglich	• Sturz- und Verletzungsgefahr • Nicht überall ausführbar • Ausrüstung	Aufgrund der Sturz- und Unfallgefahr sollte diese Sportart möglichst nicht mehr von älteren Frauen und Männern ausgeübt werden.
Skilanglauf Klassisch & Skating	45-300 min; VI-IV Regenerativ, extensive + intensive Ausdauer	X	X	X	X	• Ganzkörperbelastung – Ausgleich muskulärer Dysbalancen • Einsatz der im Rudern ähnlichen Muskelgruppen • Gleichgewichtsschulung • Dosierter Krafteinsatz • Gelenk schonend • Trainingsmittel im Winter(urlaub) • Wettbewerbe für Nicht-Leistungssportler Fahrten im Gelände • Naturerlebnis • Lange Strecken möglich • Ausgleich muskulärer Dysbalancen • Individuelle Belastungsdosierung	• Schnee und Loipe erforderlich • Ausrüstung • Witterungsabhängig • Erhöhte koordinative Anforderungen – Bewegung muss erlernt werden	Ideale Ergänzungssportart bis ins höhere Alter; als Schneewandern bis hin zum sportlichen Skilanglauf möglich bei entsprechender Unterweisung in der Technik

Wesentliche Kriterien für die Auswahl einer zum Rudern ergänzenden Ausdauersportart sind:

1. Vorliebe, Spaß,
2. technisches Können,
3. Einbindung in Gruppe,
4. Gegebenheiten, Situation und
5. Dosierungs- und Steuerungsmöglichkeiten für das geplante Trainingsziel.

Wie kann die Ausdauerleistungsfähigkeit im Alter gesteigert werden?
Die besten Effekte werden bei Ausdaueraktivitäten mit Beteiligung großer Muskelgruppen erzielt. Dabei müssen längere Belastungsphasen von mindestens 15-20 min erreicht werden, die nicht selten über mehrere Stunden andauern können. Je länger die Belastungsdauer, desto geringer muss die Intensität sein. Unter der gesundheitlichen Perspektive wird zwischen einem Minimal- und einem Optimalprogramm unterschieden (vgl. Boeckh-Behrens und Buskies, 2002). Ein Minimalprogramm muss durchgeführt werden, wenn man nennenswerte positive gesundheitliche Effekte erzielen möchte. Untrainierte steigern ihre Leistungsfähigkeit zu Beginn auch mit einem relativ geringen Belastungsumfang, der aber nach entsprechenden Anpassungen erhöht werden muss. Das Optimalprogramm muss individuell angepasst werden. Hier spielt vor allem ein Rolle, inwieweit eine Steigerung des Trainingsumfangs und -aufwands im Verhältnis zur dann noch zu erzielenden Verbesserung der Gesundheitseffekte steht.

Tab. 39: Gesundheitsminimal- und -optimalprogramme im Ausdauersport

	Gesundheits-minimalprogramm	Gesundheits-optimalprogramm
Belastungsumfang	60 min/Woche, z. B. 9-12 km Laufen oder 20-25 km Radfahren Zusätzlicher Kalorienverbrauch ca. 500-1.000 Kcal	180 (120-240) min/Woche, z. B. 35-40 km Laufen oder 50-175 km Radfahren Ca. 2.000-3.000 Kcal Mehrverbrauch
Belastungsintensität	Ca. 50 % der VO_2max Herzfrequenz 160 – Lebensalter	70-80 % der VO_2max Herzfrequenz 170 – 1/2 Lebensalter
Anzahl der Trainingseinheiten	3 x 20 oder 2 x 30 min oder 5 x 12 min	3 x 60 min oder 6 x 30 min oder 5 x 40 min

Möglichkeiten der Intensitätssteuerung im gesundheits- und fitnessorientierten Ausdauertraining

Eine Steuerung des Ausdauertrainings älterer Sportler sollte nicht allein über die – meist in Formeln beschriebenen – Herzfrequenzen gehen. Biologische (individuelle) Variabilität und zahlreiche Einflussfaktoren, wie z. B. auch die betriebene Ausdauersportart, können die errechneten Herzfrequenzen durchaus zu hoch oder zu niedrig in Bezug auf das Trainingsziel erscheinen lassen. Es bietet sich eine Kopplung der Herzfrequenz an andere Steuerungsgrößen, wie z. B. an das **subjektive Beanspruchungsempfinden** (SBE), an.

Das SBE stellt eine geeignete Steuermöglichkeit dar. Dies umso mehr, je zuverlässiger die eigene Körperwahrnehmung des Sportlers und die reale Selbsteinschätzung sind. Zur Abschätzung der Beanspruchung wird eine 18-stufige Skala vorgeschlagen (Tab. 40).

Tab. 40: Werteskala zur Einschätzung des subjektiven Beanspruchungsempfindens (mod. nach Borg, 1985)

1 Keine Anstrengung	7 Noch leicht	13 Anstrengend
2	8	14
3 Sehr leicht	9 Mittel	15 Sehr anstrengend
4	10	16
5 Leicht	11 Etwas anstrengend	17 Maximale Anstrengung
6	12	18

Der Vorteil des SBE als Steuerungsgröße besteht darin, dass das SBE permanent während des Trainings ohne irgendwelche Messungen präsent ist und einen unmittelbaren Eindruck der aktuellen Belastungssituation vermittelt (Buskies, 2001, S. 41).

Vor allem Neueinsteiger und wenig Trainierte sollten sich auf ein subjektives Empfinden von „noch leicht" bis „mittel" einlassen. Die korrespondierenden Laktatwerte liegen hier meist im erwünschten und effektiven Bereich. Vorsicht ist in manchen Sportarten geboten bezüglich der Unterschiede in den Altersgruppen. Während beim Joggen vor allem bei älteren Freizeitsportlern bei der gleichen Vorgabe im Vergleich zu jüngeren Sportlern oft zu hohe Belastungsintensitäten registriert wurden, ist interessant, dass sich Frauen bei einem gegebenen SBE gerne etwas niedriger belasten (gemessen am Blutlaktatspiegel). Eine weitere Rolle scheint die Erfahrung und das technische Vermögen in der jeweiligen Sportart zuspielen. So belasten sich z. B. technisch gute Skilangläufer den Vorgaben entsprechend adäquater als technisch weniger geübte Langläufer (vgl. Melges und Fritsch, 1999).

Zur Steuerung der individuellen und gewünschten Trainingsintensität kann auch die Atmung dienen. Buskies (2001, S. 41) schlägt beim Laufen von weniger trainierten und älteren Sportlern den Vier-Schritt-Atemrhythmus vor, wobei eine Aus- und Einatemaktion über acht Schritte erfolgt (z. B. vier Schritte Einatmung und vier Schritte Ausatmung oder drei Schritte Einatmung und fünf Schritte Ausatmung). Jüngere und Trainierte können die Atemschrittfolge auf sieben oder sechs Schritte verkürzen.

Nach wie vor ein gutes Kriterium zur Gestaltung der Trainingsintensität ist der Merksatz „Laufen ohne zu schnaufen". Er lässt sich natürlich auch auf andere Ausdauersportarten übertragen. Die Belastung ist so zu dosieren, dass noch ein zusammenhängendes Gespräch mit einem Trainingspartner möglich ist.

Tab. 41: Übersicht über die Möglichkeiten der Dosierung der Belastungsintensität für ein fitnessorientiertes Ausdauertraining für ältere Menschen (mod. nach Boeckh-Behrens und Buskies, 2002)

Steuerungsparameter	Z. B. Laufen	Z. B. Radfahren	Andere Ausdauersportarten
Laktat	Bis 3-4 mmol/l		
Herzfrequenz	Karvonen-Formel mit 60-75 % Intensität je nach Alter und Leistungsfähigkeit Trainingsherzfrequenz = 190/195 – Lebensalter +/-5	Karvonen-Formel mit 60-70 % Intensität je nach Alter und LF Trainingsherzfrequenz = 180 – Lebensalter +/-3	Karvonen-Formel mit 60-75 % Intensität je nach Disziplin, Alter und Leistungsfähigkeit

Subjektives Beanspruchungs-empfinden	Leicht – noch leicht Noch leicht – mittel	Leicht – mittel Mittel Mittel – etwas anstrengend	Leicht – noch leicht Noch leicht – mittel Mittel
Atmung	Nasenatmung		
Motto	„Trainiere ohne zu schnaufen", „Sprechtest"		
Wohlbefinden	„Sich wohlfühlen"		

Die Karvonen-Formel berechnet die Herzfrequenz folgendermaßen:

Trainingsherzfrequenz =
Ruheherzfrequenz + [(Maximalpuls – Ruheherzfrequenz) x Intensität] ± 3 Schläge

Die Ruheherzfrequenz wird nach einer 10-minütigen Ruhepause im Liegen oder morgens im Liegen 5 min nach dem Aufwachen bestimmt. Der Maximalpuls für das Ruderergometer wird nach der Formel 220 – Lebensalter angenommen.

Beispiel: Ein untrainierter 50-Jähriger mit der Ruheherzfrequenz von 65 Schlägen/min möchte ein Ruderergometertraining beginnen.

Trainingsherzfrequenz = 65 + [(170 – 65) x 60 %] ± 3 Schläge = 128 ± 3 Schläge

Tipps zum Ausdauertraining

- Treibe regelmäßigkeit Ausdauersport.
- Suche Partner.
- Beachte die Kriterien zur Auswahl der Sportart.
- Vermeide Trainingspausen.
- Verzichte auf das Ausdauertraining im Freien bei fieberhaften Infekten und kritischen Umweltbelastungen (Smog, Hitze, Ozon ...).
- Achte auf angepasste Kleidung.
- Lass dich als Einsteiger vom Arzt durchchecken.
- Wechsle die Sportarten und Aktivitäten.
- Steigere die Belastung zunächst über die Dauer, erst dann über die Intensität.
- Trainiere so, dass es immer auch Spaß macht.

6.3.4 Allgemeines Koordinationstraining für Master

Die Bedeutung eines allgemeinen Koordinationstrainings für Masterruderer
Koordinationstraining wird in zunehmendem Alter eine der bedeutendsten Säulen des Fitness- und Gesundheitstrainings, und somit für das Ergänzungstraining für Masterruderer. Der Begriff **„Koordination"** ist eine Sammelbezeichnung für eine Reihe koordinativer Fähigkeiten. Diese koordinativen Fähigkeiten steuern die Bewegungen unter der Kontrollfunktion des Zentralnervensystems (Gehirn und Rückenmark) im Zusammenwirken mit der Skelettmuskulatur. Das Zusammenwirken erfolgt einmal zwischen den einzelnen Muskelfasern (intramuskuläre Koordination), zum anderen zwischen einzelnen Muskelgruppen (intermuskuläre Koordination).

Die Koordination kann nicht hoch genug bewertet werden; sie ist bei vielen Masterruderern die wohl am meisten unterschätzte motorische Grundeigenschaft. Die Bedeutung eines hohen allgemeinen und ruderspezifischen Koordinationsniveaus besteht gleichermaßen in zunehmendem Alter sowie im Fitness- und Gesundheitstraining in der

a. Ökonomisierung von Bewegungsabläufen
- geringere Ermüdbarkeit im Alltag und im Sport,
- Schonung von Leistungsreserven,
- Verminderung der Verletzungsgefahr (Sturzvorbeugung, Verminderung der Unfallgefahr im Alltag) und
- Verminderung von Krafteinsätzen bei Alltagsbewegungen.

b. Erhöhung der konzentrativen Leistungsfähigkeit: „Koordinationstraining schärft die Sinne",
c. dadurch wird die Freude an der sportlichen Betätigung gefördert.

Als koordinative Fähigkeiten werden im Einzelnen bezeichnet:

- Reaktionsfähigkeit,
- Rhythmusfähigkeit,
- Gleichgewichtsfähigkeit,
- räumliche Orientierungsfähigkeit,
- kinästhetische Differenzierungsfähigkeit,
- Kopplungsfähigkeit und die
- Umstellungsfähigkeit (vgl. Hohmann et al., 2003[3], S. 103).

Für unsere Zwecke soll die Vorstellung eines Kontinuums zwischen sportspezifischer Koordinationsfähigkeit (Rudertechnik) und Koordination (sportart- und bewegungsübergreifende Fähigkeiten) helfen (vgl. Abb. 62). Oft werden für die Sportarten selbst, insbesondere im Leistungssport, sportartspezifische Systematiken entwickelt, die spezifische Fähigkeiten enthalten, im Rudern z. B. „Bootsgefühl", „Kopplung der Kräfte",

„über dem Vorrollen Wasser fassen" usw. Damit ist eine Orientierung für das praktische Training gefunden, zumal die Forderung besteht, speziell in zunehmendem Alter ein Koordinationstraining über die Technik einer Sportart hinaus durchzuführen.

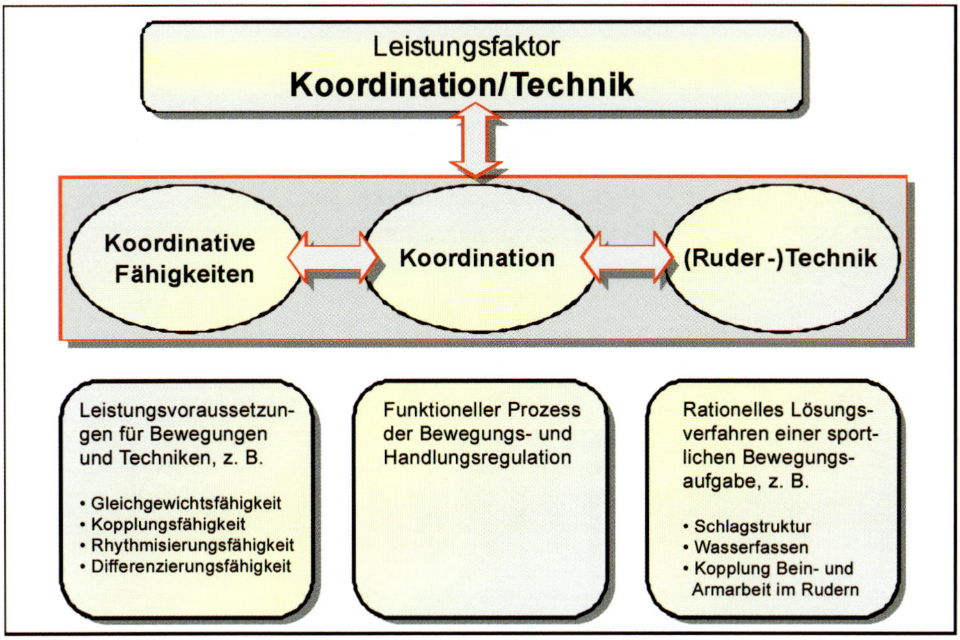

Abb. 61: Zusammenhang zwischen koordinativen Fähigkeiten und Rudertechnik (mod. nach Schmidt, 2003, S. 188)

Die Koordination bewirkt das Erlernen von Bewegungen, das Steuern der Bewegungen und das Anpassen von Bewegungen. Die exakte Steuerung und Anpassung erfordert für das Zentralnervensystem viele Informationen aus der Umwelt.

Wichtige Fühlersysteme zur Bewegungssteuerung im Kopf:

- Optisches System: Kontrolle der Stellung des Kopfs im Raum.
- Gleichgewichtsorgan: Beschleunigungsbewegungen des Kopfs.
- Gehör: Akustische Zuordnung und spezielle Raumwahrnehmung.

Wichtige Fühlersysteme zur Bewegungssteuerung im Bewegungsapparat verteilt:

- Muskelspindeln: Messen der Muskellänge und -spannung.
- Sehnenorgane: Registrieren der Spannung in den Sehnen.
- Gelenkrezeptoren: Erfassung der Stellung der Gelenke.
- Hautrezeptoren: Registrieren von Berührung, Druck, Schmerz.

Eine gut koordinierte bzw. gelungene Bewegung ist abhängig von den an der erforderlichen Koordination beteiligten internen Faktoren und Prozessen sowie dem Entwicklungsstand und Niveau der motorischen Fähigkeiten und Fertigkeiten des Sportlers:

- Wahrnehmung und Beobachtung: Informationsaufnahme und -selektion aus der Umwelt.
- Bewegungsentwurf: Programmierung der Bewegung und mentale Vorwegnahme des Ereignisses (im Zusammenhang mit dem motorischen Gedächtnis).
- Steuerimpulse an die Muskulatur.
- Bewegungsausführung durch die Bewegungsorgane.
- Rückmeldungen über den Verlauf der Bewegung.
- Angemessene Korrekturimpulse.

Defizite oder Hemmnisse an einer Stelle dieses komplexen Gefüges verhindern gut koordinierte Bewegungen.

Die Verbesserung der allgemeinen Koordination hat auch eine Steigerung der Bewegungsökonomie zur Folge. So konnten Hollmann et al. (1976) eine 12 %ige Sauerstoffersparnis nur durch die Verbesserung der Koordination nachweisen (vgl. Abb 63).

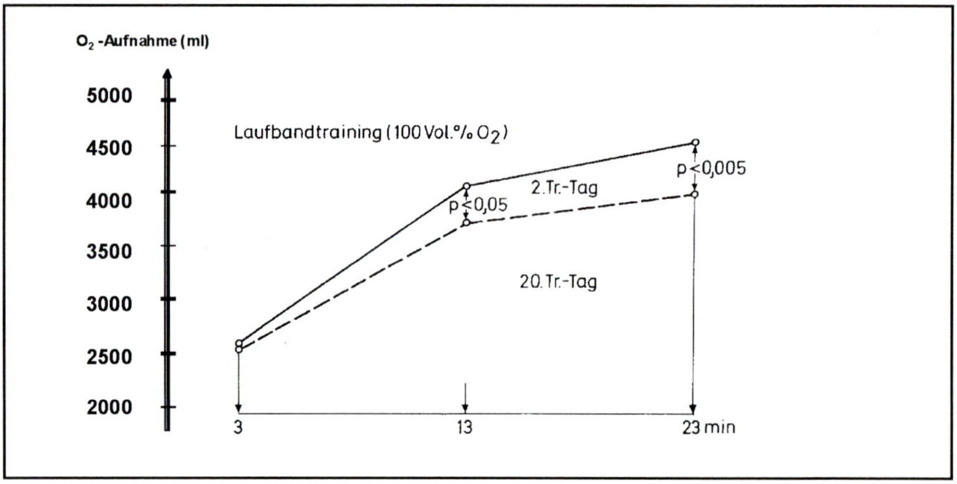

Abb. 62: Sauerstoffeinsparung für eine gegebene Laufleistung auf dem Laufband durch Verbesserung der Koordination (nach Hollmann et al., 1976, S. 145)

Eigene spirometrische Untersuchungen im Boot mit qualifizierten Ruderern (Nationalkader) bestätigen das Ergebnis von Hollmann et al. Hinweise zur Bedeutung der Bewegungsökonomie im Rennrudern und einer damit zusammenhängenden besseren Bewegungskoordination (Rudertechnik) wurden in Feldtests mit Zweierpaarungen bei in Dauer und Belastung identischen Stufentests gefunden (Nilius 2009).

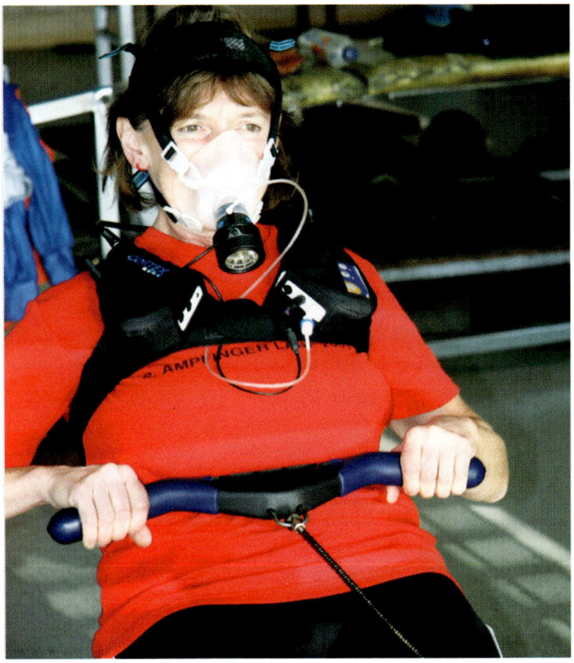

Probleme mit der Bewegungskoordination treten vor allem auf während motorischen Lernprozessen, bei Bewegungen unter ungewohnten Bedingungen oder neuen Situationen, nach längerer Passivität und als Folge des biologischen Alterungsprozesses (Schaller & Wernz, 2008, S. 12).

Die motorische Lernfähigkeit muss während des gesamten Lebens stets geübt werden. Da auf Grund von Bewegungsmangel oder Bewegungsreduktion das Zusammenspiel von Zentralnervensystem und den Skelettmuskeln nicht mehr optimal funktioniert, kommt es im Alter häufiger zu Alltags- oder Fußgängerunfällen.

Für das Nachlassen der koordinativen Fähigkeiten im Alter lassen sich – in verschiedenen Konstellationen – folgende Ursachen benennen:

- Schwächung der Sinnesorgane,
- Kraftverlust,
- Schwächungen im Gelenkbereich (Beweglichkeit),
- Veränderungen im neuronalen Bereich,
- Veränderungen im Stoffwechselbereich sowie
- mangelnde körperliche Betätigung im Kindes- und Jugendalter (Schaller & Wernz, 2008, S. 32).

Wie trainiert man allgemeine koordinative Fähigkeiten?

Grundsatz:
Die Auswahl der Übungen sollte so gewählt werden, dass „der Trainierende an die Grenze [...] seiner Informationsverarbeitung geführt wird, um Selbstorganisationsprozesse zu induzieren, die zu einer Verbesserung der Qualität der Bewegungssteuerung führen" (Hohmann et al., 2003[3], S. 111).

Rudern deckt zwar als Sportart bereits eine Reihe von koordinativen Fähigkeiten ab, aber nicht in ausgewogenem Maße und nicht alle hinreichend, sodass kaum noch notwendige Verbesserungen koordinativer Fähigkeiten möglich sind. Entscheidende Impulse zur Erhaltung und Förderung koordinativer Fähigkeiten – allgemein und im Rudern – stellen auch mit zunehmendem Alter nur solche Programme dar, die ein großes Reservoir an neuen, ungewohnten, komplexen und durch Variation, Kombination und spontane Modifikation aufgerüstete Übungen beinhalten (Schaller & Wernz, 2008, S. 40).

Der Sport allgemein bietet eine Fülle von ungewohnten oder komplizierten Aufgaben, die sich an das Niveau der Zielgruppen sowohl im ruderspezifischen Techniktraining als auch im allgemeinen Koordinationstraining anpassen lassen.

Ein allgemeines Koordinationstraining ermöglicht auch Vorteile für die Rudertechnik. Im Sinne eines erfolgreichen Alterns durch sportliches Training, das auch die Bewältigung der Alltagssituationen in zunehmendem Alter im Blick haben sollte, ist ein ergänzendes allgemeines Koordinationstraining – neben der kontinuierlichen Arbeit an der Rudertechnik – jedoch sinnvoll und notwendig. Rudern macht Spaß, wenn die Bewegung allein oder in der Mannschaft gut ausgeführt wird. Die Qualität der koordinativen Fähigkeiten spielt dabei nicht nur beim Erlernen des Ruderns eine Rolle, sondern auch in der situationsangepassten Anwendung rudertechnisch ausgebildeter Sportler sowie bei der Umsetzung und Ökonomisierung der konditionellen Fähigkeiten.

Viele Verluste bei koordinativen Fähigkeiten, die auch nicht durch Rudern allein kompensiert werden können, sind auf mangelnde Aktivität zurückzuführen. Durch angemessenes Üben und entsprechende Übungsauswahl kann eine überdurchschnittliche Qualität der Bewegungskoordination bis ins hohe Alter erhalten werden. Je nach individuellem Ausgangsniveau führt ein regelmäßiges Üben zur Verbesserung einzelner koordinativer Fähigkeiten, zur Abflachung bereits rückläufiger Involutionskurven oder zur zeitlichen Verzögerung des Involutionsprozesses (Schaller & Wernz, 2008, S. 37).

Das beste Mittel zur Verbesserung der Koordinationsfähigkeit ist das Erlernen neuer Sportarten; bereits automatisierte Bewegungen tragen nicht mehr zur Verbesserung der koordinativen Fähigkeiten bei.

Es ist schwer, sich allein solchen Anforderungen zu stellen. In der Gruppe, im gemeinsamen Training mit anderen und unter Anleitung macht die Ausführung der Übungen bei komplexen Variationen in der Bewegungsausführung sowie bei Variationen der Übungsbedingungen auch viel mehr Spaß. Dabei sind wenige Wiederholungen vieler verschiedener Übungen und unterschiedliche Übungsbedingungen sinnvoll. Sehr schwierige Übungen sollten nicht in stark ermüdetem Zustand ausgeführt werden.

Folgende Prinzipien können helfen, die enorme Fülle sportlicher Übungsangebote zu systematisieren. So kann eine Aufgabe unter Anwendung der verschiedenen Prinzipien bereits unterschiedliche koordinative Beanspruchungen darstellen (vgl. Hohmann et al., 2003[3], S. 112-113):

- → **Veränderung der äußeren Bedingungen** (revidierte Informationsaufnahme und Anpassung der Bewegungsausführung): Umfeld, Gerät, Aktivität des Partners/Gegners.
- → **Variation der Bewegungsausführung** (Differenzierung der Bewegungssteuerung): Amplitude, Geschwindigkeit, Frequenz.
- → **Kombinieren von Bewegungsfertigkeiten.**
- → **Üben unter Zeitdruck:** Konkurrenzsituationen, Zeitnahme, Anzahl der Mannschaftsmitglieder.
- → **Variation der Informationsaufnahme:** Ausschalten optischer, akustischer, taktiler, kinästhetischer und/oder vestibulärer Informationsaufnahme.
- → **Üben unter konditioneller Belastung:** Erschwerte Bedingungen durch Induktion einer Ermüdung.
- → **Üben unter psychischen Druckbedingungen:** Wettkampfsituation, Demonstration der Bewegung, Zuschauer, aber auch durch emotionale Situationen und durch Risikobedingungen (empfindlicheres Sportgerät, Höhe über dem Boden usw.).

Gleichgewichtsfähigkeit

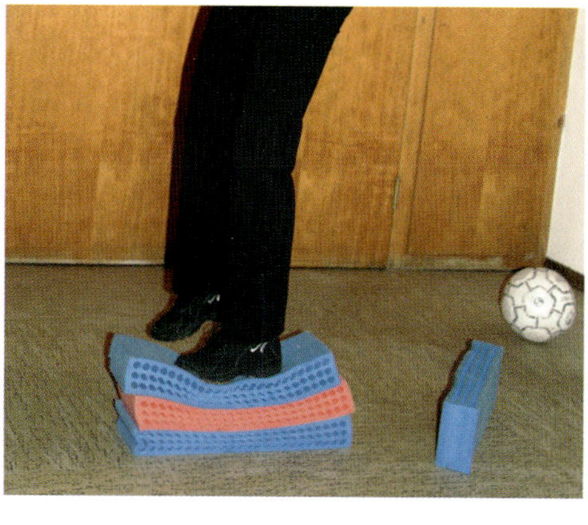

Antizipationsfähigkeit

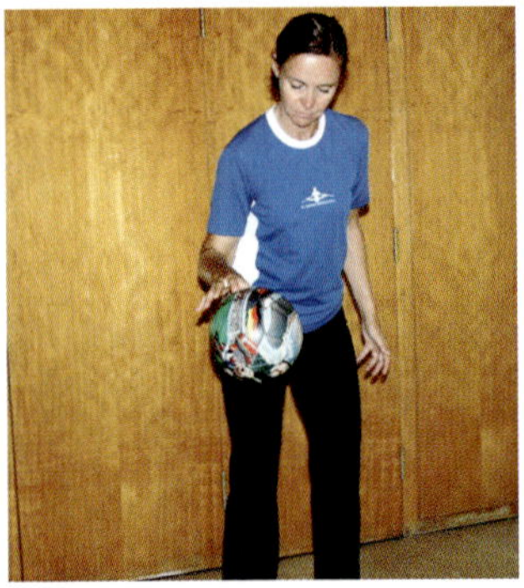

Differenzierungsfähigkeit

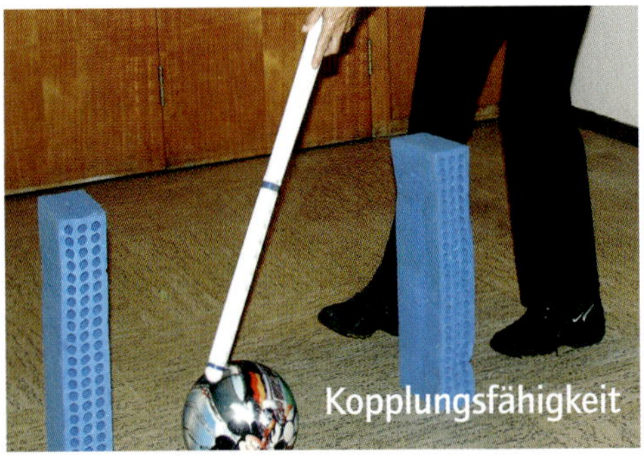

Kopplungsfähigkeit

Orientierungsfähigkeit

Komplexe Formen

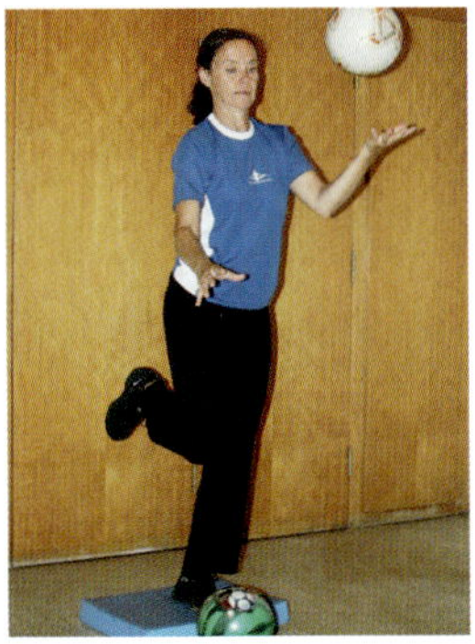

6.3.5 Beweglichkeit

Beweglichkeit ist die Fähigkeit, Bewegungen mit der erforderlichen Schwingungsweite durchführen zu können. Sie ist abhängig von beeinflussbaren Fähigkeiten und kaum beeinflussbaren Eigenschaften sowie exogenen Faktoren wie Tageszeit, Außentemperatur und äußeren Kräften (Partner, Schwerkraft, Massenträgheit).

Beeinflussbar ist die Dehnfähigkeit der antagonistischen Muskulatur, Sehnen, Bänder, Gelenkkapseln. Kaum beeinflussbar ist die mechanische Beweglichkeit und die Struktur bzw. Art des Gelenks (Gelenkigkeit). Beweglichkeit variiert sehr stark auf Grund der unterschiedlichen Konstitution des Sportlers. Sie ist mit entscheidend für die mechanische Energieübertragung und ist unabhängig von der sportlichen Perspektive durchgängig und hinreichend zu trainieren.

Die Bedeutung der Beweglichkeit als nicht austauschbarer Bestandteil eines Rennrudertrainings, eines Fitness- und Gesundheitstrainings für Masterruderer liegt in der Optimierung der qualitativen und quantitativen Bewegungsausführung und in der Prävention von Unfällen und Verletzungen für ältere Menschen.

Eine erhöhte oder hinreichend gute Beweglichkeit

- führt zu einer Optimierung des Bewegungsflusses und der Bewegungsharmonie;
- erweitert das Spektrum sportartspezifischer Bewegungstechniken;
- beschleunigt den motorischen Lernprozess;
- leistet einen wichtigen Beitrag zur Belastungsverträglichkeit und Verletzungsprophylaxe und
- ermöglicht höhere Kraftaufwendungen.

Die Entwicklung der Beweglichkeit ist relativ früh vom Altersgang beeinflusst. Sie erreicht bereits im Übergang vom Kindes- zum Jugendalter Maximalwerte, um dann kontinuierlich und stetig abzufallen, wobei der Rückgang bei Männern schneller verläuft als bei Frauen, die bessere Werte hinsichtlich der Beweglichkeit aufweisen.

Die Beugemuskulatur des Halte- und Bewegungsapparats neigt generell zur Verkürzung und bei geringer Beanspruchung sinkt die Beweglichkeit sehr schnell auf ein geringes Niveau ab. Beweglichkeit kann durch geeignete Übungen bis ins hohe Alter (etwa bis 80) nicht nur erhalten, sondern auch noch verbessert werden.

Mit der in vielen Sportarten üblichen „Aufwärmgymnastik" sind kaum nachhaltige Beweglichkeitsverbesserungen zu erzielen. Vor allem sind neuromuskuläre Bedingungen für die Dehnfähigkeit von großer Bedeutung (Hohmann et al., 2003, S. 97). Kaum noch Anwendung finden Übungen, die durch eine schwunghafte Dehnung der Muskeln ausgeführt werden. Das aktiv-dynamische Dehnen wird deshalb meist nur noch zum Aufwärmen vor Schnelligkeits- und Kraftbelastungen oder zur Kräftigung der Antagonisten eingesetzt. Diese Übungen provozieren Eigenreflexe (myotatischer Reflex), die für eine sofortige Kontraktion der Muskulatur verantwortlich sind und so das Gegenteil einer Muskeldehnung erreichen (Hohmann et al., 2003, S. 100).

Richtig angewandt, sind Dehnungen der Muskulatur sinnvoll, um

- die Beweglichkeit zu erhalten oder zu verbessern und um die
- Regeneration zu beschleunigen.

Der Beweglichkeit des Masterruderers (vgl. Muskelfunktionstests) bestimmt die Auswahl der Übungen. Zu viel Dehnen führt gleichermaßen zu gesundheitlichen Einschränkungen wie falsch ausgeführtes Dehnen bzw. Dehnen der falschen Muskeln. Dehnt man mit der falschen Methode zum falschen Zeitpunkt, z. B. mit klassischem Stretching im Sinne einer lang anhaltenden Dehnung vor einem Wettkampf oder einem Training, kann sowohl die Leistung vermindert als auch die Verletzungsgefahr gesteigert werden. Wird vor einem Wettkampf zu viel gedehnt, verliert die Muskulatur ihre Fähigkeit, kinetische Energie aufzunehmen.

Wie verbessere ich meine Beweglichkeit?

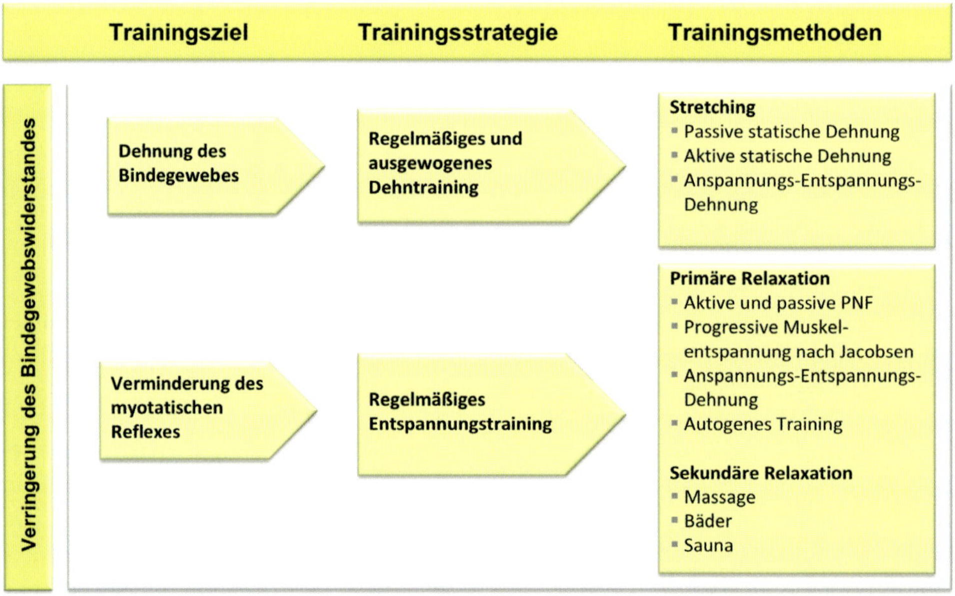

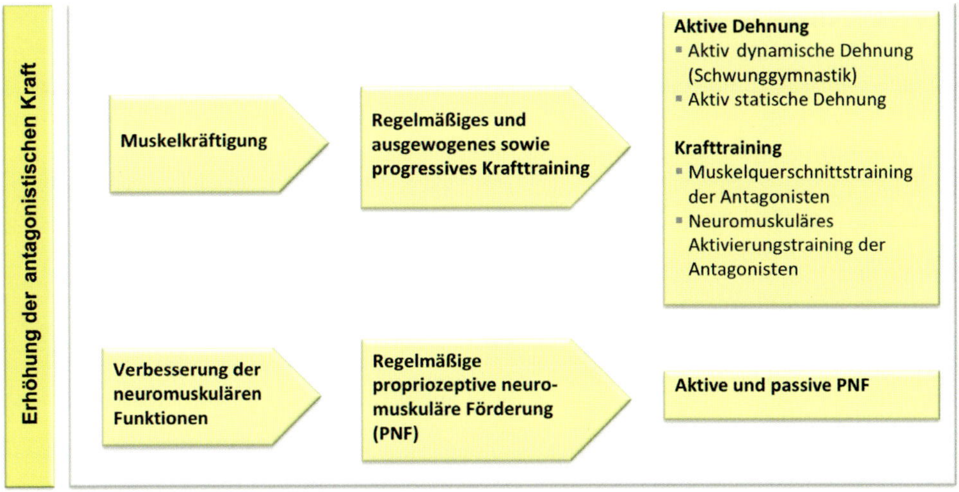

Abb. 63: Ziele, Strategien und Methoden des Beweglichkeitstrainings (mod. nach Hohmann et al., 2003)

Die Steigerung der Beweglichkeit kann einerseits über die Verringerung des Bindegewebszustands, wie z. B. Methoden der Dehnung des Bindegewebes und der Verminderung des myotatischen Reflexes und andererseits über die Erhöhung der antagonistischen Kraft, z. B. der Muskelkräftigung oder über die Verbesserung neuromuskulärer Funktionen, erreicht werden.

Die wichtigste Methode im Beweglichkeitstraining ist das **Stretching**. Die Muskulatur wird langsam bis kurz vor der Schmerzgrenze gedehnt und etwa 20-30 s in dieser Position gehalten. Die erforderliche Kraft wird durch die Kontraktion der antagonistischen Muskulatur (aktiv) und durch die Schwerkraft (mithilfe des eigenen Körpergewichts oder Trainingspartner) passiv aufgebracht.

Geeignetes Dehnen im Rudern

Gedehnt wird bis auf wenige Ausnahmen nur im aufgewärmten Zustand. Ausnahmen gibt es in der Physiotherapie und auch im Rudern, z. B. bei Rückenproblemen. Hier kann es für einen betroffenen Ruderer durchaus sinnvoll sein, vor einer Trainingseinheit und insbesondere vor einem Training auf dem Wasser die Bauchmuskulatur und den unteren Rücken durch leichtes Dehnen „aufzulockern". Sinnvollerweise kombiniert man ein solches Vorgehen mit anschließenden tonisierenden und mobilisierenden Übungen.

Vordehnen

Bisher glaubte man, ein Vordehnen hilft, Verletzungen zu vermeiden und die Leistungsfähigkeit zu verbessern. Gerade bei intensiven Belastungen kann die Kontraktionsbereitschaft des Muskels jedoch herabgesetzt werden. Wichtig wird ein Vordehnen bei eingeschränkter Beweglichkeit oder hohen Bewegungsradien, worauf es den Körper vorzubereiten gilt. In diesem Fall sollte es eher dem Sportler überlassen werden, ob Vordehnen ihm ein gutes Gefühl vermittelt.

- Es werden die Muskeln gedehnt, die anschließend maximale Bewegungsradien zulassen müssen.
- Jede Position wird maximal 10 Sekunden ausgeführt.
- Ein intensives Dehngefühl wird ausgelöst.
- Die Arbeitsweise ist dynamisch bzw. intermittierend.

Nachdehnen

Bedeutsamer ist das Nachdehnen. Es dient nicht nur dem Erhalt der Beweglichkeit, sondern auch der schnelleren Regeneration.

- Die Auswahl von Dehnübungen erfolgt nach dem Bedürfnissen der Ruderer. Es kann durch Dehn- und Mobilisationsübungen für den unteren Rücken ergänzt werden.
- Jede Übung kann zwischen 10-90 Sekunden ausgeführt werden.
- Je intensiver die vorausgegangene Belastung war, desto vorsichtiger muss nachgedehnt werden, um Verletzungen zu vermeiden.
- Die Arbeitsweise ist bewegt-statisch.

Nachfolgende Übungsbeispiele ermöglichen eine gezielte Auswahl für ein Dehnprogramm für Masterruderer.

Topübungen

Effektiver, aber auch anstrengender ist die **Anspannungs-Entspannungs-Dehnung**. Hier wird der eigentlichen Dehnphase von 20-30 s eine 6-10 s dauernde aktive oder passive Anspannungsphase mit darauf folgender kurzer Entspannung des zu dehnenden Muskels vorgeschaltet.

Im Gegensatz zur Strategie der Entspannung bewirkt die **Kräftigung der Antagonisten** (Hohmann et al., 2003, S. 101) eine erleichterte Ausführung der Schwingungsweite von Bewegungen über die Muskulatur.

Die Verbesserung der Beweglichkeit für Masterruderer ist hauptsächlich im Zusammenhang mit den Bewegungsanforderungen der Ruderbewegung zu sehen. Dennoch sollten auch Dehnungsübungen und Kräftigungen durchgeführt werden, die – im Sinne von Ausgleichsübungen – sportart- und trainingsbedingte muskuläre Verkürzungen korrigieren und damit langfristig Einschränkungen im passiven und aktiven Bewegungsapparat verhindern können.

Beweglichkeitstraining ist immer in Verbindung mit einer Kräftigung zu sehen: Je mehr ein Muskel oder eine Muskelgruppe gekräftigt wird, desto mehr muss unmittelbar im Anschluss gedehnt und gelockert werden.

Weitere Dehnübungen:

6.4 Funktionelles Begleittraining

Unter **funktionellem Begleittraining** soll ein regelmäßiges und in geringem Umfang durchgeführtes Training verstanden werden, das bestehende muskuläre, koordinative und konditionelle Dysbalancen korrigiert. Es ist bei Masterruderern weniger auf die direkte Steigerung der Leistungsfähigkeit angelegt, als vielmehr Korrektur von einseitigen körperlichen Beschwerden, z. B. im Rücken, Knie, Verkürzungen, Insuffizienzen und die Behebung koordinativer Defizite. Regelmäßig durchgeführt, dient es nicht nur therapeutischen Zwecken, sondern auch der Vorbeugung vieler Beschwerdebilder älterer Ruderer.

Das funktionelle Begleittraining umfasst eine spezifische Kräftigung, die Verbesserung der Beweglichkeit, Entspannungstechniken sowie das propriozeptive Training (Koordination und Kräftigung).

Über einen gewissen Trainingsumfang hinaus stellen optimal balancierte Muskelgruppen die Grundvoraussetzung zur Erhaltung und Entwicklung der körperlichen Leistungsfähigkeit dar. Viele Beschwerdebilder, wie z. B. Wirbelsäulen- bzw. Lendenwirbelsäulenbereich, Knie- und Sehnenprobleme sowie Ermüdungsfrakturen der Rippen, sind auf muskuläre Dysbalancen, Verkürzungen und Insuffizienzen und koordinative Defizite zurückzuführen. Mithilfe der Durchführung einer ruderspezifischen und individuell abgestimmten Funktionsgymnastik, in der Kraft, Koordination und Beweglichkeit regelmäßig angesprochen und entwickelt werden, kann den Beschwerdebildern vorgebeugt werden (Reifschneider, 2000).

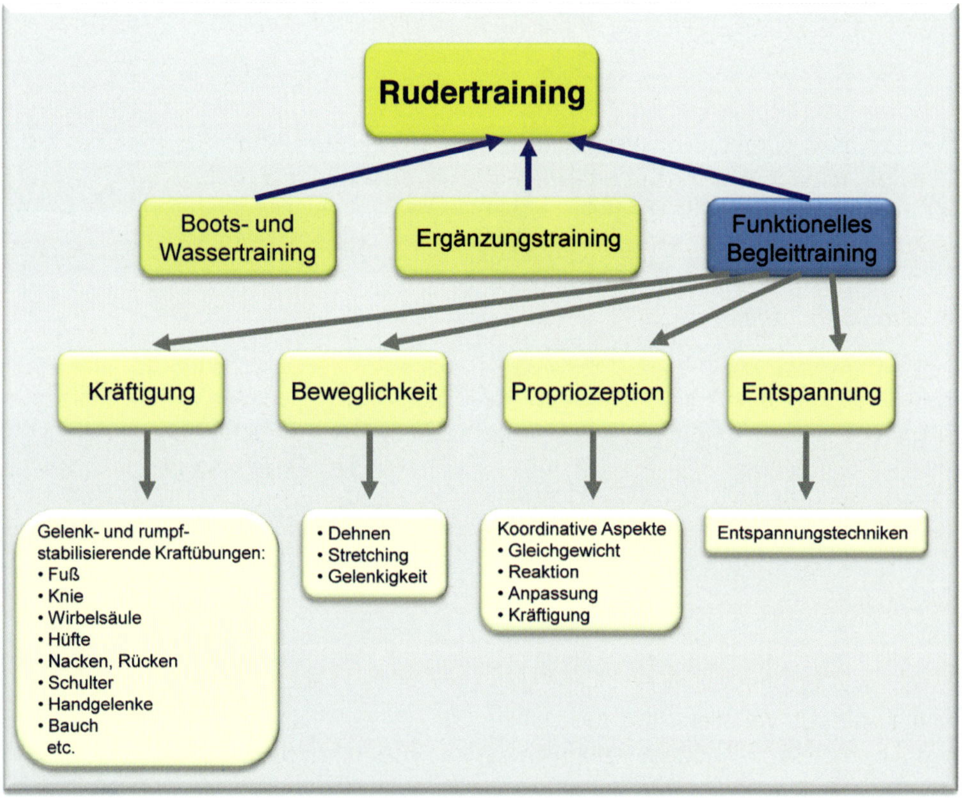

Abb. 64: Formen des Rudertrainings: Funktionelles Begleittraining

Vor allem bei Witterungsproblemen, wie Kälte oder hoher Wellengang, werden Rotationskräfte und Wirbelsäulentorsionen zur Kontrolle der Bootsstabilität verstärkt. So können Blockierungen von Wirbelsäulenabschnitten auftreten. Reifschneider (2000) beschreibt folgende, hauptsächlich im Rudern auftretende Faktoren:

- Verkürzte Muskulatur der Oberschenkelrückseite. Oft ist diese Verkürzung verbunden mit der Unfähigkeit der Ruderer, die LWS im Langsitz voll aufzurichten.
- Verkürzte Quadrizepsmuskulatur.
- Relativ häufige Abschwächung der schrägen Bauchmuskulatur, bis hin zur Unfähigkeit, den Oberkörper in Seitenlage aufzurichten.
- Beinverkürzungen und fehlender Ausgleich am Stemmbrett, da es in der Folge zu einer unphysiologischen Beckenverwringung mit funktioneller Überlastung der unteren LWS kommen kann.
- Hoher Wellengang, was ein zusätzliches Ausbalancieren notwendig macht.
- Ungünstige Witterung.

Vor allem im winterlichen Lauf- und Krafttraining treten vermehrt **Knieprobleme** auf. Hierfür ist jedoch weniger das eigentliche Rudertraining verantwortlich. Gerade die ruderspezifische Übung „Beinstoß" stellt mit geringen Beugewinkeln eine hohe Belas-tung des Kniegelenks dar. Das rudertypische Kraftausdauertraining mit mehreren Sätzen und zahlreichen Wiederholungen sowie zu hohen Gewichten provoziert extreme Gesamtbelastungen.

Häufig sind sportarttypische Dysbalancen bei Erwachsenen bereits nach wenigen Monaten Anfängertraining vorzufinden. Diese Beschwerdebilder entstehen trotz „richtiger" Rudertechnik. Ursachen hierfür können sportliche Überlastungen, mangelnde Regeneration und vernachlässigte Dehnung oder Kräftigung von Muskeln sein. Deshalb ist es notwendig, mit Beginn regelmäßiger Rudereinheiten und spätestens mit dem Start des Leistungstrainings vorbeugende Maßnahmen hinsichtlich muskulärer Dysbalancen durchzuführen.

Gerade im Rudern ist die oft nicht gut vorbereitete Rumpfmuskulatur größeren Belastungen ausgesetzt. Vor allem stellt die Lendenwirbelsäule immer wieder eine Schwachstelle dar. Folgende Muskelgruppen neigen häufig zur Abschwächung und Verkürzung.

Tab. 42: Muskelgruppen, welche zu Abschwächung und Verkürzung neigen

Zur Abschwächung neigende Muskulatur	Bauchmuskulatur
	Gesäßmuskulatur
	Schulterblattfixatoren
	Rückenmuskulatur im Brustwirbelsäulenbereich
Zur Verkürzung neigende Muskulatur	Brustmuskulatur
	Rückenmuskulatur im Lendenwirbelsäulenbereich
	Hüft-Lenden-Muskulatur
	Oberschenkelmuskulatur (vorne und hinten)
	Wadenmuskulatur

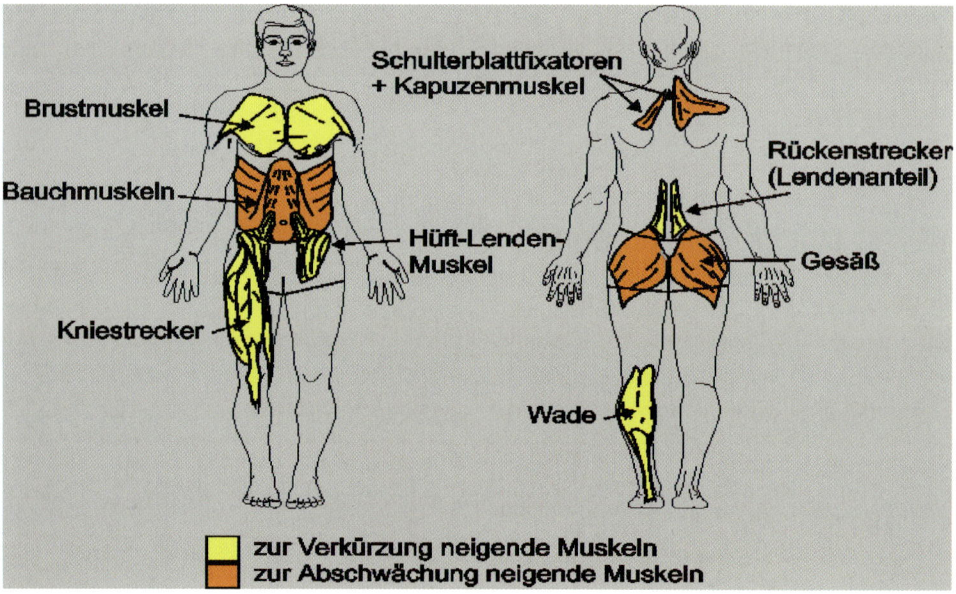

Abb. 65: Darstellung der zur Verkürzung und Abschwächung neigenden Muskeln

Zur Überprüfung verkürzter oder abgeschwächter Muskulatur sei auf einfache Testverfahren verwiesen (vgl. Fritsch, 2005[2], S. 70)

& PARTNER
SULTING
www.hudsonboatworks.com

TEIL IV

7 Wettkämpfe der Masterruderer

Wettkämpfe für Masterruderer erfreuen sich zunehmender Beliebtheit. Die Gesundheit und eine systematische Vorbereitung des Athleten vorausgesetzt, bietet diese Form des Rudersports für alle Altersgruppen und Streckenlängen vielfältige Möglichkeiten.

Uns erscheint der Hinweis jedoch besonders wichtig, die richtige Einstellung zu Wettkämpfen zu finden und ihre Bedeutung – auch in den einzelnen Lebensphasen der Masterruderer – zu relativieren. In einem Wettkampf geht es darum, seine eigenen Kräfte zu messen. Oft sind es die Rennen, deren Ausgang lange offen ist und das Ergebnis erst durch enormen Einsatz und eine harte Auseinandersetzung mit den Gegnern zustande kommt, die persönlich in Erinnerung bleiben. Im Gegensatz zum Spitzensport sollte der persönliche Einsatz dafür optimiert und nicht maximiert werden.

Zu den positiven Erfahrungen und fesselnden Erlebnissen gehören die bewusste Wahrnehmung der spannenden Umstände eines Wettkampfs (Anreise zur Regatta, Boot aufriggern, Aufwärmen fürs Rennen etc.) sowie die Freude am Wettstreit, aber auch die sozialen Kontakte mit den eigenen Mannschaftsmitgliedern und den Gegnern.

Dabei gibt es wohl zwei Formen von Wettkämpfen, welche am weitesten verbreitet sind: die offizielle und international festgelegte Rennstrecke über 1.000 m und Langstreckenrennen von 3 bis 10 km Länge. Rennen über 1.000 m beanspruchen ein notwendiges Maß an Kraft, vor allem in der Startphase, ein hohes Ausdauerniveau und Stehvermögen über das gesamte Rennen. Diese Anforderungen bedürfen einer sorgfältigen Vorbereitung, damit gleichermaßen Gesundheitsschädigungen verhindert und Wettkampferfahrung und -erfolg möglich werden.

Während der Start- und der ersten Sprintschläge bringt der Ruderer große Kräfte auf, welche bei mangelnder Vorbereitung zu Überbelastungen des Knochenapparats und der Gelenke führen können. Ältere Ruderer sind relativ häufig von Rücken- oder Knieschmerzen belastet und Start- oder Sprintschläge können diese schnell verstärken, insbesondere in einem nicht ausbalancierten Boot. Deshalb ist methodisches Heranführen an solche Belastungen mit entsprechendem Krafttraining wichtig, was einen langfristigen Trainingsaufbau von mehreren Monaten erforderlich macht.

Ebenso stellen die höheren Schlagfrequenzen am Start eine technische und koordinative Herausforderung dar. Ein geplantes und konzentriertes Heranführen an diese höheren Startschläge ist somit unabdingbar.

Das gesamte Rennen kann nur dann erfolgreich durchgestanden werden, wenn die Ausdauer gut ausgebildet und die Rudertechnik solide entwickelt ist. Im Endspurt muss der Ruderer hohe Laktatazidosen eingehen können. Diese Fähigkeit kann am schnellsten antrainiert werden, benötigt jedoch bei Masterruderern – im Gegensatz zu jüngeren Rennruderern – auch mehrere Wochen mit spezifischen und hochkonzentrierten Trainingseinheiten.

Neben gesundheitlichen spielen auch psychologische Aspekte eine wesentliche Rolle für eine längerfristige Vorbereitung. Während der Phase der Vorbereitung kann sich der Ruderer an Fortschritten erfreuen, gleichzeitig aber auch Erfahrungen machen, die es ihm ermöglichen, seine Leistung realistisch(er) einzuschätzen:

- Welche Schlagzahl benötige ich, um einerseits schnell zu rudern, andererseits das Tempo und die Technik zu erhalten?
- Wie entwickle ich ein Tempo- und Bootsgefühl, um das Rennen optimal gestalten zu können?

Langstreckenrennen erfordern im besonderen Maße ökonomisches Rudern, z. B. eine stabile Rudertechnik und solide Ausdauerfähigkeiten. Diese Rennen werden auch als spezielles Training und Vorbereitung für die Saison und über die 1.000-m-Strecken genutzt. Langstreckenrennen bieten Ruderern nahezu jeder Leistungsklasse die Möglichkeit, Wettkampfatmosphäre zu erleben. Einen gesunden Organismus und eine solide

Technik unter zunehmender körperlicher Ermüdung aufrechtzuerhalten, sollte Voraussetzung sein. Die Länge der Belastung sorgt für eine nicht allzu hohe Intensität und Überforderung während des Wettkampfs.

Um auf gesundem Wege fit für Wettkämpfe zu werden, muss ein systematisch aufgebautes Training über mehrere Monate durchgeführt werden. Die Wettkampfziele sind individuell bzw. mannschaftsintern festzulegen.

Die Planung der Wettkämpfe darf sich nicht nur auf Regatten beschränken. Sie können ergänzt werden durch Ergometerwettbewerbe, Laufrennen, Skilanglaufrennen und andere sportliche Wettkampfaktivitäten. Insbesondere die Ergometerwettbewerbe gewinnen mehr und mehr an Beliebtheit. Sie sind eine sehr einfache Form des Wettkampfs, der den Ruderrennen ähnlich ist. Sie können zu jeder Zeit und bei jedem Wetter ausgeführt werden und verlangen weitgehend die gleichen Fähigkeiten von den Sportlern. Da im Großen und Ganzen nur ein Typ von Ruderergometern benutzt wird, nämlich der *Concept2*-Ruderergometer, können die Ergebnisse sehr gut miteinander verglichen werden. So können z. B. informelle Ergometerwettkämpfe innerhalb eines Vereins organisiert werden, bis hin zu den offiziellen Weltmeisterschaften, die jedes Jahr in Boston/USA stattfinden.

7.1 Jahresplanung der Master

Der folgende Jahresplan kann als Ausgangsbasis für die Erstellung eines individuellen Plans angesehen werden:

Tab. 43: Mögliche Jahresplanung mit Test- und Wettkampfzielen für einen Masterruderer, der an Wettkämpfen teilnehmen möchte (LS – Langstreckenrennen).

Monat	Nov.	Dez.	Jan.	Feb.	Mar.	Apr.	Mai	Jun.	Jul.	Aug.	Sep.	Okt.
Periodisierung	Übergang		Vorbereitung					Wettkampf 1			Wettkampf 2	
Ergometertests			1-Std	10 km	5 km	2 km	1 km					
Rennen						LS	LS	1.000 m	1.000 m	1.000 m	LS	LS
Anzahl Rennen						1	2	4	4	4	2	1

Die Anzahl der Tests und Rennen ist individuell handzuhaben. Die in Tab. 43 angegebenen Zahlen sind beispielhafte Empfehlungen. An dieser Stelle muss vor Überbeanspruchungen gewarnt werden, wobei sich diese auf biologischer, sozialer und psychischer Ebene auswirken können. Deshalb muss vor einer Fanatisierung des Rennruderns im Masterbereich ausdrücklich gewarnt werden. Der enorme Zeitaufwand kann mit Vernachlässigungen im sozialen Umfeld (z. B. Familie) einhergehen.

Deshalb wird hier vorgeschlagen, die Regattabesuche auf ein bis maximal zwei pro Monat und die Anzahl der Rennen auf ein Langstreckenrennen pro Regatta und zwei 1.000-m-Rennen pro Regattatag zu beschränken. Diese Einschränkungen finden sich oftmals auch in den offiziellen Regattaausschreibungen wieder. Tab. 43 gibt einen Überblick über die Gesamtanzahl der Rennen pro Trainingsjahr, die dem Masterrudern angemessen sind.

7.2 Trainingsplanung

Ruderer sollten ihr Training so einrichten, dass ihr Körper, ihre Technik und ihre Psyche Schritt für Schritt auf den geplanten Wettkampf ausgerichtet sind. Dies bedeutet, dass die entsprechenden Grundlagen wie Ausdauer, Kraft, Technik, aber auch die psychische Einstellung trainiert und kontrolliert werden.

Folgende Wochentrainingspläne dienen als Beispiele, wie der Jahrestrainingsplan in Tab. 43 umgesetzt werden könnte.

Tab. 44: BEISPIEL WOCHENTRAININGSPLAN: VORBEREITUNGSPERIODE

	MONTAG	MITTWOCH	FREITAG	SAMSTAG
RUDERN IST MÖGLICH	Warmmachen: 10 min joggen Intensität: Max-Kraft Dauer: 30 min Training: 4 Übungen (z. B. Umsetzen, Beinstoß, Bankziehen, Bankdrücken) 3 Serien mit 5 Wiederholungen und ca. 80 % Last Intensität: Ausdauer Dauer: 30 min Training: Ergometer – 3 x (4/3/2/1 min Sf: 18/20/22/24)	Warmmachen: 10 min joggen Intensität: Anaerobe Schwelle Dauer: 45 min Training: Ergometer – 2 x (5/4/3/2/1/2/3/4 min – Sf: 20/23/26/29/26/23/20) Oder 10 km auf Zeit Abkühlen: 10 min joggen	Warmmachen: 10 min joggen Intensität: Max-Kraft Dauer: 30 min Training: 4 Übungen (z. B. Umsetzen, Beinstoß, Bankziehen, Bankdrücken) 3 Serien mit 5 Wiederholungen und ca. 80 % Last Intensität: Ausdauer Dauer: 30 min Training: Joggen	Warmmachen: 10 min joggen Intensität: Intensive Ausdauer Dauer: 40 min Training: Ergometer -15/10/5 min Sf: 26 Rest: 4 min Abkühlen: 10 min joggen
RUDERN IST NICHT MÖGLICH	Warmmachen: 10 min joggen Intensität: Max-Kraft Dauer: 30 min Training: 4 Übungen (z. B. Umsetzen, Beinstoß, Bankziehen, Bankdrücken) 3 Serien mit 5 Wiederholungen und ca. 80 % Last Intensität: Ausdauer Dauer: 30 min Training: Rudern – Technik	Warmmachen: 10 min joggen Intensität: Anaerobe Schwelle Dauer: 45 min Training: Ergometer – 2x(5/4/3/2/1/2/3/4 min – Sf: 20/23/26/29/26/23/20) Oder 10 km auf Zeit Abkühlen: 10 min joggen	Warmmachen: 10 min joggen Intensität: Max-Kraft Dauer: 30 min Training: 4 Übungen (z. B. Umsetzen, Beinstoß, Bankziehen, Bankdrücken) 3 Serien mit 5 Wiederholungen und ca. 80 % Last Intensität: Ausdauer Dauer: 30 min Training: Joggen	Intensität: Intensive Ausdauer Dauer: 70 min Warmrudern: 10 min locker Training: Rudern -15/10/5 min Sf: 26 Rest: 4 min Ausrudern: 10 min locker

Tab. 45: BEISPIEL WOCHENTRAININGSPLAN: WETTKAMPFPERIODE 1

	MONTAG	MITTWOCH	FREITAG	SAMSTAG
WOCHE OHNE REGATTA	Warmmachen: 10 min joggen Ziel: Allg. Kraftausdauer Dauer: 30 min Training: 6-8 Übungen 3 Serien mit 15 Wiederholungen Intensität: Ausdauer Dauer: 30 min Training: Rudern – Technik	Ziel: Intensive Ausdauer Dauer: 60 min Warmrudern: 10 min locker Training: Rudern – 2 x 2 km Sf: 24/26/28/30 Sf-Erhöhung alle 500 m Pause: 10 min Ausrudern: 10 min locker	Ziel: Extensive Ausdauer Dauer: 70 min Training: Rudern – Kontinuierliche Langstrecke Ausrudern: 10 min locker	Ziel: Wettkampfspez. Ausdauer Dauer: 70 min Warmrudern: 20 min mit 3 x 10, 2 x 20 harten Schlägen Training: Rudern – 4/3/2/1 min Sf: 32/34/36/38 Rest: 5 min Ausrudern: 10 min locker
WOCHE MIT REGATTA	Warmmachen: 10 min joggen Ziel: Allg. Kraftausdauer Dauer: 30 min Training: 6 Übungen 3 Serien mit 15 Wiederholungen Intensität: Ausdauer Dauer: 30 min Training: Rudern – Technik	Ziel: Wettkampfspez. Ausdauer Dauer: 70 min Warmrudern: 20 min mit 3 x 10, 2 x 20 harten Schlägen Training: Rudern – 250/500/250 m Start/Mitte/Spurt Rennsimulation Rest: 5 min Ausrudern: 10 min locker	Intensität: Ausdauer Dauer: 50 min Training: Rudern – Kontinuierliche Langstrecke Mit: 5 x 10 Schläge aus dem Stand Ausrudern: 10 min locker	REGATTA

Tab. 46: BEISPIEL WOCHENTRAININGSPLAN: WETTKAMPFPERIODE 2

	MONTAG	MITTWOCH	FREITAG	SAMSTAG
RUDERN IST MÖGLICH	Warmmachen: 10 min joggen Ziel: spezielle Kampfausdauer im Boot Dauer: 30 min Intensität: Ausdauer Dauer: 30 min Training: Rudern - Technik	Ziel: Intensive Ausdauer Dauer: 60 min Warmrudern: 10 min locker Training: Rudern – 2 x 2 km Sf: 20/22/24/26 Sf-Erhöhung alle 500 m - mit gutem Druck Pause: 5 min Ausrudern: 10 min locker	Ziel: Extensive Ausdauer Dauer: 70 min Training: Rudern – Kontinuierliche Langstrecke Ausrudern: 10 min locker	Ziel: Intensive Ausdauer Dauer: 60 min Warmrudern: 10 min locker Training: Rudern – 15/10/5 min Sf 28-30 Mit guter Technik Pause: 5 min Ausrudern: 10 min locker
RUDERN IST NICHT MÖGLICH	Warmmachen: 10 min joggen Ziel: spezielle Kampfausdauer im Boot Dauer: 30 min Intensität: Ausdauer Dauer: 30 min Training: Rudern – Technik	Ziel: Intensive Ausdauer Dauer: 70 min Warmrudern: 20 min mit 3 x 10, 2 x 20 harten Schlägen Training: Rudern – 5 x 2 min In Langstrecken-Renn-Sf Rest: 5 min Ausrudern: 10 min locker	Ziel: Ausdauer Dauer: 50 min Training: Rudern – Kontinuierliche Langstrecke Mit: 5 x 15 Schläge In Langstreckenrenntempo Ausrudern: 10 min locker	REGATTA

swt
swt

Tab. 47: BEISPIEL WOCHENTRAININGSPLAN: ÜBERGANGSPERIODE

	MONTAG	MITTWOCH	FREITAG	SAMSTAG
JEDES TRAINING MIT SPASS	40 min Schwimmen	30 min joggen & 30 min Gesundheitskrafttraining	60 min Gymnastik & Stretchen	60 min Fußball spielen

7.3 Trainingslager

Trainingslager können wunderbare Erlebnisse für Masterruderer bieten und die Leistung der Ruderer sehr positiv beeinflussen. Sinnvollerweise nutzt man die Organisation eines Trainingslagers für eine Gruppe von Masterrruderern. Angebote werden auch von Verbänden und privaten professionellen Ausbildungszentren gemacht. Beispielsweise bietet der DRV solche Trainingslager an, die auch ergänzende Angebote bieten, welche der einzelne Verein oder Ruderer alleine nicht organisieren kann. Spezielle medizinische Tests, Videoanalysen und gemeinsames Techniktraining werden geboten und garantieren eine sehr interessante Zeit im Trainingslager. Ebenso können Trainingslager von professionellen Anbietern angenommen werden, wie sie z. B. in den USA sehr beliebt sind. Landschaftlich einzigartig gelegen und mit besonders geschützten Wasserbedingungen, werben diese Lager mit wunderschönen Erlebnissen. Man benötigt nur „Rudertrainingslager" oder „Rowing Camp" als Internetsuchbegriff einzugeben und findet viele Angebote weltweit.

Viele Vereine bieten ebenso spezielle Trainingslager für ihre Mitglieder an oder man kann auch selbst ein Lager mit befreundeten Ruderern oder Familien planen. Für die Gestaltung sollten Tipps von erfahrenen Ruderern oder Trainern eingeholt werden und ein Trainingsplan sorgfältig ausgearbeitet werden. Natürlich hat man in einem Trainingslager besonders viel Zeit und man ist geneigt, möglichst viele Trainingseinheiten in dieser Zeit unterzubringen. Dies kann sehr erfolgreich sein, jedoch sollte man Vernunft und Vorsicht walten lassen. Wenn man z. B. nicht gewöhnt ist, 2 x am Tag zu rudern, kann es sehr gut sein, dass sehr schnell Überlastungen auftreten.

Diese Vorbereitung auf das Lager beginnt bereits zu Hause. Nicht selten wird die Erfahrung gemacht, dass nach zwei Tagen die Ruder nicht mehr gehalten werden können, da die Hände total zerschunden sind. Ebenso müssen die zusätzlichen Belastungen, die durch intensivere und länger andauernde Sonneneinstrahlung oder durch den größeren Schweißverlust bei längeren Trainingseinheiten entstehen, eingeplant und entsprechende Vorsichtsmaßnahmen getroffen werden.

Ein Trainingslager über einen längeren Zeitraum sollte nicht nur aus Rudern bestehen. Ergänzende Sportarten, in die auch die Familie, nicht trainierende Vereinsmitglieder eingebunden werden, sollten Bestandteil sein. Hier gelten die Empfehlungen zum Ergänzungstraining (vgl. Kap. 6). Nicht zu vernachlässigen ist der soziale und möglicherweise kulturelle Aspekt eines Trainingslagers. Über das Training hinaus ist für Ausgleich zu sorgen.

7.4 Die Vorbereitung auf die Rennen

Das Ruderrennen sollte etwas Besonderes sein, das auch besondere Vorbereitungen und Maßnahmen verlangt. Zu diesen Maßnahmen und Vorbereitungen gehört ausreichend Schlaf, richtige Ernährung und eine Zeitplanung, die unnötigen Stress vermeidet. Das sind die Grundlagen für ein positives Erlebnis der Regatta. Die Trainingserfahrungen sollten es jedem Ruderer ermöglichen, zu wissen, was er wie lange vor dem Start essen und trinken kann. So können z. B. manche Ruderer keinen Orangensaft vor einem Rennen vertragen, während andere Ruderer sehr gern einen Kaffee zur Einstimmung auf das Rennen trinken.

Am Abend vor dem Rennen sollte ein Essen mit der ausreichenden Kombination an Kohlenhydraten und Eiweiß eingenommen werden, während am Renntag leichte, schnell verdauliche Mahlzeiten angeraten sind. Hinzu kommt die ausreichende Zufuhr von Flüssigkeit, für die sich kühles Wasser oder verdünnte Obstsäfte am besten eignen. Nach dem Rennen sollten möglichst bald – am besten in den ersten 30 min – Kohlenhydrate und Eiweiße in kleineren Portionen aufgenommen werden. Diese Maßnahme ist bekannt dafür, dass sie die Regeneration beschleunigt.

Ebenso wichtig ist die richtige Vorbereitung des Bootsmaterials. In angemessener Zeit vor dem Ablegen wird das Boot aufgeriggert und zusammen mit den Rudern durchgecheckt. Selbst Kleinigkeiten, wie die Kontrolle des Steuers, sind wichtig, um Situationen vorzubeugen, welche entweder Stress auf dem Wasser erzeugen oder sogar das Rennergebnis negativ beeinflussen können. Als Mannschaft sollten die Wind- und Wasserverhältnisse eingeschätzt werden und eventuell notwendige Veränderungen am Bootsmaterial vorgenommen werden – wie z. B. die Änderung der Hebel bei starkem Wind. Ungefähr eine Stunde vor dem Rennen sollte alles durchgeprüft und vorbereitet sein. Dann ist genügend Zeit für einen letzten Besuch der Toilette. Die Ruderer können nun das Boot zu Wasser bringen, sodass sie ungefähr 30 min Zeit zum Warmrudern und um an den Start zu gelangen haben.

Unabdingbar ist die Festlegung eines Rennplans, dem sich jedes einzelne Mannschaftsmitglied verpflichtet. Dieser Plan ist dergestalt, dass jeder weiß, wann und was im Rennen zu tun ist. Die Rufe des Steuermanns oder des Bugruderers werden festgelegt, mit der Konsequenz, was mit den Begriffen gemeint ist und welche Aktion folgt. So werden der Start, die Sprintschläge, die Streckenschlagfrequenz und Spurts festgelegt. Die taktischen Maßnahmen sind natürlich den Fähigkeiten der Mannschaft anzupassen. Die Rennumstände und Gegner müssen richtig eingeschätzt werden und ein interessantes Ziel sollte angestrebt werden. Wettkampf macht dann Spaß, wenn bestimmte Zielsetzungen erreicht oder sogar übertroffen werden. Deshalb ist es notwendig, sich nicht nur darauf zu beschränken, „wir wollen gewinnen" und dies als Ziel vorzugeben, sondern einen detaillierteren Prozess als Zielvorstellung zu haben. Für ein positives Rennerlebnis müssen z. B. die folgenden Dinge zusammentreffen:

- Saubere Schläge mit der vorgegebenen Schlagfrequenz beim Warmfahren.
- Intensiver Start mit technisch guten und harten Schlägen.
- Starker Übergang mit soliden Sprintschlägen nach dem Start.
- Guter Bootsdurchlauf während des Streckenschlags.
- Gute Mannschaftsgeschlossenheit während des Spurts.
- Etc.

Diese Teilziele können vereinbart und nach dem Rennen überprüft werden. So kann es sein, dass ein Rennen zwar gewonnen wird, aber der Start schlecht ausgeführt wurde. Dies bedeutet, dass der Start im Training öfters geübt wird oder die Mannschaft sich auf diesen Teil des Rennens mehr konzentriert. Andererseits kann es aber auch sein, dass das Rennen verloren wird, aber die Mannschaft nach dem Start sehr stark gefahren ist und zu einem sehr soliden Streckenschlag gefunden hat. Somit kann dann diese Mannschaft Positives mitnehmen, weil Teilziele übertroffen wurden und man vielleicht zu der Erkenntnis gelangt, zukünftig am schwachen Endspurt zu arbeiten. Eindimensionale Zielsetzungen werden so relativiert.

Insgesamt ist es wichtig, den gesamten Prozess, welcher mit der Teilnahme an Rennen verbunden ist, als ein Lernereignis anzusehen, von dem man in jedem Fall profitieren kann. Man kann gesundheitliche, gesellschaftliche und psychologische Vorteile herausziehen, auf die der Einzelne stolz sein kann und von denen er lernen sollte.

Mit der richtigen Planung und der damit zusammenhängenden langfristigen Vorbereitung können Rennen viel Freude bereiten und zur positiven Entwicklung der Persönlichkeit beitragen.

Anhang

Literaturverzeichnis

Adam, K., Lenk, H., Nowacki, P., Rulffs, M. & Schroeder, W. (1977). *Rudertraining.* Bad Homburg: Limpert.

Baltes, P. B. (1990). Entwicklungspsychologie in der Lebensspanne: Theoretische Leitsätze. *Psychologische Rundschau, 41,* 1-24.

Baltes, P. B. & Baltes M. M. (Eds.) (1990). *Successful aging: Perspectives from the behavioral sciences.* New York: Cambridge University Press.

Baltes, M. (1995). Verlust der Selbständigkeit im Alter: Theortische Überlegungen und empirische Befunde. *Psychol. Rundschau, 46,* 159-170.

Borg, G. (1985). *An introduction to Borg's RPE-Scale.* Michigan.

Boeck-Behrens, W.-U. & Buskies, W. (2002). *Gesundheitsorientriertes Fitnesstraining.* Lüneburg: Wehdemeier & Pusch.

Boeck-Behrens, W.-U. & Buskies, W. (2001). *Fitness-Krafttraining.* Hamburg: Rowohlt.

Brach, M. & Schott, N. (2003). Motorisches Lernen im Alter. In H. Mechling & J. Munzert, *Handbuch Bewegungswissenschaft – Bewegungslehre.* (S. 461-474) Schorndorf: Hofmann.

Canada Aviron Magazine, Victoria, 3, 18.

Conzelmann, A. (1994). Entwicklung der Ausdauer. In J. Baur, K. Bös & R. Singer (Hrsg.), *Motorische Entwicklung. Ein Handbuch* (S. 151-180). Schorndorf: Hofmann

Conzelmann, A. (1997). *Entwicklung der konditionellen Fähigkeiten im Erwachsenenalter.* Schorndorf: Hofmann.

Conzelmann, A. (2004). *Zufriedenes Altern – welche Rolle spielen sportliche Aktivitäten?* Vortrag an der Christian-Albrechts-Universität zu Kiel.

Dickhuth, H.-H., Mayer F., Röcker K. & Berg A. (Hrsg.). (2007). *Sportmedizin für Ärzte.* Köln: Deutscher Ärzte Verlag GmbH.

Feldt, V. (1999). *Fit und gesund ab 30.* Aachen: Meyer & Meyer Verlag.

Franklin B. A., Fern, A. & Voytas, J. (2004). *Training principles for-elite-senior-athletes. Current Sports Medicine Reports,* 3, 173-179.

Friedrich W. (2008). *Sportvereine und Demographie.* Vortrag LSB Baden-Württemberg am 21.04.2008.

Fritsch, W. (1990). *Handbuch für das Rennrudern.* Aachen: Meyer & Meyer.

Fritsch, W. (Hrsg.). (1995). *Rudern – lehren, lernen, trainieren.* Wiesbaden: Limpert.

Fritsch, W. (Hrsg.). (1997). *Rudern – erleben, gestalten, organisieren.* Wiesbaden: Limpert.

Fritsch, W. (Hrsg.). (1999). *Rudern – informieren, reflektieren, innovieren.* Wiebelsheim: Limpert.

Fritsch, W. (2000). Rowing in daily life. In W. Fritsch. *Rowing.* Oxford: Meyer & Meyer Sport Ltd.

Fritsch, W. (Hrsg.). (2001). *Rudern – entwickeln, kooperieren, vermitteln.* Sindelfingen: Sportverlag Schmidt & Dreisilker.

Fritsch, W. (Hrsg.). (2003). *Rudern – erfahren, erkunden, erforschen.* Gießen: Sport Media.

Fritsch, W. (2004). *Tipps für Rudern.* Aachen: Meyer & Meyer.

Fritsch, W. (2005). *Das große Buch vom Rennrudern* (2. Aufl.). Aachen: Meyer & Meyer.

Fritsch, W. (2006). *Handbuch für den Rudersport.* Aachen: Meyer & Meyer.

Fritsch, W. (2008). *Rudern basics.* Aachen: Meyer & Meyer.

Fritsch, W. & Willmann, T. (2005). *Skilanglauf. Methodik und Technik.* Aachen: Meyer & Meyer.

Grabow, V. (1995). Vergleich von Trainingsumfängen und –intensitäten bei Kader- und Altersklassenruderern. In W. Fritsch (Hrsg.), *Rudern – lehren, lernen, trainieren.* (S. 219-225). Wiesbaden: Limpert.

Grabow, V. (1997). Zwei Facetten des Erwachsenenruderns: Kondition und Technik. In W. Fritsch (Hrsg.), *Rudern – erleben, gestalten, organisieren. (S. 116-121)* Wiesbaden: Limpert.

Häfelinger, U. & Schuba, V. (2002). *Koordinationstherapie – Propriozeptives Training.* Aachen: Meyer & Meyer.

Hagerman, F. C., Fielding, R. A., Fiatarone, M. A., Gault, J. A., Kirkendall, D. T., Ragg, K. et al. (1996). A 20-yr longitudinal study of Olympic oarsmen. *Med Sci Sports Exerc,. 28(9)*, 1150-1156.

Hartmann, U., Mader, A. & Hollmann, W. (1997): Rudern von 8 bis 88 Jahren – wesensbestimmende Merkmale und Ausprägungsgrade einer Lifetime-Sportart unter besonderer Berücksichtigung des physischen Aspektes. In W. Fritsch (Hrsg.), *Rudern – erleben, gestalten, organisieren.* (S. 124 -135). Wiesbaden: Limpert.

Hohmann, A., Lames, M. & Letzelter, M. (2003). *Einführung in die Trainingswissenschaft* (3. Aufl.). Wiebelsheim: Limpert.

Hollmann, W. & Hettinger, T. (1976). *Sportmedizin – Arbeits- und Trainingsgrundlagen.* Stuttgart – New York: Schattauer.

Hollmann, W. & Liesen H. (1986). Höheres Alter und Sport. In W. Hollmann (Hrsg.), *Zentrale Themen der Sportmedizin* (3., neu bearb. Aufl.). (S. 342-357). Berlin: Springer.

Hottenrott, K. & Zülch, M. (1998). *Ausdauertrainer Radsport.* Reinbek: Rowohlt.

Journals of Gerontology. Series A, Biological Sciences and medical Sciences by E. J. Metter; zit. nach Spiriduso et al., 2005.

Kreiß, F. (1995). Sportlernen mit Erwachsenen. In W. Fritsch (Hrsg.), *Rudern – lehren, lernen, trainieren.* (S. 142-149). Wiesbaden: Limpert.

Kruse, A., Rott, Chr. & Schmitt, E. (1999). Einflussfaktoren der Kompetenz und Möglichkeiten der Kompetenzförderung im Alter. *Sportwissenschaft, 29 (3),* 298-309.

Kuroda, Y. (1989). Sport und körperliche Betätigung beim älteren Menschen. In H. Dirix, G. Knuttgen & K. Tittel, *Olympiabuch der Sportmedizin.* (S. 281-288). Köln: Deutscher Ärzte-Verlag.

Lambert, C. (1999). *Über den Wassern.* Kreuzlingen: Ariston Verlag

Lamprecht M. & Stamm H. (2001). *Sport in der zweiten Lebenshälfte. Analysen zum Seniorensport in der Schweiz.* Sekundäranalyse der SOV-STG-Studie „Sport Schweiz 2000" im Auftrag des Bundesamtes für Sport, Magglingen.

Maharam, L. G., Baumann, P. A., Kalman, D., Skolnik, H., Perle, S. M. (1999). Masters athletes. Factors affecting performance. *Sports Med, 28 (4),* 273-285.

Martin, D., Carl, K. & Lehnertz, K. (2001). *Handbuch Trainingslehre.* Schorndorf: Hofmann.

McNeely, E. & Royle, M. (2002). *Skillful rowing.* Aachen: Meyer & Meyer.

McNeely, E. (o. J.). *Strength goals for masters rowers.* Man.

Mechling, H. (1999). Training im Alterssport. *Sportwissenschaft, 29 (3)*, 288-297.

Mejia, M. (2008). *Muskeln maßgeschneidert.* Aachen: Meyer & Meyer.

Melges, T. & Fritsch, W (1999). Systemische Aspekte und empirische Befunde zur Selbststeuerung von Ausdauerbelastungen über das Subjektive Beanspruchungs empfinden. In W. Fritsch, *Rudern – informieren, reflektieren, innovieren* (S. 229-242). Wiebelsheim: Limpert.

Meusel, H. (1999). *Sport für Ältere.* Stuttgart – New York: Schattauer.

Mosel, A. (1995). Altern, Leistungsfähigkeit und Training – Leistungsüberwachung und Gesundheit im Masterrudern. In W. Fritsch (Hrsg.), *Rudern – lehren, lernen, trainieren.* (S. 230-238). Wiesbaden: Limpert.

Murphy, M. (2008). *Der Muskelmanager. Powerwork für jeden Zeitplan.* Aachen: Meyer & Meyer.

Neumann G. & Hottenrott K. (1999). Sportartspezifiche Leistungsdiagnostik. *Sports Care* 2, 2-6.

Nilius, S. (2009). *Spiroergometrische Leistungsdiagnostik im Rudern. Vergleichende Analyse der Arbeits- und Technikökonomie auf dem Ruderergometer und im Boot.* Diplomarbeit, Sportwissenschaft, Universität Konstanz.

Nolte, V. (1982). Die Rudertechnik. In *Rudersport, 34*, Trainer Journal, I-XII.

Nolte, V. (1982). Die Stemmbretteinstellung und der Ruderwinkel in der Rücklage. In *Rudersport, 34,* Trainer Journal.

Nolte, V. (1984). *Die Effektivität des Ruderschlages.* Berlin: Bartels & Wernitz.

Nolte, V. (1984). Rudertechnik In Nolte, V. (Red.), *Bericht zum 13. FISA-Trainer-Kolloquium.* (S. 31-41). Minden: Philler.

Nolte V. (1989). Rudern. In Willimczik, K. (Hrsg.): *Biomechanik der Sportarten.* (S. 297-308). Reinbek

Nolte, V. (1991). Introduction to the biomechanics of rowing. *FISA-Coach, 1,* 1-6.

Nolte, V. (2001). Drills from the experts. In Nolte, V. (Ed.), Coach boat view. *Rowing Canada Aviron Magazine, Victoria, 3,* 19-20.

Nolte, V. (2007). Golden years – more and more middle-aged athletes are winning on the world stage. *Rowing News, Vol. 14,* No. 5, 66-69.

Nolte, V. (Ed.). (2005). *Rowing faster.* Human Kinetics, Champaign, IL.

Oschütz, H. & Belinová, K. (2003). Training im Alter. In H. Denk, D. Pache & H. J. Schaller (Hrsg.), *Handbuch Alterssport* (S. 230-238). Schorndorf: Hofmann.

Ott, D. & Beckenbach, F. (2003). *Fit aber richtig* (2. Aufl.). Aachen: Meyer & Meyer Verlag.

Puggaard, L., Pedersen, H. P., Sandager, E. & Klitgaard, H. (1994). Physical conditio ning in elderly people. *Scand J Med Sci Sports*, 4, 47-56.

Reifschneider, E. (2000). Rudern. In Klümper (Hrsg.), *Sporttraumatologie – ein Handbuch der Sportarten und ihrer typischen Verletzungen.* Landsberg: ecomed.

Rice, C. (2007). *Persönliche Mitteilungen.*

Rost, R. (1984). *Herz und Sport.* Erlangen: Perimed.

Roth, K. & Winter, R. (1994). Entwicklung koordinativer Fähigkeiten. In J. Baur, K. Bös & R. Singer (Hrsg.), *Motorische Entwicklung. Ein Handbuch.* (S. 217-237). Schorndorf: Hofmann.

Sayer, B. (2006). *Rowing and sculling.* London: Robert Hale.

Schaller, H.- J. & Wernz, P. (2008). *Koordinationstraining für Senioren.* Aachen: Meyer & Meyer.

Schmidt, H.-U. (2003). Zur Wechselwirkung von koordinativen Fähigkeiten, Technik und anderen Leistungsfaktoren im Rudern. In W. Fritsch, W. (Hrsg.). *Rudern – erfahren, erkunden, erforschen.* (S. 187-196). Gießen: Sport Media.

Schmidtbleicher, D. (1994). Entwicklung der Kraft und der Schnelligkeit. In In J. Baur, K. Bös & R. Singer (Hrsg.), *Motorische Entwicklung. Ein Handbuch* (S. 129-150). Schorndorf: Hofmann.

Schubart, A. & Bös, K. (1996). Zur motorischen Leistungsfähigkeit älterer Menschen. Theoretische Grundlagen und Forschungsergebnisse. In H. Denk (Hrsg.), *Alterssport. Aktuelle Forschungsergebnisse* (S. 155-177). Schorndorf: Hofmann.

Seiler, S. (2003). *The master power – How were they, Who are they, and why are they still rowing?* S.A.F.F.E.-Congress 9.2.2003. http://www.worldrowing.com/inside fisa/reportsDownloads.sps?itype=7155&icustompageid=11122 (Zugriff am 10.01.2005)

Seiler K. S., Spiriduso W. W. & Martin J. C. (1998). Gender differences in rowing performance and power with aging. *Med Sci Sports Exerc. [30]*: 121-127.

Spirduso, W. W. (1997). Introduction in motor learning. Adaption and learning in old age. In G. Huber (Ed.), *Health, aging, activity and sports* (pp. 104-108). Werbach-Gamburg: Health Promotion Publication.

Spirduso, W., Francis, K. & MacKae, P. (2005). *Physical dimensions of aging.* Human Kinetics, Champaign, IL.

Strass, D. & Wilke, K. (2006). *Masterschwimmen.* Aachen: Meyer & Meyer.

Tittlbach, S. (2002). *Entwicklung der körperlichen Leistungsfähigkeit.* Schorndorf: Hofmann.

Trono, C. (2001). Think about your drills. In Nolte, V. (Ed.), Coach boat view. *Rowing Canada Aviron Magazine, Victoria, 3.*

Vernacchia, R. A., McGuire, R. T., & Cook, D. L. (1992). *Coaching mental excellence.* Dubuque: Brown & Benchmark

Weineck, J. (2000). *Optimales Training.* Balingen: Spitta.

Wiemeyer, J. (2003). Motorisches Lernen – Lehrmethoden und Übungsgestaltung. In H. Mechling & J. Munzert (Hrsg.), *Handbuch Bewegungswissenschaft – Bewegungslehre* (S. 405-428). Schorndorf: Hofmann.

Woll, A. (2006). *Sportliche Aktivität, Fitness und Gesundheit im Lebenslauf.* Schorndorf: Hofmann.

Yoshiga, C., Higuchi, M & Oki, J. (2002). Rowing prevents muscle wasting in older men. *Eur J Appl Physiol, 88*, 1-4.

Yoshiga, C., Higuchi, M & Oki, J. (2003). Lower heart rate response to ergometry rowing than to treadmill running in older men. *Clin Physiol & Func*, 58-61.

Yoshiga, C. (2007). The senior oarsman. In N. H. Secher, S. Volianitis (Ed.), *Rowing* (S. 115-123). Massachusetts/Oxford: Blackwell Publishing.

http://www.arrs.net/SA_Mara.html

http://www.concept2.com/us/training/records/2000m_records.asp

Abbildungsverzeichnis

Tabellenverzeichnis

Stichwortverzeichnis

Bildnachweis:

Coverfoto und Fotos Innenteil: Autoren und Dr. Timm Ahlhelm (Fotos „Masters Wien“)
Covergestaltung: Sabine Groten

Wolfgang Fritsch
Rudern Basics

Das Einsteigerbuch bietet einen anschaulichen und leicht verständlichen Einblick in den Rudersport. Das Sportgerät wird vorgestellt und typisiert. Im Hauptteil finden sowohl interessierte Freizeitsportler als auch fortgeschrittene Anfänger wichtige Tipps zur Rudertechnik und zum Erlernen des Bewegungsablaufs. Des Weiteren geht der Autor auf die Sicherheit auf den Gewässern, auf erste Trainingseinheiten und auf das Rudern als Gesundheitssport ein.

3., überarb. Auflage
120 Seiten, in Farbe
52 Fotos, 53 Abb., 26 Tab.
Paperback mit Fadenheftung 14,8 x 21 cm

ISBN 978-3-89899-416-3
€ [D] 12,95 / SFr 22,90 *

Adventure Sports
Peter Diel & Eric Menges
Surfing
Suche nach der perfekten Welle

Dieses Buch bietet sowohl Anfängern als auch Fortgeschrittenen einen Einblick in den faszinierenden Sport des Surfens. Neben der Beschreibung der Ausrüstung, der Vorbereitung und der ersten Schritte werden auch Manöver erläutert und Tipps und Tricks zur Leistungsverbesserung gegeben sowie die besten Surfspots genannt.

Auch in englischer Sprache

5., überarb. Auflage
208 Seiten, in Farbe
68 Farbfotos, 9 Abb., 2 Tab.
Paperback mit Fadenheftung
16,5 x 24 cm

ISBN 978-3-89899-470-5
€ [D] 19,95 / SFr 34,50 *

* Preise in SFr unverbindliche Preisempfehlung
Preisänderungen vorbehalten und Preisangaben ohne Gewähr!

André Pfister

Spielend Segeln lernen

Optimistenkurs für Kids

Immer mehr Kinder begeistern sich fürs Segeln mit einem Optimisten. Im Opti – wie das kleine Boot liebevoll genannt wird – kann man dies allein, aber auch begeistert zu zweit tun. „Spielend Segeln lernen" ist ein Arbeitsbuch, das auf einfache, kindgerechte Art und Weise deutlich macht, wie man in kurzer Zeit zu einem begeisterten und guten Segler werden kann. Es enthält praxisorientierte Erläuterungen der grundlegenden Kenntnisse, die durch zahlreiche Bilder und Zeichnungen veranschaulicht werden.

152 Seiten
zweifarbig, 170 Fotos, zahlr. Abb.
Paperback mit Fadenheftung 14,8 x 21 cm

ISBN 978-3-89124-916-1
€ [D] 16,90 / SFr 29,50 *

Edition Sport & Freizeit
Band 3
Studenteninitiative Wirtschaft u. Umwelt (Hrsg.)

Segeln in Mecklenburg-Vorpommern

Eine wirtschaftliche, ökologische und soziologische Analyse

Dargestellt werden in dieser Studie von 1992 die wirtschaftlichen, ökologischen und soziologischen Implikationen der fundamentalen Wandlung, in der sich der Segelsport in Mecklenburg-Vorpommern nach der politischen Wende befindet.

200 Seiten, 40 Tab.
1 Übersichtskarte, 18 Abb.
Broschur, 14,8 x 21 cm

ISBN 978-3-89124-246-9
€ [D] 18,90 / SFr 32,90 *

www.dersportverlag.de

* Preise in SFr unverbindliche Preisempfehlung
Preisänderungen vorbehalten und Preisangaben ohne Gewähr!